Andrea D'Atri

Brot und Rosen

Geschlecht und Klasse im Kapitalismus

Deutsch von Lilly Schön

Argument Verlag

Titel der argentinischen Originalausgabe:
Pan y rosas. Pertenencia de género y antagonismo de clase en el capitalismo

Die Deutsche Nationalbibliothek verzeichnet diese Publikation in der Deutschen Nationalbibliografie; detaillierte bibliografische Daten sind im Internet über http://dnb.d-nb.de abrufbar.

Deutsche Erstausgabe

Glashüttenstraße 28, 20357 Hamburg
Telefon 040/4018000 · Fax 040/40180020
verlag@argument.de · www.argument.de
Umschlag: Martin Grundmann, Hamburg
Umschlaggrafik: © Ailín Rojas Bondarczuk
Lektorat und Satz: Iris Konopik
Druck und Bindung: docupoint, Magdeburg
Gedruckt auf säure- und chlorfreiem Papier
ISBN 978-3-86754-514-3
Vierte Auflage 2025

Inhalt

Kapitel III. Zwischen Philanthropie und Revolution

Kapitel IV. Imperialismus, Krieg und Geschlecht

Kapitel V. Die Frauen im ersten Arbeiter*innenstaat der Geschichte

Kapitel VI. Zwischen Vietnam und Paris brennen die BHs

Kapitel VII. Differenz der Frauen, Differenz unter Frauen

Kapitel VIII. Postmodernismus, Postmarxismus, Postfeminismus

Andrea D'Atri (geb. 1967) ist Diplompsychologin und Spezialistin für Frauenstudien. 2003 gründete sie in Buenos Aires mit 30 weiteren Frauen die Gruppe »Pan y Rosas«, mittlerweile eine der größten sozialistischen Frauenorganisationen weltweit, mit tausenden Aktivist*innen in verschiedenen Ländern Lateinamerikas und Europas. D'Atri ist zudem eine führende Figur der »Ni Una Menos«-Bewegung gegen machistische Gewalt und für das Recht auf Abtreibung sowie Gründungsmitglied der Partei Sozialistischer Arbeiter*innen (PTS).

*Für meine Mutter Ana María Layño,
die mir die Freiheit gegeben hat, eine andere Frau zu sein
als sie und auch anders als die Frau, von der sie sich
gewünscht hätte, dass ich sie werde*

Vorwort zur deutschen Ausgabe

Stehen wir vor einer neuen Welle des Feminismus? Je nachdem, welche Klassifizierung wir anwenden, können wir von einer dritten oder vierten Welle sprechen.[1] Aber unabhängig von dieser akademischen Debatte kann niemand bestreiten, dass wir einen neuen Aufstieg des Feminismus erleben, der in verschiedenen Erscheinungsformen die westliche Welt durchzieht. Er reicht von den Mobilisierungen für #NiUnaMenos (Nicht eine weniger) gegen sexistische Gewalt in Argentinien bis zur massiven #MeToo-Kampagne in den USA, die die sozialen Medien eroberte und in der Filmindustrie einschlug; von den Streiks der Frauen in Island und Frankreich gegen den *Gender Pay Gap* oder gegen die Einschränkung des Abtreibungsrechts in Polen bis zu den Millionen Frauen, die im Spanischen Staat auf die Straße gehen und die patriarchale Justiz verurteilen.

Frauen waren auch die Protagonistinnen der enormen Mobilisierungen gegen Trump kurz nach seiner Wahl zum US-Präsidenten. Und bei den Zwischenwahlen in den USA wurden vor kurzem so viele junge Latinas, indigene Frauen und Musliminnen ins Repräsentantenhaus gewählt wie nie zuvor. Zu Tausenden demonstrierten Frauen unter der Losung #EleNão (Er nicht), bevor der rechte Kandidat Jair Bolsonaro in Brasilien die Präsidentschaftswahlen gewann, und führten in Argentinien den großen Kampf für das Recht auf Abtreibung an, mit ihren grünen Halstüchern, die zum universellen Zeichen dieser Forderung geworden sind.

1 Die feministischen Studien in Kontinentaleuropa verorten die Erste Welle in der Zeit der Aufklärung Mitte des 18. Jahrhunderts, während sie aus der Perspektive angelsächsischer Studien mit der Bewegung für das Frauenwahlrecht Mitte des 19. Jahrhunderts beginnt. Die Dritte oder Zweite Welle wäre dann, je nach theoretischem Rahmen, in den 70er Jahren des 20. Jahrhunderts zu beobachten.

Diese neue Welle des Feminismus senkte die »Toleranzschwelle für den Machismus«. Dies zeigt sich im vermehrten Publikmachen – auch in sozialen Netzwerken – von sexueller Belästigung bis hin zu Debatten über geschlechtergerechte Sprache[2]. Zeitschriften drucken Artikel über den Eintritt von Frauen in Arbeitsbereiche, die bisher überwiegend männlich geprägt waren. Parlamente diskutieren über Gesetze zur Gleichstellung oder zur Ausweitung von Frauenquoten in einer Zeit, in der zum ersten Mal mehrere Länder gleichzeitig von Frauen geführt werden, Frauen mächtige Armeen befehligen und große Unternehmen, Konzerne und internationale Finanzinstitutionen leiten. Ein Verkaufsboom macht die Bücher von akademischen, antikapitalistischen Feministinnen ebenso bekannt wie von Postfeministinnen, die ausgehend von ihren individuellen Erfahrungen die *queer theories* entwickeln. Das Kino, das Fernsehen und die neuen Unterhaltungsplattformen sind voller Filme, Programme und Serien mit starken, mutigen, selbständigen und rebellischen Protagonistinnen.

Die neue Welle des Feminismus schreitet voran in der Neudefinition der Realität und untergräbt dabei vorherrschende kulturelle Normen. Sie versucht in gewisser Weise, eine reformistische politische Agenda der Gleichstellung durchzusetzen.

Der Aufstieg scheint sozusagen »gegen den Strom« stattzufinden, denn diese Welle gewinnt zu einem Zeitpunkt an Schwung, da sich die Krise der bürgerlich-demokratischen Regime – vor allem im Herzen des US-amerikanischen Imperialismus – als Resultat der Rezession von 2008 und mit dem Ende des neoliberalen Konsenses verschärft. Während die herrschende Klasse auf diese Krise mit cäsaristischen[3] Regie-

2 Im Spanischen [wie auch im Deutschen, A.d.Ü.] wird die etablierte Nutzung des männlichen Plurals für Substantive hinterfragt, um sowohl männliche als auch weibliche Individuen zu bezeichnen.

3 A.d.Ü.: Cäsarismus ist ein Begriff des italienischen Kommunisten Antonio Gramsci für die autoritäre, auf Einzelpersonen gestützte Herrschaft in zugespitzten Klassenkampfsituationen.

rungen wie der von Trump oder Bolsonaro antwortet, stehen wieder Handelskriege und Konflikte zwischen den Großmächten auf der Agenda. Aber wir beobachten nicht nur den Vormarsch einer in den verschiedenen Ländern durchaus heterogenen Rechten. Sondern wir sehen das wichtigere Phänomen der Auflösung der politischen Mitte und der traditionellen Parteien inmitten einer Tendenz zur politischen und sozialen Polarisierung.

Welche Bedeutung haben in diesem internationalen Rahmen die massiven Mobilisierungen der Frauen und das Wiedererstarken des Feminismus? Sind es möglicherweise die Frauen, die einen neuen Zyklus der Radikalisierung der Massen und des Klassenkampfs einläuten?

Seit Ende des 19. Jahrhunderts nahm die Konzentration und Zentralisation des Kapitals zu und die Herrschaft der Monopole wuchs. Die alten Mächte hatten die Welt unter sich aufgeteilt, doch es strebten neue empor, die eine Neuordnung der kolonialen Herrschaft erzwangen. Die Verschärfung der Widersprüche zwischen den Mächten führte oft zu Krieg; aber die imperialistische Schlächterei war auch Geburtshelferin wichtiger revolutionärer Prozesse.

Die deutsche Sozialistin Clara Zetkin wies darauf hin, dass die Frauen in den Kämpfen, die sich durch den Weltkrieg ankündigten, einen herausragenden Platz einnehmen würden: Die Kundgebungen, Fabriksabotagen, Plünderungen von Lebensmittelläden wurden angeführt von Frauen, deren Söhne, Väter und Ehemänner an der Kriegsfront kämpften und starben. In diesem Kontext gab es einen scharfen Gegensatz zwischen der Einbeziehung der Frauen in die produktive Arbeit – selbst in Bereichen, die bis dahin ausschließlich Männern vorbehalten waren – und ihren fehlenden politischen Rechten.

Die relative Gleichstellung mit den Männern auf dem Arbeitsmarkt stand in krassem Widerspruch zu der Ungleichheit vor dem Gesetz, der sie unterlagen. So entstand die Forderung nach dem Wahlrecht für Frauen. Die Situation war einerseits von der sozialistischen Revolution in Russland beeinflusst, für die die Arbeiterinnen der zündende Funke waren. Andererseits ließen sich die bekanntesten Sektoren der Bewegung für das Frauenwahlrecht in Großbritannien in die Verteidigung der Nation einspannen und die internationalen Verbindungen der Bewegung zerbrachen.[4]

Ende der 60er und Anfang der 70er Jahre entstand die Zweite Welle des Feminismus und stellte den Mythos des patriarchalen Kapitalismus infrage, dem zufolge das Öffentliche und das Private getrennte Sphären seien. Sie ging mit einem langen Jahrzehnt der Radikalisierung der Massen einher, mit dem Entstehen der sogenannten »Neuen Sozialen Bewegungen« wie der Studierenden- und Jugendbewegung, der sexuellen Revolution und der *Black Power*-Bewegung. Mit dem Vietnamkrieg, dem weitverbreiteten antiimperialistischen Empfinden und der Anti-Kriegs-Stimmung, die eine ganze Generation erfasste, sah der US-amerikanische Imperialismus seine hegemoniale Stellung gefährdet. Seine Offensive geriet ins Stocken, und seine Niederlage in Südostasien ermutigte die Befreiungskämpfe der kolonialisierten Völker wie auch die Kämpfe der Arbeiter*innenklasse und der Studierendenbewegung in der westlichen Hemisphäre. Gleichzeitig trugen die Massenaufstände in Osteuropa gegen politische und militärische Interventionen seitens der damaligen Sowjetunion zur Hinterfragung der Weltordnung bei.

Der Kapitalismus erlebte daraufhin eine neuerliche wirtschaftliche, soziale und politische Krise. Aber die herrschenden Klassen antworteten auf diesen revolutionären Aufschwung nicht mehr mit einem Weltkrieg, sondern mit der Ausweitung und Verstärkung der demokratischen kapitalistischen Regime. Dies erforderte die Zusammenarbeit mit den politischen und gewerkschaftlichen Führungen, die sich mit Pauken und Trompeten an die Wiederherstellung der bürgerlichen Ordnung machten und damit ihre Basis verrieten.

4 Dies wird in Kapitel IV ausgeführt.

Während die Mittelschicht und ein kleiner Sektor der lohnabhängigen Massen in das Konsumfest integriert wurden, versank die große Mehrheit in Armut, die nie dagewesene Ausmaße erreichte.

Die Preisgabe jeglicher revolutionärer Perspektive führte zu der Vorstellung, dass der Neoliberalismus alternativlos sei. Die sozialen Bewegungen wie der Feminismus wurden zu großen Teilen ebenfalls in die kapitalistischen Demokratien integriert. Einige Jahrzehnte lang eroberten die Frauen neue Rechte, während sie gleichzeitig die große Mehrheit der Prekarisierten, Migrant*innen, Armen und Ausgebeuteten darstellten.[5]

Unter der Peitsche des Kapitals traten die Frauen in den Arbeitsmarkt ein und wurden zu dem Sektor, der am stärksten ausgebeutet wird und unter den schlechtesten Bedingungen lebt und arbeitet. Jedoch veränderten sie damit das Gesicht der Arbeiter*innenklasse für immer. Heute stellen sie ungefähr 50 Prozent der weltweiten Arbeitskraft. Allein das fordert die alten gewerkschaftlichen Organisationen heraus, ebenso wie die Regierungen und Regime. Und diese soziale Kraft entwickelt sich in Gesellschaften, in denen die Geschlechter formell gleichgestellt sind; zumindest um einiges gleicher als zur Zeit der Ersten Welle des Feminismus. Es gibt heute nicht nur sehr viel weniger juristische Hürden für Frauen, es besteht auch die weitverbreitete Auffassung, dass Frauen Männern »nicht unterlegen« sind.

Durch die Integration von Frauen in die Institutionen des Regimes und die Schaffung einer Geschlechtertechnokratie, die Teil der Verwaltung des kapitalistischen Staates ist, oder durch den alternativen Weg eines Postfeminismus, der die liberale These der »Wahlfreiheit« des Individuums betont, wurde in den letzten Jahrzehnten die Illusion erschaffen, dass die Frauen den Feminismus nicht mehr bräuchten. Oder anders gesagt, dass der Kampf für ihre Rechte veraltet sei.

5 Dies wird in Kapitel VII ausgeführt.

Dennoch tritt der Kontrast zwischen der »Gleichheit vor dem Gesetz« und der fortbestehenden »Ungleichheit im Leben« heute erneut zutage. Feminizide und andere Formen der Gewalt gegen Frauen durchziehen weiterhin alle Klassen und Länder. Prekarisierung betrifft Frauen nicht nur bei der Arbeit, sondern durchdringt jeden Aspekt ihres Lebens. Die sexuelle Ausbeutung von Frauen und Mädchen hat sich in eine millionenschwere Industrie verwandelt, auch wenn eine kleine Minderheit die Ausübung der Prostitution als eine frei gewählte Arbeit verteidigt. Auch wenn Frauen für Lohn arbeiten, ist es ihnen nicht gelungen, sich von der patriarchal oktroyierten Verantwortung für die Reproduktionsarbeit, d. h. die unbezahlte Haus- und Sorgearbeit, zu befreien.

In diesen Widersprüchen können wir die Ursprünge für die neue internationale Welle der Frauenbewegung finden, die nicht zufällig die Sprache und die Formen der historischen Arbeiter*innenbewegung aufgreift, um ihren Kampf gegen das Kapital zu benennen: internationaler Frauenstreik. Dies ist logisch, wenn wir bedenken, dass die Hälfte der Klasse der Lohnarbeiter*innen Frauen sind und sie die Mehrheit in einigen Sektoren stellen, die wie der Dienstleistungssektor zuletzt außerordentlich gewachsen sind. Durch diese Millionen Frauen wurde am 8. März 2018, dem Internationalen Frauenkampftag, der Slogan populär: »Wenn unsere Leben nichts wert sind, dann produziert doch ohne uns.«

Weiter oben fragten wir, welche politische Bedeutung die massiven Mobilisierungen von Frauen und das zu beobachtende Wiederaufleben des Feminismus haben. Und ob diese neue Welle des Feminismus den Beginn eines neuen Prozesses der Radikalisierung der Massen und des Klassenkampfs ankündigt.

Derzeit versuchen reformistische und andere gemäßigte Strömungen, diese Welle zugunsten der Parteien des Regimes und gegen die politische Rechte zu nutzen. Diese Politik des bürgerlichen Regimes, die verhindern soll, dass der Feminismus eine Perspektive aufzeigt, die das Regime insgesamt in

Frage stellt und die Grenzen des patriarchalen Kapitalismus überwindet, ist heterogen. Angefangen von der »Arbeiterpartei« (PT) Brasiliens, die die große Mobilisierung der Frauen gegen Bolsonaro in eine unkritische Unterstützung für ihren Kandidaten Fernando Haddad umlenken wollte; über die imperialistische Demokratische Partei in den USA, die bei den kürzlich stattgefundenen Zwischenwahlen Kandidaturen von Latinas, Muslimas, indigenen Frauen und lesbischen Frauen gefördert hat; bis hin zur argentinischen Ex-Präsidentin Cristina Kirchner, die derzeit die Opposition zur neoliberalen Regierung von Mauricio Macri anführt und der Frauenbewegung als einzig tragbare Option bei den nächsten Wahlen präsentiert wird.

Das Ergebnis können wir nicht vorhersehen. Die schönste Herausforderung liegt darin, dass die Geschichte uns die Möglichkeit schenkt, Einfluss auf ein lebendiges historisches, politisches, soziales und ideologisches Phänomen zu nehmen. Die radikalsten antikapitalistischen und kämpferischen Tendenzen gegen den Einfluss des Reformismus weiterzuentwickeln, um mit den breiten ausgebeuteten Massen zusammenzuströmen: Das ist die Perspektive, für die wir sozialistische Feministinnen der internationalen Strömung *Pan y Rosas* [*Brot und Rosen*] kämpfen. Denn eine Gesellschaft, die befreit ist von allen Formen der Ausbeutung und Unterdrückung, denen die Menschheit heute in ihrer übergroßen Mehrheit unterworfen ist, ist kein Wunsch, sondern eine dringende Notwendigkeit, damit das Leben lebenswert wird.

Andrea D'Atri
Buenos Aires, 7. November 2018
101. Jahrestag der Russischen Revolution

Vorwort zur argentinischen Neuausgabe von 2013

In der Bevölkerung, die vom Kapital zu einem Leben in Elend verurteilt ist, gibt es keine »Geschlechtergerechtigkeit«: Aktuell sind 70 Prozent der Ärmsten weltweit Frauen und Mädchen. Ihre Diskriminierung – wie die von Migrant*innen, nichtheterosexuellen Menschen usw. – steht im deutlichen Widerspruch zu den in den letzten Jahrzehnten eroberten Rechten: In den Monaten vor Erscheinen dieser Neuausgabe bestürzten uns die Repression, die Vergewaltigungen und die Ermordung von Frauen in Ägypten und anderen nordafrikanischen Ländern[6]; wir wurden Zeuginnen des grausamen Anstiegs rassistischer Gewalt in Europa; erschüttert beobachteten wir die großen Mobilisierungen, die in einigen Ländern, angeführt von der katholischen Kirche und evangelikalen Gruppen, gegen die Ehe für Alle stattfanden[7]. Mit diesen brutalen Lektionen zeigt uns der Kapitalismus, dass wir zwar vorankommen und ein paar Rechte erobern können. Diese sind jedoch begrenzt in ihrer Reichweite und auf einen Teil der Bevölkerung, der sie tatsächlich auch ausüben kann, und beschränkt auf eine kurze Zeit, bis sie wieder zurückgenommen werden. Die weibliche

6 A. d. Ü.: Im Kontext des Arabischen Frühlings.

7 In Paris gingen Anfang 2013 tausende Menschen gegen die Ehe für Alle auf die Straße. Die Demonstrationen wurden von Persönlichkeiten der französischen Rechten und Ultrarechten angeführt. Gegen die Regierung von François Hollande wurde skandiert: »Rühr die Ehe nicht an, kümmere dich um die Arbeitslosigkeit!« Etwas Ähnliches geschah im Spanischen Staat, wo unter der Führung der konservativen *Partido Popular* und der katholischen Kirche Demonstrationen gegen die gleichgeschlechtliche Ehe stattfanden. In Brasilien nahmen im gleichen Jahr Tausende am »Marsch für Jesus« teil, einer Demonstration evangelikaler Christen, angeführt vom Präsidenten der Menschenrechtskommission der Abgeordnetenkammer. Dort wurde zudem ein Gesetz beschlossen, nach dem die Psychologischen Fakultäten Homosexualität als Krankheit darstellen und ihre »Behandlung« unterrichten müssen. Und schon 2008 hatten sich rechte Gruppen in Kalifornien – wie die Organisation *Protect Marriage* – für den Verfassungszusatz »Ehe begrenzen« eingesetzt.

Emanzipation, so wie die Emanzipation von anderen Formen der Unterdrückung, bleibt eine Schimäre, solange dieses soziale, politische und wirtschaftliche System weiterbesteht.

Ohne Frage hat sich im letzten Jahrhundert das Leben der Frauen ungleich stärker verändert als das der Männer. Aber einige Tatsachen brechen schonungslos mit dem Bild des »beständigen Fortschritts« hin zu mehr Geschlechtergerechtigkeit – ausgenommen vielleicht ein paar gesellschaftliche Sektoren in imperialistischen Ländern und wohlhabenden Halbkolonien. Wie wäre es vor dem Hintergrund der eroberten Rechte sonst zu verstehen, dass jedes Jahr zwischen 1,5 und drei Millionen Frauen und Mädchen zu Opfern sexistischer Gewalt werden? Oder dass sich die Prostitution – weit entfernt davon, die »freie und selbstbestimmte« Arbeit zu sein, als die sie in feministischen Räumen teilweise dargestellt wird – in eine riesige und enorm profitable Industrie verwandelt hat, was wiederum die Ausbreitung von Menschenhandelsnetzwerken weiter befördert? Zudem sterben trotz enormer wissenschaftlicher und technologischer Fortschritte jährlich 500000 Frauen weltweit aufgrund von Komplikationen während Schwangerschaft und Entbindung. Jeden Tag sterben 500 Frauen nach illegalisierten Abtreibungen. Parallel dazu ist die Feminisierung der Arbeitskraft insbesondere in Lateinamerika exponentiell angestiegen, auf Kosten einer größer werdenden Prekarisierung.[8] Deshalb trifft die globale Krise der vergangenen Jahre, anders als zu anderen Zeiten, auf eine Arbeiter*innenklasse, die weltweit zu 40 Prozent aus Frauen besteht. 50,5 Prozent dieser Arbeiterinnen arbeiten unter prekären Bedingungen. Zum ersten Mal in der Geschichte ist die städtische Beschäftigungsrate unter Frauen höher als die ländliche.

Wie wir sehen, stehen die eroberten Rechte – wozu auch die Legitimität gehört, die das Konzept der »Geschlechtergerechtigkeit« in den letzten Jahren erlangt hat – in scharfem Kontrast zum erschütternden Bild dieser Statistiken.

8 In den 3000 Freihandelszonen der Welt arbeiten mehr als 40 Millionen entrechtete Menschen, 80 Prozent von ihnen sind Frauen zwischen 14 und 28 Jahren.

Auf der Suche nach einer Erklärung für diesen Widerspruch zeigt sich die US-amerikanische Feministin Nancy Fraser unzufrieden mit der folgenden weitverbreiteten These: »Oft heißt es nämlich, der relative Erfolg der Bewegung im Kampf um kulturelle Veränderungen stehe in scharfem Gegensatz zu ihrem relativen Scheitern im Hinblick auf echten institutionellen Wandel.«[9] Diese untaugliche Bilanz, die dem Feminismus einen kulturellen Sieg und ein gewisses institutionelles Scheitern unterstellt, fordert Fraser mit einer neuen Hypothese heraus. Sie fragt sich, ob nicht eher Folgendes zutrifft: »Die kulturellen Veränderungen, die die Neue Frauenbewegung in Gang setzen konnte, dienten, so heilsam sie an sich sind, zugleich der Legitimation eines strukturellen Umbaus der kapitalistischen Gesellschaft, welcher feministischen Visionen einer gerechten Gesellschaft diametral zuwiderläuft.«[10] Mit anderen Worten: Die Autorin erlaubt sich den Verdacht, dass Feminismus und Neoliberalismus verknüpft seien, sie hinterfragt die Vereinnahmung des Feminismus und seine Unterordnung unter die Agenda der Weltbank und anderer internationaler Institutionen. Der Verdacht scheint gerechtfertigt. Können wir nur auf eine begrenzte Emanzipation hoffen, beschränkt auf ein paar wenige Sektoren in bestimmen Ländern, die einige demokratische Rechte genießen – bei gleichzeitig zunehmenden brutalen Angriffen auf die große Mehrheit der Frauen weltweit?

Die vereinfachte Vision eines allmählichen und ununterbrochenen Fortschritts hin zu mehr Rechten hindert uns daran, die tiefgehenden Widersprüche zwischen den Protokollen, Erklärungen und internationalen Verträgen und dem Alltag von Millionen Frauen zu erklären. Sie sehen sich der uralten patriarchalen Gewalt ausgesetzt, die nicht nur von individuellen Männern ausgeübt wird, sondern auch von den Religionen, den staatlichen Institutionen und der herrschenden Klasse. Die Gesamtheit dieser Gewalt kristallisiert sich in

9 Nancy Fraser, »Feminismus, Kapitalismus und die List der Geschichte«, in: *Blätter für deutsche und internationale Politik*, 8/2009.

10 Ebenda.

einer frauenfeindlichen Kultur. Aber diese realen, »unlebbaren« Leben ganz ohne Widersprüche zu beschreiben, würde uns zum anderen Extrem einer einseitigen Sicht bringen, in der Frauen lediglich Opfer sind. Damit würden wir die lange Geschichte des kollektiven Kampfes unterschlagen, die verschiedenen Praktiken des Widerstands, die Theoretisierungen und die politischen und ideologischen Strömungen, die mit Fortschritten und Rückschritten Teilerfolge errungen haben.

Wenn dies die komplexe Perspektive ist, die in unserer Zeit nur noch komplexer wird: Was sollte sich der Feminismus als emanzipatorische Bewegung vornehmen, wenn er die soziale, politische und kulturelle Ungleichheit der Frauen unter der patriarchalen Herrschaft heute brandmarken und bekämpfen will? Und was hat der revolutionäre Marxismus dazu beizutragen?

Wie wir gezeigt haben, findet die aktuelle kapitalistische Krise erstmals in der Geschichte eine Arbeiter*innenklasse vor, die in höchstem Maß feminisiert ist und in der die Anzahl der Frauen auf dem städtischen Arbeitsmarkt die weibliche Arbeitskraft auf dem Land weit übersteigt. Diese Zusammensetzung der Arbeiter*innenklasse und die aktuelle »Schule« der kapitalistischen Krise eröffnen neue Möglichkeiten, die es in den vergangenen Jahrzehnten in dieser Form nicht gab: Unter diesen Umständen können breite Schichten der Arbeiter*innenklasse sich den Kampf für Frauenrechte und gegen Unterdrückung zu eigen machen. Vor uns liegt dann die Aufgabe, die Trennung zwischen der Arbeiter*innenklasse und den Emanzipationsbewegungen, die sich nach einer langen Geschichte gemeinsamer Kämpfe in den letzten Jahrzehnten vollzogen hat, wieder aufzuheben. Auch wenn der Imperialismus neue Formen der Unterdrückung entwickelt hat und das Gewicht der Ketten schwer auf dem Leben der Frauen lastet und stetig zunimmt, können uns die Erfahrungen all jener Frauen inspirieren, die für eine Zukunft ohne Ausbeutung und Unterdrückung gekämpft haben. Dazu gehören die Erfahrungen der Frauen, die im 18. Jahrhundert den sogenannten »Mehlkrieg« anführten; die der

Frauen aus den Armenvierteln von Paris, die während der Französischen Revolution an der Spitze des Kampfes standen; die der Kommunardinnen im Paris von 1871; die der Textilarbeiterinnen zu Beginn des 20. Jahrhunderts; die der Frauen in der Russischen Revolution; die der Frauen, die die Zeit zwischen den Weltkriegen erlebt haben; die derjenigen, die in den 70er Jahren eine Revolution auf den Straßen, in der Familie und in der eigenen Subjektivität anstrebten; und so viele weitere.

Dazu gehört auch, die Debatte zwischen Feminismus und Marxismus zu aktualisieren, ebenso wie die Debatte über das Verhältnis von Kapitalismus und Patriarchat, über die Subjekte der Emanzipation und über die Frage der Hegemonie. Entsteht erneut ein Feminismus, der sich nicht auf den intimen Rückzugsort individueller Befreiung beschränkt und auf einer radikalen antikapitalistischen Kritik aufbaut? Dabei geht es nicht nur um den Kampf gegen die verschiedenen Varianten der »Inklusion«, die letztlich reformistisch sind, auch wenn sie in den labyrinthischen Formen eines postmodernen Durcheinanders auftreten. Es geht auch darum, sich die besten Traditionen in der Geschichte des revolutionären Marxismus im Kampf gegen die Unterdrückung der Frauen wiederanzueignen – gegen jeglichen ökonomistischen Reduktionismus oder opportunistischen Politizismus, wie sie für den Reformismus funktional sind.

Wir leben in einer Zeit der wirtschaftlichen, sozialen und politischen Krise, die in den verschiedenen Regionen des Planeten unterschiedlich intensiv und anders verläuft. Wie schaffen wir es, dass die »Ausweitung der Rechte« nicht zur ultimativen Strategie der Integration wird, sondern die eroberten Rechte zu einem Stützpfeiler für den radikalen Kampf um die Emanzipation der breiten Masse der Frauen werden? Wir hoffen, dass auf dem Weg des Kampfes der Frauen für ihre Befreiung und mit einer um Beiträge der feministischen Strömungen bereicherten marxistischen Kritik ein erneuerter sozialistischer Feminismus entstehen wird.

* * *

In den Kapiteln I, II und III entwickeln wir das, was wir als den Beginn des Feminismus als politische Bewegung der Frauen für ihre Emanzipation verstehen, vor dem Hintergrund der bürgerlichen Revolutionen. Außerdem zeichnen wir die Entwicklung der Arbeiter*innenbewegung und ihres Antagonismus zur herrschenden Klasse nach. Dies ist der Hintergrund für die Ausbildung einer bestimmten Sichtweise auf das Verhältnis von Klasse und Geschlecht. In Flora Tristán findet diese Sichtweise eine Vordenkerin innerhalb der sozialistischen Strömungen. In der vorliegenden überarbeiteten Ausgabe haben wir eine Analyse ihrer Ausarbeitungen hinzugefügt. Wir verstehen sie als Brücke zwischen den Theorien der französischen utopischen Sozialist*innen und denen des wissenschaftlichen Sozialismus von Marx und Engels.

Die Kapitel IV und V geben einen Überblick über die revolutionär-marxistischen Erfahrungen in der Organisierung von Arbeiterinnen und Sozialistinnen. Zunächst geht es um Clara Zetkin, eine wichtige Figur der Zweiten Internationale, die später, in den ersten Jahren der Dritten Internationale, auf ausdrücklichen Wunsch Lenins auch an der Organisation der sowjetischen Frauen mitwirkte. Danach behandeln wir den Sieg der proletarischen Revolution in Russland unter Führung der Bolschewiki, die gigantische Veränderungen im Leben der Frauen bewirkte. In dieser Ausgabe erweitern wir das Kapitel IV um einige Debatten, die innerhalb der SPD in Deutschland stattfanden. Insbesondere im Kapitel V, welches der Russischen Revolution gewidmet ist, gibt es dank der Lektüre von Wendy Goldmans Buch *Women, the State and Revolution*[11] einige Zusätze. Außerdem ergänzen wir eine kurze Analyse der Ausarbeitungen der russischen Revolutionärin Alexandra Kollontai, die sich durch ihre Rolle in der Organisierung von Arbeiterinnen, ihr Engagement in der Regierung des ersten

11 Wendy Goldman, *Women, the State and Revolution: Soviet family policy and social life, 1917–1936*, Cambridge, University Press, 1993.

Arbeiter*innenstaats der Geschichte und ihre Ideen zu Liebe, Ehe und Familie auszeichnete.

Schließlich reflektieren wir im dritten Teil, der die Kapitel VI, VII und VIII umfasst, über die Zweite Welle der Frauenbewegung, die in der Hitze der Radikalisierung der 70er Jahre entstand. Sie ging einher mit langen Jahrzehnten der bürgerlichen Restauration, gegen die sich ein Teil der Bewegung zur Wehr setzte, während ein anderer sich anpasste. Die Jahrzehnte der bürgerlichen Restauration folgten auf die Niederlage der Mobilisierungen, Kämpfe und revolutionären Prozesse. Eine neue Lesart dieser Zeit des Neoliberalismus, die – wie bereits angedeutet – voller Widersprüche war, hat uns zu einer Überarbeitung und Erweiterung dieser Kapitel bewegt.

* * *

In Argentinien haben wir zwischen der Erstausgabe von *Brot und Rosen* im Jahr 2004 und dieser überarbeiteten und erweiterten Neuausgabe fast ein ganzes Jahrzehnt erlebt, in dem sich der Diskurs der »Ausweitung von Rechten« als einzig mögliche Strategie etablierte. In diesen Jahren wäre es einfach gewesen, eine Position einzunehmen, die mit sektiererischem Dogmatismus jede relative Eroberung abgelehnt hätte, um sich so der allgemeinen Tendenz zu widersetzen, den Kampf für unsere Rechte in die Hände von öffentlicher Verwaltung, staatlichen Programmen und anerkannten Expert*innen zu legen. Eine Alternative wäre das Postulat gewesen, der Kampf für ein Leben ohne die Ketten der Unterdrückung und Ausbeutung, die uns heute fesseln, solle sich auf die Erlangung demokratischer Rechte und einiger grundlegender Reformen innerhalb dieses Herrschaftssystems beschränken – zweifellos hat sich die große Mehrheit der sozialen Bewegungen zu dieser Option verlocken lassen.

In diesen Jahren sind einige politische Reformen entweder vom Staat vorangetrieben oder von ihm eingefordert worden (wie die Ehe für Alle, das Gesetz zur Geschlechtsidentität usw.). Sie machten das Leben von Millionen von Menschen, die historisch zu einer Existenz voller Ungerechtigkeiten verurteilt waren, weniger dornig. In diesem Klima haben wir gegen den Strom und mit einer antikapitalistischen, sozialistischen und revolutionären Perspektive die Frauengruppierung *Pan y Rosas* (deutsch: Brot und Rosen) aufgebaut. Wir haben uns klassische Autor*innen wieder angeeignet und unsere politischen Grundlagen diskutiert; wir haben kreativ über die programmatischen Herausforderungen nachgedacht, vor die uns die neuen Realitäten des 21. Jahrhunderts stellen; wir haben unsere politische Praxis reflektiert, mit theoretischen und politischen Gegner*innen debattiert und im Licht der kollektiven Erfahrungen permanent alles hinterfragt, was uns vorher gesichert erschien.

Mehrere Generationen junger Studentinnen und Arbeiterinnen haben deshalb Anteil an den in diesem Buch zusammengefassten kollektiven Erarbeitungen. Unser Ziel ist es nun, dass neue Generationen, für die diese Neuausgabe gedacht ist, sie wie ein Werkzeug des Kampfes in ihre Hände nehmen. Wie bei der Erstausgabe gilt auch hier: Viele interessante Themen wurden außen vor gelassen, andere verdienten eine Erweiterung und größere Vertiefung. Ich bin weder Historikerin noch professionelle Schriftstellerin. Mich leitet der Wunsch, mit diesem kleinen Sandkorn einen Beitrag zum Kampf der Frauen für ihre Befreiung zu leisten. Meine Erwartungen sind mehr als erfüllt, wenn nach der Lektüre die grundlegenden Autorinnen des Marxismus und Feminismus neu gelesen, ihre Ausarbeitungen unter den Vorzeichen unserer Zeit neu gedacht werden – mit dem Ziel, gegen Unterdrückung und Ausbeutung zu kämpfen, für eine Gesellschaft, die wahrhaft von den Ketten befreit ist, die die überwältigende Mehrheit der Menschheit heute fesseln.

Andrea D'Atri
Buenos Aires, September 2013

Einleitung

Während sich ein Teil des Feminismus individualistisch und bequem auf dem Sofa sitzend fragt: »Wer bin ich?«, sucht ein anderer Teil fleißig nach den nötigen Referenzen für die Fußnoten, die der eigenen Arbeit Glaubwürdigkeit verleihen sollen […]. Und gleichzeitig existiert eine Welt voller Armut: Millionen Menschen werden als Frauen in ein Gesellschaftsmodell hineingeboren, das ihnen eine Wiege voller Dornen bereitet.

Victoria Sau Sánchez

Klasse und Geschlecht

Auch heute noch begehen wir an jedem 8. März den Internationalen Frauenkampftag. Aber für die große Mehrheit bleibt zwischen all der Werbung für Blumen und Pralinen der Ursprung dieses Gedenktages verborgen. Er liegt unter anderem in einem Protest, der von Arbeiterinnen des 19. Jahrhunderts organisiert wurde, um ihre Rechte einzufordern: Am 8. März 1857 streiken die Arbeiterinnen einer Textilfabrik in New York gegen die anstrengenden 12-Stunden-Tage und die miserablen Löhne. Sie werden von der Polizei angegriffen.

Ein halbes Jahrhundert später, im März 1909, verbrennen 140 junge Frauen qualvoll in einer Textilfabrik, in der sie unter unmenschlichen Bedingungen eingeschlossen arbeiten. Im gleichen Jahr streiken 30 000 New Yorker Textilarbeiterinnen trotz heftiger Repression durch die Polizei. Dennoch erlangen sie die Unterstützung der Studierenden, der Suffragetten[12], der Sozialist*innen und anderer gesellschaftlicher Sektoren.

Einige Jahre später, zu Beginn des Jahres 1912, beginnt in Lawrence, Massachusetts ein Streik, der unter dem Namen

12 A. d. Ü.: Aktivistinnen, die sich Anfang des 20. Jahrhunderts für das Frauenwahlrecht einsetzten, siehe Kapitel IV.

Brot und Rosen bekannt werden sollte. Die Textilarbeiterinnen, die ihn anführen, bündeln unter diesem Slogan ihre Forderungen nach Lohnerhöhungen und besseren Lebensbedingungen. Um die Teilnahme der Arbeiterinnen am Kampf zu erleichtern, richtet die Streikversammlung eine gemeinschaftliche Kinderbetreuung und Gemeinschaftsküchen ein. Die Gewerkschaft *Industrial Workers of the World* organisiert Versammlungen der Kinder, um mit ihnen zu diskutieren, warum ihre Väter und Mütter im Ausstand sind. Nach einigen Tagen Arbeitskampf werden die Kinder in andere Städte geschickt. Dort sollen sie von Familien versorgt werden, die sich mit dem Kampf der Arbeiter*innen solidarisieren. In einem ersten Zug fahren 120 Kinder. Als der zweite Zug losfahren soll, greift die Polizei die Kinder und die sie begleitenden Frauen an. Dadurch gelangt der Konflikt landesweit in die Tageszeitungen und ins Parlament. Die Solidarität mit den Streikenden wächst noch weiter.

Aber schon zwei Jahre zuvor, im Jahr 1910, schlägt die Deutsche Clara Zetkin[13] dem Zweiten Internationalen Kongress Sozialistischer Frauen in Kopenhagen vor, in Erinnerung an die proletarischen Frauen und ihre Kämpfe gegen die kapitalistische Ausbeutung jedes Jahr im März den »Internationalen Frauentag« zu begehen.

Bei dieser Konferenz im August 1910 diskutieren sozialistische Frauen aus verschiedenen europäischen Ländern über den Kampf für das Frauenwahlrecht und den Mutterschutz. Sie stellen sich auch die Frage, wie die Beziehungen zwischen Sozialistinnen weltweit aussehen sollen. Letztlich beschließen sie unter anderem, gemeinsam für den 8-Stunden-Tag und für den Mutterschaftsurlaub von 16 Wochen zu kämpfen. Die deutschen Delegierten bringen eine Resolution zum

13 Clara Zetkin (1857–1933), Anführerin der SPD, organisiert die Frauensektion der Partei. Sie gründet die Zeitung *Die Gleichheit* und kämpft gegen die Parteiführung, als diese sich zu Beginn des Ersten Weltkriegs auf die Seite der nationalen Bourgeoisie stellt und im Parlament für die Kriegskredite stimmt. Ausführlicher dazu Kapitel IV.

Frauenkampftag ein, die einstimmig beschlossen wird: »Im Einvernehmen mit den klassenbewussten politischen und gewerkschaftlichen Organisationen des Proletariats in ihrem Lande veranstalten die sozialistischen Frauen aller Länder jedes Jahr einen Frauentag, der in erster Linie der Agitation für das Frauenwahlrecht dient. Die Forderung muss in ihrem Zusammenhang mit der ganzen Frauenfrage der sozialistischen Auffassung gemäß beleuchtet werden. Der Frauentag muss einen internationalen Charakter tragen und ist sorgfältig vorzubereiten.«[14]

In den folgenden Jahren wird der Internationale Frauenkampftag in verschiedenen Ländern begangen, allerdings noch an unterschiedlichen Tagen im März. Erst 1914 einigen sich die deutschen, russischen und schwedischen Sozialistinnen darauf, ihn auf den 8. März festzulegen. Bei diesem Datum bleibt es schließlich. Denn am 8. März 1917 – im Februar 1917 nach dem damaligen russischen Kalender – begehen ihn die Fabrikarbeiterinnen Sankt Petersburgs. Sie gehen auf die Straße und fordern »Brot, Frieden und Freiheit«. Damit markieren sie den Anfangspunkt der größten Revolution des 20. Jahrhunderts, die im Oktober des gleichen Jahres mit der Übernahme der Macht durch die Arbeiter*innenklasse enden sollte.[15]

Wie wir gesehen haben, verbindet der Internationale Frauenkampftag seit seiner Entstehung die Zugehörigkeit zu Klasse und Geschlecht – eine doppelte Zugehörigkeit, über die mehr als ein Jahrhundert später Marxist*innen und Frauenbewegung immer noch diskutieren.

14 Clara Zetkin, Käthe Duncker u. a., »Antrag an die II. Internationale Sozialistische Frauenkonferenz in Kopenhagen«, 27. August 1910. Zitiert nach »Die Gleichheit. Zeitschrift für die Interessen der Arbeiterinnen«, Stuttgart, 29. August 1910, in: *Ausgewählte Reden und Schriften*, Bd. I, Berlin/DDR, Dietz, 1957.

15 Mehr dazu in Kapitel V.

Unterdrückung und Ausbeutung

Für uns revolutionäre Marxist*innen ist die Frage der Frauenunterdrückung eingeschrieben in die Geschichte der Klassenkämpfe. Deshalb ist unsere theoretische Position dieselbe wie unsere Position im Kampf: Wir stehen auf der Seite derer, die vom kapitalistischen System ausgebeutet und unterdrückt werden. Wir tun dies aus der Perspektive des historischen[16] und dialektischen[17] Materialismus, weil er uns das Werkzeug liefert, diese Welt zu verstehen und zu verändern.

Einige Expertinnen der Geschlechterforschung betonen, dass es »absolut notwendig ist, eine Klassenanalyse der Geschichte

16 A. d. Ü.: Der historische und dialektische Materialismus ist ein philosophisches System, das von Karl Marx und Friedrich Engels entwickelt wurde. Zum historischen Materialismus: »Die materialistische Anschauung der Geschichte geht von dem Satz aus, daß die Produktion, und nächst der Produktion der Austausch ihrer Produkte, die Grundlage aller Gesellschaftsordnung ist; daß in jeder geschichtlich auftretenden Gesellschaft die Verteilung der Produkte, und mit ihr die soziale Gliederung in Klassen oder Stände, sich danach richtet, was und wie produziert und wie das Produzierte ausgetauscht wird. Hiernach sind die letzten Ursachen aller gesellschaftlichen Veränderungen und politischen Umwälzungen zu suchen nicht in den Köpfen der Menschen, in ihrer zunehmenden Einsicht in die ewige Wahrheit und Gerechtigkeit, sondern in Veränderungen der Produktions- und Austauschweise; sie sind zu suchen nicht in der Philosophie, sondern in der Ökonomie der betreffenden Epoche.« – Friedrich Engels, *Die Entwicklung des Sozialismus von der Utopie zur Wissenschaft*, in: Karl Marx, Friedrich Engels, *Werke*, Bd. 19, Berlin/DDR, Dietz, 1973.

17 A.d.Ü.: Zum dialektischen Materialismus: »Das übliche Denken arbeitet mit solchen Vorstellungen wie Kapitalismus, Moral, Freiheit, Arbeiterstaat usw. als festgelegten Abstraktionen, wobei es voraussetzt, daß Kapitalismus gleich Kapitalismus, Moral gleich Moral ist usw. Das dialektische Denken untersucht alle Dinge und Erscheinungen in ihrer unablässigen Veränderung, wobei es in den materiellen Voraussetzungen dieser Veränderungen jene kritische Grenze bestimmt, jenseits derer ›A‹ aufhört ›A‹ zu sein, ein Arbeiterstaat aufhört, ein Arbeiterstaat zu sein. […] Dialektisches Denken steht zum üblichen Denken im gleichen Verhältnis wie der Film zur bewegungslosen Fotografie. Der Film macht nicht die bewegungslose Fotografie wertlos, sondern verbindet eine Reihe von ihnen gemäß den Gesetzen der Bewegung.« – Leo Trotzki, »Das ABC der materialistischen Dialektik«, in: *Verteidigung des Marxismus*, Essen, Mehring, 2006.

des Feminismus anzustreben«. Für sie ist »der bürgerliche Feminismus Ausdruck des Bewusstseins der bürgerlichen Frau über ihre Unterdrückung. Er strebt nach Gleichheit mit dem Mann auf politischer, gesetzlicher und wirtschaftlicher Ebene, im Rahmen der bürgerlichen Gesellschaft. Der proletarische Feminismus hingegen zielt auf die Überwindung der sozialen Unterordnung in einer klassenlosen Gesellschaft. Wie dies zu erreichen ist, hängt von der jeweiligen politischen Zugehörigkeit ab, sei sie sozialistisch, anarchistisch oder kommunistisch.«[18] Auch andere Autorinnen weisen in ihrer Analyse der Frauenunterdrückung auf diese Klassenunterschiede hin: »Zwar werden alle Frauen in praktisch allen gegenwärtigen Gesellschaften durch das patriarchale System unterdrückt, doch nicht immer aus den gleichen Gründen. Außerdem, das sei hervorgehoben, gibt es Unterdrückte, die selbst unterdrücken.«[19]

Aus unserer marxistischen Perspektive ist *Ausbeutung* ein Verhältnis zwischen Klassen. Sie bezieht sich auf die Aneignung des Produkts der Mehrarbeit[20] der Arbeiter*innenmassen durch diejenige Klasse, die über Privatbesitz an Produktionsmitteln verfügt. Es handelt sich also um eine Kategorie, die in der ökonomischen Struktur der Gesellschaft verankert ist. Diejenigen, die ausgebeutet werden, bilden eine soziale Klasse – die Arbeiter*innenklasse – und diejenigen, die ausbeuten, eine andere – die Kapitalist*innenklasse oder auch Bourgeoisie genannt. *Unterdrückung* wiederum können wir definieren als ein Verhältnis der Unterwerfung einer Gruppe durch eine andere, basierend auf kulturellen, rassifizierten oder sexuellen Merkmalen. Die Kategorie der Unterdrückung bezieht sich also auf die

18 Mary Nash, »Nuevas dimensiones en la historia de la mujer«, in: *Presencia y protagonismo: aspectos de la historia de la mujer*, Barcelona, Del Serbal, 1984, eigene Übersetzung.

19 Andrée Michel, *Le Féminisme*, Presses universitaires de France, 1979, eigene Übersetzung.

20 A.d.Ü.: Die Mehrarbeit bezeichnet denjenigen Anteil der Arbeit von Lohnabhängigen, der über die für ihre Reproduktion gesellschaftlich notwendige Arbeit hinausgeht. Diese Mehrarbeit wird von Kapitalist*innen angeeignet und bildet die Grundlage für den Mehrwert und damit für den Profit.

Ausnutzung von Ungleichheit, um eine bestimmte Gruppe zu benachteiligen: Unterschiede werden zur Legitimation für die Herrschaft einer sozialen Gruppe über eine andere.

Wir können feststellen, dass Frauen verschiedenen sozialen Klassen angehören, die sich im Widerspruch zueinander befinden. Sie bilden keine eigene Klasse, sondern sind eine klassenübergreifende Gruppe. Ausbeutung und Unterdrückung verknüpfen sich in dieser Gruppe auf unterschiedliche Weise. Die Klassenzugehörigkeit einer Person bestimmt die Form ihrer Unterdrückung. So gibt es zwar Gesetze, die die körperliche Selbstbestimmung *aller* Frauen einschränken, zum Beispiel durch Abtreibungsverbote. Aber in der Realität haben manche Frauen besseren Zugang zu illegalisierten Praktiken und können besser auf mögliche Komplikationen reagieren. So haben einige aufgrund ihrer ökonomischen und sozialen Position und ihres Bildungsniveaus Zugang zu Abtreibungen unter hygienischen Bedingungen. Andere haben diesen Zugang nicht und verbluten oder sterben nach dem Eingriff an Infektionen. Sie werden Opfer einer patriarchalen Ordnung mit einem gnadenlosen kapitalistischen Antlitz.

Es leiden also alle Frauen unter Diskriminierungen in Bezug auf ihre Rechte, ihre Bildungschancen und ihren Zugang zu kulturellen, politischen und ökonomischen Ressourcen. Dennoch gibt es zwischen ihnen klare Klassenunterschiede. Diese prägen auf vielfältige Weise nicht nur das subjektive Erleben der Unterdrückung, sondern auch grundsätzlich die objektiven Möglichkeiten, sich gegen die Unterdrückung zu wehren und diese Diskriminierungen zumindest teilweise zu überwinden.

Das Geschlecht eint uns, die Klasse trennt uns

Zu Beginn des 21. Jahrhunderts erscheint es gesellschaftlich anerkannt und »politisch korrekt«, für Frauenrechte zu kämpfen. Das geht so weit, dass die meisten Regierungen der Welt auf verschiedenen institutionellen Niveaus Posten für Staatssekretär*innen, Arbeitsgruppen, Programme und internationale Institutionen eingerichtet haben, die sich mit Fragen der Geschlechtergerechtigkeit befassen.

Denn es gibt unleugbare Tatsachen, die die Ungleichbehandlung von Frauen widerspiegeln: So gibt es die »gläserne Decke«, die Tatsache also, dass Frauen in Universitäten und allen anderen Arbeitsbereichen nicht im gleichen Ausmaß wie Männer Spitzenpositionen besetzen, selbst wenn sie die gleichen Qualifikationen und Fähigkeiten mitbringen. Außerdem ist bekannt, dass in den meisten Ländern auf allen Kontinenten Frauen nur 60 bis 70 Prozent von dem verdienen, was Männer verdienen, teils sogar für die gleiche Arbeit.

Die Unterdrückung von Frauen zeigt sich auf unterschiedliche Weise in allen sozialen Klassen. Aber die Hälfte der Menschheit verteilt sich nicht gleichmäßig auf die verschiedenen Klassen: Wir Frauen sind die Mehrheit der Ausgebeuteten und Armen dieser Welt und bilden nur eine verschwindend kleine Minderheit unter den mächtigen Eigentümer*innen multinationaler Unternehmen. Diese sind es, die uns zu Ausbeutung und Armut verurteilen. Auch wenn Frauen etwas mehr als 50 Prozent der Weltbevölkerung ausmachen, sind 70 Prozent der 1,3 Milliarden Armen des Planeten Frauen. Andererseits befindet sich nur ein Prozent des weltweiten Privatbesitzes in den Händen von Frauen.

Wenn wir die doppelten, dreifachen und vielfachen Ketten aufzeigen, die die arbeitenden Frauen – seien sie Arbeiterinnen, Angestellte, Bäuerinnen oder Arbeitslose – fesseln, wollen wir damit nicht die Unterdrückung verschleiern, die die Hälfte der Menschheit unabhängig von ihrer Klassenzugehörigkeit erleidet. Im Gegenteil: Wir schlagen eine Klassenperspektive vor, weil wir davon ausgehen, dass die Unterdrückung aller Frauen durch ein System »Legitimität« erhält, welches auf der Ausbeutung der großen Mehrheit durch eine kleine Minderheit parasitärer Kapitalist*innen basiert. Die Aufrechterhaltung von Hierarchien und Ungleichheiten ist fundamentaler Bestandteil seiner Funktionsweise. Die verschiedenen Spaltungen und Fragmentierungen erlauben es überhaupt erst, die grausamste Hierarchisierung aufrechtzuerhalten. Eine Hierarchisierung, die Millionen Menschen dazu verurteilt, ihre Arbeitskraft zu verkaufen, damit einige wenige ihren wachsenden Durst nach Gewinnen befriedigen können.

Wenn die verschiedenen Formen der Unterdrückung aufgrund des Geschlechts nicht mit der Klassenzugehörigkeit zusammenhängen würden, wie wäre es dann zu erklären, dass einige Frauen im Ranking der Multimillionär*innen der Zeitschrift *Forbes* auftauchen oder auf so wichtige Posten wie den der Präsidentin gelangen, während 60 Millionen Mädchen immer noch keinen Zugang zu Schulen haben?

Das 20. Jahrhundert hat Präsidentinnen und Premierministerinnen gesehen, weibliche Regierungsmitglieder, Soldatinnen und Offizierinnen, erfolgreiche Wissenschaftlerinnen, Künstlerinnen und Sportlerinnen, Unternehmerinnen und Akademikerinnen. Es war außerdem das Jahrhundert von Antibabypille, Minirock, Jeanshose, Unisex-Mode und der Elektrogeräte für den Haushalt. Aber vergessen wir nicht, dass das 20. Jahrhundert auch Zeuge von jährlich 20 Millionen heimlichen Abtreibungen war. Ebenso war es das Jahrhundert der Vergewaltigung und Ermordung von Millionen Frauen durch »ethnische Säuberungen«. Es war eine Zeit, in der Millionen von Frauen arbeitslos waren und unterhalb der Armutsschwelle leben mussten.

Eine dreißigjährige Frau kann also einerseits als Offizierin in den gemeinsamen NATO-Streitkräften mit dem »gleichen« Recht wie ein Mann Halbkolonien[21] bombardieren. Unterdessen kann eine andere Frau im gleichen Alter in einem afrikanischen Dorf aufgrund von AIDS sterben. Ist es da nicht widersprüchlich und sogar zynisch, von Fortschritt für Frauen im Allgemeinen zu sprechen? Sollten wir nicht von verschiedenen Frauen reden? Sind die Leben von Unternehmerinnen und Arbeiterinnen, von Frauen in den imperialistischen Län-

21 A. d. Ü.: Ein Land, das formell politisch unabhängig ist, jedoch wirtschaftlich vom Imperialismus abhängig bleibt.

dern und denen in den Halbkolonien, von weißen Frauen und Schwarzen Frauen, von Migrantinnen und Geflüchteten etwa alle gleich? Davon auszugehen, dass es, nur weil sie Frauen sind, etwas gibt, das die britische Königin mit den arbeitslosen Engländerinnen verbindet, die argentinische Präsidentin mit den einfachen Hausangestellten, die berühmte Sängerin mit den Arbeiterinnen in den mexikanischen Maquiladoras, bedeutet letztlich, selbst dem biologischen Reduktionismus[22] der patriarchalen Ideologie zu verfallen, den wir Feministinnen zu Recht entschieden kritisieren. Wenn wir so über Geschlecht sprechen, ist es nur noch eine abstrakte Kategorie, sinnentleert und nicht mehr brauchbar für die Transformation, die wir eigentlich anstreben.

Kapitalismus und Patriarchat: eine glückliche Ehe

Viele Feministinnen stellen sich heute diese Fragen. Einige vertreten sogar die Ansicht, dass ein klassenbewusster Feminismus die Probleme, mit denen Frauen konfrontiert sind, hierarchisieren und unterschiedlich bewerten sollte. Sie sagen, dass nicht nur das patriarchale System verurteilt werden muss, sondern ebenso die Weltbank und der Internationale Währungsfonds, da sie für die wachsende Armut und die Kürzungen der öffentlichen Dienstleistungen verantwortlich sind. Sie fügen hinzu, dass die beste Unterstützung, die Feministinnen den Frauen der »Dritten Welt« anbieten können, darin bestehe, aus einer offen antiimperialistischen Haltung heraus die »humanitären« Interventionen anzuprangern, die lediglich den Interessen der imperialistischen Mächte dienen.[23]

Wir gehen weiterhin davon aus, dass Frauenunterdrückung, auch wenn sie nicht erst mit dem Kapitalismus entsteht, unter dieser Produktionsweise bestimmte Eigenschaften erhält, die

22 A. d. Ü.: Der biologische Reduktionismus erklärt und legitimiert die sozial hergestellten Unterschiede zwischen den Geschlechtern als rein biologische Unterschiede.

23 Vgl. Alizia Stürtze, »Feminismo de clase«, online abrufbar unter lahaine.org.

sie zu einem unverzichtbaren Verbündeten für die Ausbeutung und die Aufrechterhaltung des Status quo macht.

Der Kapitalismus basiert auf der Ausbeutung und Unterdrückung von Millionen von Menschen auf dem ganzen Planeten und unterwirft zwecks Ausweitung seiner Märkte nicht nur ganze Völker, sondern auch unberührtes Land und unwirtliche Gegenden. Er hat Frauen und Kinder in seine Maschinerie der Ausbeutung integriert. Und wenn er Millionen von Frauen auf den Arbeitsmarkt getrieben und damit den rückständigen Mythos zerstört hat, der Frauen ausschließlich auf ihre Rolle im Privathaushalt festlegte, dann nur, um sie doppelt auszubeuten, mit niedrigeren Löhnen als die der Männer. Auf diese Weise drückt er gleichzeitig die Löhne aller Arbeiter*innen.

Der Kapitalismus hat durch den technischen Fortschritt die Industrialisierung ermöglicht und damit auch die Voraussetzungen für die Vergesellschaftung der Hausarbeit geschaffen. Aber in der unbezahlten Hausarbeit liegt ein Teil der Profite der Kapitalist*innen. Die unbezahlte Hausarbeit entbindet die Kapitalist*innen davon, die Arbeiter*innen für einen Teil derjenigen Aufgaben zu bezahlen, die für ihre eigene Reproduktion als Arbeitskraft notwendig sind (Nahrungszubereitung, Kleiderpflege etc.). Die patriarchale Kultur aufrechtzuerhalten, der zufolge die Arbeit im Haushalt »natürliche« Aufgabe der Frauen ist, erlaubt es, diesen »Raub« durch die Kapitalist*innen unsichtbar zu machen. Dadurch wird auch die Hausarbeit, die vor allem auf Frauen und Mädchen zurückfällt, unsichtbar gemacht.

Und auch wenn im Kapitalismus die wissenschaftlichen, medizinischen und sanitären Bedingungen geschaffen wurden, die uns Frauen ermöglichen könnten, über unsere Körper frei zu entscheiden, wird uns dieses Recht immer noch verweigert. Die Entwicklung von Methoden zur Empfängnisverhütung, wie Antibabypille, Spirale und Sterilisation, und auch von Möglichkeiten, unter hygienischen Bedingungen und ohne gesundheitliche Folgen abzutreiben, hat eine neue

Realität geschaffen. Wenn wir Frauen über unseren Körper trotzdem nicht frei entscheiden können, nicht entscheiden können, ob und wann und wie viele Kinder wir haben wollen, liegt das daran, dass Kirche und kapitalistischer Staat sich weiterhin in unsere Leben einmischen. Abtreibung hat sich zu einem äußerst rentablen Geschäft für eine Reihe von Spezialist*innen, Laboratorien und die mafiös organisierte Polizei entwickelt. Außerdem bringt die Möglichkeit, Fortpflanzung und Vergnügen voneinander zu trennen, eine Freiheit mit sich, die die Interessen der herrschenden Klasse bedroht. Zu hinterfragen, dass Mutterschaft der einzige Weg zur Selbstverwirklichung von Frauen ist, zu hinterfragen, dass Sexualität allein der Fortpflanzung dient und einzig als heterosexueller Sex verstanden werden kann, gefährdet die Normen, mit denen das System unsere Körper reguliert. Diese Körper, die das Ausbeutungssystem nur als Arbeitskraft wahrnimmt, als Körper, die Schönheitsidealen unterworfen werden müssen, entfremdete und abgespaltene Körper, die in eine weitere Ware in der Welt der Waren verwandelt werden.

Frauenkämpfe und Klassenkämpfe

Aber mit der Herausbildung und Entwicklung des Kapitalismus verstärkt sich nicht nur die Ausbeutung und Unterdrückung der Frauen, es kommt auch zu wichtigen Veränderungen im Widerstand und Kampf der Frauen gegen diese Ketten. Ende des 18. Jahrhunderts entsteht im Zuge der bürgerlichen Revolutionen der Feminismus als soziale Bewegung sowie theoretische, ideologische und politische Strömung. Diese Bewegung durchläuft das 19. und 20. Jahrhundert und nimmt dabei bis zum heutigen Tag mannigfaltige Formen an. Der Feminismus bringt die verschiedensten theoretischen Strömungen hervor, mit einer diversen Praxis und unterschiedlichen Erfahrungen der Organisation.

Fast seit seinem Beginn, als sich der Kapitalismus entwickelte und eine antagonistisch zur herrschenden Bourgeoisie stehende mächtige Arbeiter*innenklasse entstand, durchzieht den Feminismus (und auch die Debatte gegen ihn) eine zentrale Frage. Es ist die Frage nach dem Widerspruch, den das kapitalistische System für die Frauen enthält und dem in diesem Buch unser Interesse gilt. Die Marxistin Evelyn Reed[24] fasst ihn mit dieser Frage zusammen: »Geschlecht gegen Geschlecht oder Klasse gegen Klasse?«

Wir revolutionäre Marxist*innen vertreten weiterhin die Position, dass der Klassenkampf der Motor der Geschichte und die Arbeiter*innenklasse das zentrale Subjekt der sozialen Revolution ist, die uns von der Lohnsklaverei und jeglicher Form der Unterdrückung befreien wird. Die Arbeiter*innenklasse kann dabei die verarmten Massen und alle Unterdrückten als Verbündete anführen. Sie kann den Kapitalismus in seinem Herzen angreifen, seine Mechanismen der Aneignung und Plünderung blockieren und seine gegen die Ausgebeuteten und Unterdrückten gerichtete Kriegsmaschinerie zerstören. Heute befinden sich Millionen Frauen in den Reihen dieser Klasse. Das Kapital produziert diesen und noch viele andere Widersprüche. Die Bourgeoisie produziert permanent aufs Neue ihre eigenen Totengräber*innen. Wir sind überzeugt, dass in den zukünftigen Kämpfen für die vollkommene Zerschlagung der ausbeutenden Klasse die Frauen der Arbeiter*innenklasse eine wesentliche Rolle spielen werden.

24 Evelyn Reed (1905–1979) ist länger als 40 Jahre Mitglied der Socialist Workers' Party (SWP) in den USA. Evelyn lernt die SWP Ende der 30er Jahre kennen und zieht 1939 nach Mexiko, wo sie sich im Umfeld des russischen Revolutionärs Leo Trotzki aufhält, der zu dieser Zeit und bis zu seinem Tod in Mexiko im Exil lebt. Sie ist von 1959 bis 1975 Mitglied des Zentralkomitees der SWP. Ihr herausragendster Beitrag sind ohne Zweifel ihre Schriften zur Frage der Frauenbefreiung, in denen sie die Methode des historischen Materialismus auf die Analyse des Ursprungs der Frauenunterdrückung in der Klassengesellschaft anwendet. Sie zeigt, dass die Verknüpfung des Kampfes für Frauenrechte mit dem Kampf für die Zerstörung des Kapitalismus unumgänglich ist.

Kapitel I. Getreideaufstände und bürgerliche Rechte

Frau, erwache; die Sturmglocke der Vernunft verschafft sich auf der ganzen Welt Gehör; erkenne deine Rechte.
Olympe de Gouges

Brot, Kanonen und Revolution

Eine Reihe von Bauernaufständen durchzieht Europa in einer Epoche, die durch den Kampf gegen den Feudalismus und die Festigung der Bourgeoisie als herrschender Klasse geprägt ist. Seit dem 16. Jahrhundert kommt es ununterbrochen zu Revolten. Sie enden erst mit der Konstituierung der modernen Nationalstaaten im 19. Jahrhundert. Frauen sind oft wichtige Protagonistinnen oder sogar Anführerinnen dieser Rebellionen, bei denen die aufständischen Massen häufig auch Gewalt anwenden.

In den Jahren 1709 und 1710 beispielsweise führen im englischen Essex Hausfrauen Aufstände gegen ihre schlechten Lebensumstände an, gemeinsam mit den Minenarbeitern aus Kingswood und den Fischern aus Tyneside. 1727 brechen erneut Unruhen aus, diesmal angeführt von den Arbeitern der Zinnminen Cornwalls und den Kohlearbeitern aus Gloucestershire. 1766 weiten sich die Unruhen auf ganz Großbritannien aus. In Frankreich kommt es 1725 zu Unruhen in Caen, in der Normandie und in Paris. In den Jahren 1739 und 1740 entzünden sich Aufstände in den Städten Bordeaux, Caen, Bayeux, Angoulême und Lille. 1747 kommt es zu Massenunruhen in Toulouse und Guyenne, 1752 in Arles, Bordeaux und Metz, 1768 in Le Havre und Nantes. In den Jahren 1774 und 1775 schließlich erfasst der sogenannte »Mehlkrieg« den gesamten Norden Frankreichs.

Die Beteiligten an diesen Aufständen stellen auch politische Forderungen auf. Denn die zentralen Motive für die Rebellionen sind hohe Belastungen durch Abgaben und Steuern, Lebensmittelknappheit, Verlust von Rechten und Repression durch die Herrschenden. Sehr häufig kommt es zu Revolten, wenn die Preise für Getreide und Brot ansteigen. In anderen Fällen liegt der Grund in der Konkurrenz durch ausländische Arbeiter*innen, welche die Arbeitsmöglichkeiten der Einheimischen zu bedrohen scheinen. Teils richten sie sich auch gegen die Spekulation seitens der Händler*innen, die Güter horten und ihr Angebot auf dem Markt verknappen.

Der Historiker E. P. Thompson stellt fest, dass es oft Frauen sind, die diese Aufstände auslösen. Er schreibt: »In Dutzenden von Fällen ist es das gleiche: Die Frauen bewerfen einen unpopulären Händler mit seinen eigenen Kartoffeln oder verbinden ihre Wut geschickt mit der Berechnung, daß sie vor Gegenmaßnahmen der Behörden besser geschützt sind als die Männer.« Die Aktionen laufen immer nach einem ähnlichen Muster ab: »Die spontane Aktion im kleinen Rahmen konnte sich aus einem ritualisierten Geheul und Gejammer entwickeln, das man vor dem Laden eines Einzelhändlers, beim Abfangen eines mit Korn oder Mehl beladenen Wagens, der durch ein dicht bevölkertes Zentrum fuhr, oder auch dann, wenn sich eine drohende Volksmenge versammelte, anstimmte.«[25]

Thompson berichtet in der zitierten Arbeit von zahlreichen solchen Fällen. Er erzählt zum Beispiel die Anekdote, dass Frauen 1693 auf dem Markt von Northampton Messer in ihren Miedern verstecken, um damit den Verkauf von Getreide zu selbst festgelegten Preisen zu erzwingen. In einem anderen Beispiel erhebt sich 1740 das Dorf Stockton, angestiftet von einer Frau, die mit einem Knüppel und einem Horn ausgerüstet ist. Es findet sich auch die Geschichte eines Friedensrichters, der sich beschwert, die Frauen würden die

25 Edward P. Thompson, *Die Entstehung der englischen Arbeiterklasse*, 2 Bde., Frankfurt/Main, Suhrkamp, 1987.

Männer zum Streit anstacheln und sich wie »wahrhaftige Furien« aufführen.

Am 5. Oktober 1789 verlangen dann Frauen aus zwei der am dichtesten bevölkerten Viertel der französischen Hauptstadt Paris, Les Halles und Faubourg Saint-Antoine, vor dem Rathaus nach Brot. Danach ziehen sie gemeinsam zur Residenz des Königs nach Versailles. Dieser Marsch wird zu einem der Motoren der revolutionären Mobilisierungen, aus denen später das entsteht, was unter dem Namen »Französische Revolution« in die Geschichtsbücher eingeht.

Die große Französische Revolution, die alle Klassen und sozialen Schichten im Kampf gegen den Absolutismus vereinen wird, beginnt also mit einer von den Frauen der armen Viertel von Paris angeführten Revolte. Dies ist kein Einzelfall, so oder ähnlich verhielt es sich auch bei anderen bedeutenden historischer Ereignissen.

Wir erlauben uns an dieser Stelle ein ausführliches Zitat aus einem Text der russischen Revolutionärin Alexandra Kollontai. Sie stellt darin die Rolle der Frauen während des revolutionären Prozesses dar: »›Die Frauen aus dem Volke‹ in den Provinzen Dauphiné und Bretagne waren die ersten, die die Monarchie herausforderten. [...] Sie beteiligten sich an den Deputiertenwahlen für die Reichsstände und das Wahlergebnis wurde bemerkenswerterweise anerkannt. [...] Die Frauen von Angers verfaßten ein revolutionäres Manifest gegen die Willkürherrschaft des Königshauses, und die Proletarierinnen von Paris nahmen an der Erstürmung der Bastille teil und betraten die Festung mit der Waffe in der Hand. Rose Lacombe und die Handwerkerin Louison Chabry und Renée Audou organisierten den Demonstrationszug der Frauen nach Versailles und brachten den König unter strenger Bewachung nach Paris. [...] Die Weiber vom Fischmarkt schickten eigens eine Delegierte zu den versammelten Generalständen, die den Abgeordneten ›Mut machen und sie an die Forderung der Frauen erinnern sollte‹. ›Vergeßt das Volk nicht!‹, so warnte die Delegierte die 1200 Mitglieder der Generalstände, d.h. die Nationalversammlung Frankreichs. [...] Noch lange nach dem Zusammenbruch der Revolution störte die Erinnerung an die entsetzlich grausamen und blutgierigen ›Strickerinnen‹ den Schlaf der Bourgeoisie. Wer jedoch waren diese ›Strickerinnen‹ – jene Furien, wie die ach so friedliche Konterrevolution sie gerne nannte? Es waren hungrige und gepeinigte Handwerkerinnen, Bauernfrauen, Arbeiterinnen, Heimarbeiterinnen und Manufakturarbeiterinnen, die die Aristokratie und das alte Regime aus ganzem Herzen haßten. Aus einem gesunden Klasseninstinkt heraus unterstützten sie – den Luxus und Überfluß des arroganten und müßigen Adels vor Augen – die militantesten Vorkämpfer für ein neues Frankreich, in dem alle Männer und Frauen ein Recht auf Arbeit hatten und die Kinder nicht wie bisher zu verhungern brauchten. Um nicht unnötig Zeit zu verlieren, nahmen diese ehrlichen Patriotinnen und fleißigen Arbeiterinnen eben ihren Strickstrumpf nicht nur zu allen Festen und Demonstrationen, sondern auch zu den Zusammenkünften der Nationalversammlung und den öffentlichen Hinrichtungen durch die Guillotine mit. Diese Strümpfe strickten sie übrigens keineswegs für sich selbst, sondern für die Soldaten der Nationalgarde – die Verteidiger der Revolution.«[26]

In den Zeitungen der Zeit werden einige dieser Heldinnen der Demonstrationen von 1789 beschrieben, aus denen die Revolution hervorging. So zum Beispiel »diese junge Frau von 18 Jahren, die als Mann gekleidet an der Seite ihres Liebsten kämpft, und diese Kohlenhändlerin, die nach der Belagerung die Leiche ihres Sohnes sucht und denen, die sich über ihren Gleichmut wundern, stolz antwortet: ›An welchem ruhmreicheren Ort könnte ich ihn suchen gehen? Ist es nicht ein Glück, wenn er das Leben für das Vaterland gelassen hat?‹«[27] Die spätere Abgeordnete der Nationalversammlung Marie-

26 Alexandra Kollontai, *Die Situation der Frau in der gesellschaftlichen Entwicklung: vierzehn Vorlesungen vor Arbeiterinnen und Bäuerinnen an der Sverdlov-Universität 1921*, Frankfurt/Main, Neue Kritik, 1975.

27 Paule-Marie Duhet, *Les femmes et la Révolution 1789–1794*, Paris, Julliard, 1971, eigene Übersetzung.

Louise Lenoël kommentiert: »Die erste Versammlung (nur von Frauen besucht) fand morgens um halb neun vor dem Rathaus statt, mit dem Ziel herauszufinden, warum es so schwierig und so teuer war, sich Brot zu beschaffen; andere forderten beharrlich, dass König und Königin nach Paris kämen und sich hier niederließen ...«[28] Nach einem anderen Zeugnis aus der Zeit »binden die Frauen Stricke um die Fahrgestelle der Kanonen, aber da es sich um Gestelle von Bootskanonen handelt, sind sie schwer zu bewegen. Also halten die Frauen Kutschen an, beladen sie mit ihren Kanonen und vertäuen diese mit Seilen, beladen sie außerdem mit Pulver und Kanonenkugeln; einige führen die Pferde, andere sitzen auf den Kanonen und halten die fürchterliche Zündschnur und andere Mordinstrumente in ihren Händen. Zu Beginn ihres Marsches, auf den Champs-Élysées, sind sie schon mehr als 4000. Sie werden von 400 bis 500 Männern eskortiert, die sich mit allem bewaffnet haben, was sie finden konnten ...«[29] Die Frauen aus der Region Grenoble schicken dem König ein aufmüpfiges Schreiben: »Wir sind nicht bereit, Kinder zu gebären, damit sie in einem dem Despotismus unterworfenen Land leben.«[30]

Es gibt auch Frauen, deren Namen in die offizielle Geschichtsschreibung eingehen, wie Madame Roland oder die Journalistin und Schriftstellerin Louise Robert-Kévalio, die mit dem gemäßigten Flügel der Girondisten sympathisiert. Oder Théroigne de Méricourt, die die Menschen zu den Waffen ruft und am Sturm auf die Bastille teilnimmt. Ihr verleiht die Nationalversammlung ein Schwert für ihren Mut. Am 5. Oktober 1789 nimmt sie am Demonstrationszug nach Versailles teil. Rot gekleidet reitet sie auf ihrem Pferd in die Stadt und versucht die Frauen für die Revolution zu gewinnen.

28 M.-L. Lenoël, *Évènement de Paris et de Versailles par une des dames qui a eu l'honneur d'être de la députation à l'Assemblée générale.* Zitiert nach Duhet, a. a. O., eigene Übersetzung.

29 Zeitschrift *Les Révolutions de Paris*, Nr. 13. Zitiert nach Duhet, a. a. O., eigene Übersetzung.

30 Zitiert nach Duhet, a. a. O., eigene Übersetzung.

Die Bürgerinnen verlangen Gleichheit

Im Jahr 1789 beschließt die Nationalversammlung die *Erklärung der Menschen- und Bürgerrechte.* Gleichzeitig entstehen auch zwei Texte über die Rechte der Frauen. Am 10. Januar 1789 erscheint die anonyme *Petition der Frauen des Dritten Standes an den König.* Ebenso erscheint das *Heft der Beschwerden und Forderungen der Frauen,* unterzeichnet von einer gewissen Madame B. B. In einem Absatz ruft sie die Frauen auf: »Vereint euch, Töchter von Caux und ihr Bürgerinnen der Provinzen, die ihr von so ungerechten wie lächerlichen Gebräuchen regiert werdet; dringt vor bis zum Fuße des Throns, ersucht die Hilfe aller, die sich in seinem Umfeld aufhalten; erfleht, ersucht die Abschaffung des Gesetzes, das euch zum Elend verurteilt, sobald ihr geboren seid …«[31]

Am bekanntesten aus dieser Zeit sind aber das *Manifest für die Rechte der Frauen* des Marquis de Condorcet[32], erschienen unter dem Titel *Über die Zulassung der Frauen zum Bürgerrecht* (1790), und *Die Erklärung der Rechte der Frau und Bürgerin* (1791) der legendären Olympe de Gouges. Olympe heißt in Wirklichkeit Marie Gouze. Sie wird 1748 geboren und heiratet 1765 einen Offizier namens Pierre Aubry, mit dem sie wahrscheinlich ein Kind hat. Später beginnt sie eine Karriere als Schriftstellerin, vor allem schreibt sie Theaterstücke. Als der König 1791 verhaftet wird, erklärt sie: »Es genügt nicht, den Kopf eines Königs rollen zu lassen, um ihn zu töten, denn er lebt noch lange nach seinem Tod. Wirklich tot ist er erst dann, wenn er seinen Sturz überlebt.« In einem Flugblatt schlägt sie vor, über folgende Möglichkeiten abzustimmen: »republika-

31 Mme B. B., *Cahiers des doléances et réclamations des femmes.* Zitiert nach Duhet, a. a. O., eigene Übersetzung.

32 Der Marquis de Condorcet, einer der Männer, die sich am entschlossensten für gleiche bürgerliche Rechte für Frauen aussprechen, schließt sein bekanntes Essay mit der Forderung nach dem Wahlrecht, aber nur für besitzende Frauen.

nische Regierung, eins und unteilbar; föderative Regierung; Monarchie«. Deshalb wird sie verhaftet und am 3. November 1793 guillotiniert.

Nicht nur in Frankreich werden Forderungen von Bürgerinnen nach Rechten laut. In England veröffentlicht Mary Wollstonecraft 1792 *Eine Verteidigung der Rechte der Frau.* In diesem Werk beklagt sie sich darüber, dass »Frauen mehr als weibliche denn als menschliche Wesen« betrachtet werden[33]. Sie bleibt nicht bei der Forderung politischer Rechte stehen, sie wendet sich auch gegen die Scheinheiligkeit der Gesellschaft und gegen die Ungleichheit. Mary Wollstonecraft wird 1759 in England geboren und erhält ihre Bildung von einem protestantischen Pfarrer. Sie arbeitet unter anderem als Hauslehrerin – eine Erfahrung, die sie dazu bringt, *Gedanken über die Erziehung von Töchtern* zu verfassen. Sie verteidigt die Französische Revolution und verkehrt in Paris mit den Girondisten. Sie schreibt weitere Werke, wie die *Gedanken zur Französischen Revolution*, *Reisebriefe aus Südskandinavien* und einen posthum veröffentlichten Roman mit dem Titel *Maria oder Das Unrecht an den Frauen*. Kurz nach der Geburt ihrer Tochter Mary[34] stirbt sie noch recht jung.

Zur gleichen Zeit ist auch John Wilkes aktiv. Er ist Schriftsteller, Abgeordneter und Bürgermeister von London. Er setzt sich für Bürgerrechte ein und ist Anführer einer Bewegung, die demokratische Reformen fordert. Wegen der Veröffentlichung einer Schrift mit dem Titel *Essay über die Frau* wird er aus dem Parlament ausgeschlossen. Auch

33 Mary Wollstonecraft, *Eine Verteidigung der Rechte der Frau*, Leipzig, Verlag für die Frau, 1989.

34 Ihre Tochter Mary Godwin heiratet später den Dichter Shelley und erlangt mit ihrem Roman *Frankenstein* Weltruhm. Über ihre Mutter sagt sie: »Mary Wollstonecraft war eines dieser Wesen, die es in jeder Generation nur einmal gibt. Diese Wesen werfen einen Lichtstrahl des Übernatürlichen auf die Menschheit. Er leuchtet, und scheint sich zu verdunkeln, und die Menschen denken, er sei erloschen, aber plötzlich erscheint er aufs Neue, um für immer zu strahlen.«

in Frankreich gibt es einige Männer, die sich am feministischen Kampf beteiligen. Zum Beispiel Labenette, Mitglied im *Club des Cordeliers*, der 1791 die *Zeitschrift der Menschenrechte* gründet. Deren Wahlspruch lautet: »Wann immer sie angegriffen werden, werde ich sie verteidigen«. In dieser Zeitschrift publiziert er Artikel wie den folgenden: »Die Frauen, die geistreicher und intelligenter sind als ihre Ehemänner, sollten sich, statt im Haus eingeschlossen zu bleiben, den Anliegen der Allgemeinheit widmen und ihre Ehemänner sich daheim um die Kinder kümmern«[35]. Und natürlich muss er irgendwann auch dies veröffentlichen: »Einige meiner männlichen Leser haben mir gestern damit gedroht, meine Zeitung nicht mehr zu lesen, wenn ich mich weiterhin für die Frauen einsetze ...«[36]

Freiheit, Brüderlichkeit und Ungleichheit der Klasse und des Geschlechts

Die Frauen der Pariser Arbeiter*innenviertel sind im Januar 1792 erneut Protagonistinnen von Mobilisierungen. Sie setzen sich gegen die Knappheit und den gestiegenen Preis von Zucker zur Wehr. Ein Jahr später, im Jahr 1793, kommt es zu einer Revolte der Wäscherinnen. Sie nehmen die Sache selbst in die Hand und führen Enteignungen durch. Gleichzeitig fordern sie Maßnahmen gegen das Horten von Lebensmitteln und die Spekulation.

Auch wenn sie von jedweder Teilnahme am bewaffneten Kampf ausgeschlossen sind, entwickeln die Frauen der Bourgeoisie und der unteren Schichten in Frauenclubs ihren Kampf gegen die konterrevolutionären Kräfte. Wie die Clubs der Männer greifen diese Frauenclubs Klerus und Adel scharf an. Einige von ihnen, wie die *Assoziation der jungen Frauen von Nantes*, schwören, dass sie niemals Aristokra-

35 *Journal des Droits de l'homme*, Nr. 14. Zitiert nach Duhet, a. a. O., eigene Übersetzung.

36 Ebenda, eigene Übersetzung.

ten heiraten werden. In diesen revolutionären Frauenclubs gibt es herausragende Figuren, zum Beispiel Rose Lacombe. Zusammen mit der Pauline Léon gründet sie den *Club der republikanischen revolutionären Bürgerinnen*. Einmal besetzt sie gemeinsam mit einer Menge arbeitsloser Pariserinnen sogar den Sitz der Nationalversammlung, um zu fragen, was die Regierung zu tun gedenke, um das Elend der Arbeiterinnen zu lindern.

Aber mit der Rückkehr der Reaktion gehen die eroberten Bürger*innenrechte schließlich verloren. Nach ersten Versuchen der Organisierung von Frauen in patriotischen und revolutionären Clubs setzt die Herrschaft Napoleons der Bewegung ein Ende. Alle öffentlichen Demonstrationen werden mit Gewalt zerschlagen und die Clubs verboten. Im Code Civil von 1804 wird die Frau zum Eigentum des Mannes und die Produktion von Nachkommen zu ihrer Hauptaufgabe erklärt. Der Code Civil ist ein Gesetzbuch, das alle europäischen Rechtssysteme der Zeit inspiriert. Noch heute beeinflusst es als Erbe des Kolonialismus die Gesetzbücher vieler Halbkolonien.

In der Französischen Revolution verwandelt sich also die Frauenfrage erstmals in eine politische Frage. Der Feminismus entsteht als politische Bewegung und fordert gleiche Rechte für Frauen. Er nimmt den bürgerlichen Diskurs der abstrakten Gleichheit aller vor dem Gesetz auf und verlangt neben den Rechten der Männer auch die der Frauen im Rahmen des egalitären politischen Projekts der Aufklärung. Der Feminismus radikalisiert dieses Projekt, indem er den Widerspruch aufzeigt zwischen der proklamierten universellen Gleichheit und dem Fehlen von realen bürgerlichen und politischen Rechten für die Hälfte der Gesellschaft. Die Frauen, die sich in diesem Kampf selbst als »Dritten Stand des Dritten Standes« bezeichnen, streiten für ihren Einbezug in die gerade entstehende Kategorie des Staatsbürgers. Denn wie die Feministin Cristina Molina Petit schreibt: »Die Aufklärung hält ihre eigenen Versprechen nicht: Die Vernunft ist nicht die universelle Vernunft. Die Frau wird außen vor gelassen als der Bereich, den das Licht der Aufklärer nicht erleuchten will.«[37]

Frauen der Bourgeoisie und der gebildeten Schichten führen diese Bewegung an, unterstützt von breiten Sektoren der Frauen aus den unteren Schichten, die die Revolution inbrünstig verteidigen. Dadurch bringt die Bewegung die offenkundigen Widersprüche, zu denen die Entwicklung des Kapitalismus führt, zum Ausdruck: Die Bildung und das kulturelle Niveau der bürgerlichen Frauen einerseits und die wachsende Beteiligung von Frauen der unteren Schichten an der gesellschaftlichen Produktion andererseits stehen im Widerspruch zur sozialen und rechtlichen Diskriminierung, der beide Gruppen unterworfen sind. Also kämpfen sie gemeinsam in revolutionären Clubs, mit Petitionen und Demonstrationen für Brot, Arbeit und bürgerliche Rechte. Das Gleiche gilt für die verschiedenen sozialen Klassen insgesamt, die sich zusammenschließen, »um radikal mit den Herren der Vergangenheit abzurechnen«[38].

Es bedarf großer gemeinsamer Anstrengungen, um die Einheit der sich erhebenden Nation herzustellen und sie gegen den feudalen Despotismus zu richten. Wie es Leo Trotzki in seiner vergleichenden Analyse der großen Revolutionen aufzeigt: »Die Große Französische Revolution ist in der Tat eine nationale Revolution. Mehr noch: hier findet im nationalen Rahmen der weltweite Kampf der bürgerlichen Gesellschaftsordnung um Herrschaft, Macht und ungeteilten Sieg seinen klassischen Ausdruck.«[39] Die Volksmassen mitreißend, entledigt sich die Bourgeoisie der Aristokratie mit einer nie dagewesenen revolutionären Geste.

Aber die eroberte »Gleichheit« der Bürger vor dem Staat ist ein Ausdruck der bürgerlichen Herrschaft. Sie verschleiert

37 Cristina Molina Petit, *Dialéctica feminista de la Ilustración*, Madrid, Anthropos, 1994, eigene Übersetzung.

38 Leo Trotzki, *Ergebnisse und Perspektiven*, Essen, Mehring, 2016.

39 Ebenda.

und negiert, dass die Gesellschaft aus verschiedenen sozialen Klassen zusammengesetzt ist, die sich gegnerisch gegenüberstehen. Schon zu Zeiten der Französischen Revolution erklärt der Jakobiner Chaumette[40]: »Der Bedürftige hat mit der Revolution nur das Recht erobert, sich über seine Armut zu beschweren.« Der Zusammenschluss der Klassen wird angeführt von der revolutionären Bourgeoisie. Sie erweist sich in dieser Epoche als enorm progressive Bewegung für die gesamte Gesellschaft, indem sie mit dem Klerus und der Aristokratie aufräumt. Im Lauf der Geschichte der Klassenkämpfe verkehrt sich ihre Rolle jedoch in ihr Gegenteil. Gleiches gilt für die Entwicklung des Feminismus vom 19. Jahrhundert bis heute. Der Klassenantagonismus und die Auseinandersetzungen zwischen den nationalen Bourgeoisien, z. B. während der Weltkriege, wird die Bewegung für die Befreiung der Frauen für immer spalten. Es wird sich zeigen, dass ohne Klassenperspektive nicht gegen die patriarchale Unterdrückung gekämpft werden kann.

Ende des 18. Jahrhunderts, als die unteren Schichten unter Führung der Bourgeoisie an der revolutionären Bewegung gegen die Aristokratie teilnehmen, sind es vor allem die Frauen der Arbeiter*innenviertel, die für Brot auf die Straße gehen. Die gebildeten Frauen der Mittelschicht und der Bourgeoisie verleihen unterdessen ihren Forderungen nach Freiheit auf andere Weise Gehör: mit Flugschriften, Proklamationen, Petitionen und Organisationen, in denen sie ihre Vision von der Notwendigkeit gleicher Rechte darlegen.

Während die armen Frauen also gegen den Mangel protestieren, entsteht der Feminismus als politisches und ideologisches Phänomen und fordert gleiche bürgerliche und politische Rechte für Frauen: Unabhängigkeit von der Vormundschaft

40 Pierre-Gaspard Chaumette (1763–1794), französischer Revolutionär. Er ist Teil der aufständischen Kommune, die am 9. August 1792 gegründet wird, und einer der Organisatoren des Aufstandes gegen die Girondisten. Robespierre greift ihn für seinen Atheismus und seine radikalen politischen Positionen an. Er ist ein eingefleischter Feind der Großgrundbesitzer und der Reichen.

des Ehemanns, Zugang zu Bildung, politische Teilhabe usw. Und auch wenn die Ideen, für die die liberalsten Sektoren eintreten, von der Mehrheit der einfachen Frauen nicht geteilt werden, hat die patriarchale Ideologie der herrschenden Klasse bereits einen bis heute nicht aufgelösten Widerspruch eingeführt: Die Frauen werden zu den Hauptverantwortlichen für die tägliche Ernährung der Familie gemacht. Das treibt sie dazu, an den Aufständen für Brot und gegen den Hunger teilzunehmen, sie vor allem in Frankreich und England oft sogar anzuführen. Weil sie die ihnen historisch zugewiesene Rolle als Mutter und Ernährerin ausfüllen, werden sie unwillkürlich zu energischen Gegnerinnen der Lebensumstände, die das kapitalistische System ihnen aufzwingt.

Diese ersten Lebensmittelunruhen und die Teilnahme an den revolutionären Kämpfen ermöglichen den Frauen der unteren Schichten die Erfahrung der kollektiven sozialen und politischen Aktion. Dadurch wird ihre Isolierung im Heim aufgebrochen. Diese Erfahrungen werden nicht vergeblich sein; ebenso wenig wie die aufklärerische Kritik von bürgerlichen und gebildeten Frauen an der männlichen und bürgerlichen Politik, die selbst die Frauen der herrschenden Klasse von den Bürgerrechten ausschließt. Dies wird das 19. Jahrhundert zeigen.

Kapitel II. Bürgerinnen und Proletarierinnen

Wenn die französische Nation nur aus Frauen bestünde, was wäre das für eine schreckliche Nation.
Korrespondent der *Times* in Paris, 1871

Dampfmaschinen, Webstühle und Frauen

Von Mitte des 18. bis Mitte des 19. Jahrhunderts findet in den wirtschaftlich höchstentwickelten Ländern Europas weiterhin handwerkliche Produktion statt. Gleichzeitig verbreitet sich die Akkordarbeit, vor allem bei Arbeiterinnen, die Auftragsarbeiten in Heimarbeit herstellen. Die Textilindustrie entwickelt sich rasant, besonders die Herstellung von Baumwollstoffen nimmt zu. Sowohl verheiratete als auch alleinstehende Frauen finden einen Platz in der Heimarbeit und in den ersten Textilfabriken, ebenso wie im häuslichen Dienstleistungssektor und in der Landwirtschaft.

Es ergibt sich in dieser Zeit also eine starke Tendenz der Proletarisierung von Frauen. Einige Historikerinnen, zum Beispiel Joan Scott, halten fest, dass die Figur der Arbeiterin »ein Produkt der industriellen Revolution [war], nicht etwa weil die Mechanisierung für sie früher nicht vorhandene Erwerbsmöglichkeiten geschaffen hätte (obwohl das auf manchen Gebieten sicherlich der Fall war), sondern weil sie jetzt auf einmal zu einer sichtbaren und problematischen Figur wurde«[41]. Zwar arbeiteten auch vorher schon Frauen in der Landwirtschaft, im Handwerk und im häuslichen Dienstleistungsbereich, aber erst mit der industriellen Revolution entsteht die Kategorie der »Arbeiterin«, auch als Gegenstand wissenschaftlicher, politischer und religiöser Debatten.

41 Joan Scott, »Die Arbeiterin«, in: Georges Duby, Michelle Perrot (Hg.), *Geschichte der Frauen*, Bd. 4, Frankfurt/New York, Campus, 1994.

Die »Arbeiterin« wird in der gesellschaftlichen Wahrnehmung zu einer problematischen Figur, weil ihre ganze Existenz die in der herrschenden patriarchalen Ideologie gültigen Vorstellungen von Weiblichkeit infrage stellt. Es entsteht ein Widerspruch zwischen der Idee, dass Frauen auf eine bestimmte Weise weiblich zu sein haben, und der von Frauen geleisteten Lohnarbeit. Dadurch wird der Gegensatz zwischen Heim und Fabrik, Mutterschaft und Produktivität, traditionellen Werten und den vom Kapital durchgesetzten modernen Werten in aller Schärfe deutlich. Die »Arbeiterin« provoziert Debatten zwischen zwei Fraktionen: Die einen verteidigen das Recht der Frauen auf Teilnahme an der gesellschaftlichen Produktion. Die anderen verurteilen teils mit libertären, teils mit sexistischen Argumenten ihre Teilnahme an der Produktion.

Auch die revolutionären Sozialist*innen erkennen diese Widersprüche, die das Kapital in Bezug auf die Frau und die Familie erschafft. So hält Marx im *Kapital* fest: »Sofern die Maschinerie Muskelkraft entbehrlich macht, wird sie zum Mittel, Arbeiter ohne Muskelkraft oder von unreifer Körperentwicklung, aber größrer Geschmeidigkeit der Glieder anzuwenden. Weiber- und Kinderarbeit war daher das erste Wort der kapitalistischen Anwendung der Maschinerie! Dies gewaltige Ersatzmittel von Arbeit und Arbeitern verwandelte sich damit sofort in ein Mittel, die Zahl der Lohnarbeiter zu vermehren durch Einreihung aller Mitglieder der Arbeiterfamilie, ohne Unterschied von Geschlecht und Alter, unter die unmittelbare Botmäßigkeit des Kapitals. Die Zwangsarbeit für den Kapitalisten usurpierte nicht nur die Stelle des Kinderspiels, sondern auch der freien Arbeit im häuslichen Kreis, innerhalb sittlicher Schranken, für die Familie selbst.«[42]

Die Zahlen zum Phänomen der weiblichen Lohnarbeit sprechen für sich. Beispielsweise sind zwischen 1851 und 1861 ungefähr 25 Prozent der britischen Frauen erwerbstätig.

42 Karl Marx, *Das Kapital*, Bd. I, in: Karl Marx, Friedrich Engels, *Werke*, Bd. 23, Berlin/DDR, Dietz, 1968.

Die große Mehrheit gehört der Arbeiter*innenklasse oder der Bäuer*innenschaft an. Eine Volkszählung im Jahr 1851 ergibt folgende Zahlen für in London lebende Frauen (ab dem Alter von 20 Jahren): 140 000 von ihnen arbeiten als Hausmädchen, 125 000 arbeiten in der Kleider- und Schuhproduktion, 11 000 arbeiten als Lehrerinnen und 9000 arbeiten in der Seidenindustrie.

In seiner ausgezeichneten Analyse des kapitalistischen Systems zeigt Marx auf: »Im Gegensatz zur Manufakturperiode gründet sich der Plan der Arbeitsteilung jetzt auf Anwendung der Weiberarbeit, der Arbeit von Kindern aller Altersstufen, ungeschickter Arbeiter, wo es immer tubar, kurz der ›cheap labour‹, wohlfeilen Arbeit, wie der Engländer sie charakteristisch nennt. Dies gilt nicht nur für alle auf großer Stufenleiter kombinierte Produktion, ob sie Maschinerie anwende oder nicht, sondern auch für die sog. Hausindustrie, ob ausgeübt in den Privatwohnungen der Arbeiter oder in kleinen Werkstätten. Diese sog. moderne Hausindustrie hat mit der altmodischen, die unabhängiges städtisches Handwerk, selbständige Bauernwirtschaft und vor allem ein Haus der Arbeiterfamilie voraussetzt, nichts gemein als den Namen. Sie ist jetzt verwandelt in das auswärtige Departement der Fabrik, der Manufaktur oder des Warenmagazins. Neben den Fabrikarbeitern, Manufakturarbeitern und Handwerkern, die es in großen Massen räumlich konzentriert und direkt kommandiert, bewegt das Kapital durch unsichtbare Fäden eine andre Armee in den großen Städten und über das flache Land zerstreuter Hausarbeiter.«[43]

Seit 1802 werden mit den Fabrikgesetzen des englischen Parlaments die Arbeitsverhältnisse vor allem der Kinder und Frauen reguliert. Auf dem europäischen Festland folgt in der Mitte des 19. Jahrhunderts eine Reihe von Gesetzen, die den Arbeitstag auf zwölf und in einigen Fällen sogar auf zehn Stunden begrenzen. Nachtarbeit von Frauen wird verboten,

43 Ebenda.

ebenso wie die Arbeit an Samstagnachmittagen und an besonders gefährlichen Orten. Außerdem werden Gesundheits- und Hygienenormen und Sicherheitsstandards eingeführt. Aber erst ab 1890 können Frauen Fabrikinspektorinnen werden und selbst die Einhaltung der Normen kontrollieren, die zu ihrem Schutz eingeführt wurden.

Die Arbeiterinnen organisieren sich, um zu kämpfen

Ein besonders frühes Beispiel der politischen und gewerkschaftlichen Organisierung von Arbeiterinnen ist das der Handspinnerinnen im englischen Leicester. Schon 1788 schließen sie sich zu einer geheimen Schwesternschaft zusammen. Als Form des Protests zerstören sie Spinnräder. Diese Frauen schließen sich später der Spinnereigewerkschaft von Manchester an, die vorwiegend aus Männern besteht. Im Jahr 1818 streiken sie gemeinsam. Danach werden die Frauen wieder aus der Gewerkschaft ausgeschlossen, da sich laut den Unterlagen der Untersuchungskommission einige von ihnen »nicht an die Regeln gehalten« hätten.

Erst 1874 entsteht die *Women's Trade Union League*, die die Gründung von mehr als 30 Frauengewerkschaften vorantreibt. Es ist kein feministischer Gedanke, aus dem heraus die Frauen sich unabhängig von den Männern organisieren. Vielmehr versucht ein Großteil der (Männer-)Gewerkschaften, die Arbeitsplätze und Löhne ihrer männlichen Mitglieder vor der weiblichen »Konkurrenz« zu schützen. Deshalb dürfen Frauen keine Mitglieder werden. Einige der Gewerkschaften gehen sogar so weit, grundsätzlich gegen den Zugang von Frauen zum Arbeitsmarkt zu kämpfen. So erklärt der Gewerkschafter Henry Broadhurst 1877 vor dem britischen Gewerkschaftskongress, die Mitglieder der Organisationen seien aufgerufen, »als Männer und Ehemänner äußerste Anstrengungen zu vollbringen, um die Voraussetzungen zu schaffen, dass Ehefrauen und Töchter in ihrer eigenen Sphäre des Haushalts bleiben, anstatt dazu gedrängt zu werden, mit den großen und starken

Männern der Welt um ihren Unterhalt zu kämpfen«[44]. Dies ist repräsentativ für die Einstellung vieler zeitgenössischer Gewerkschaftsführer bezüglich der Rolle der Frau.

Da die Frauen dazu gezwungen sind, zu niedrigeren Löhne zu arbeiten, werden sie von den männlichen Arbeitern eher als Bedrohung denn als Verbündete wahrgenommen. Dies ist auch die historische Rolle, die die Kapitalist*innen den Frauen zugedacht haben: Sie werden in eine Reservearmee verwandelt, die objektiv Druck auf die Interessen der männlichen Arbeiter ausübt. Mit ihren niedrigeren Löhnen für die gleiche Arbeit treten sie in Konkurrenz mit der Arbeit der Männer und drücken damit die Löhne der gesamten Klasse. Ihre Arbeit droht zudem die männlichen Arbeiter in die Arbeitslosigkeit zu drängen.

Die Arbeiterinnen werden also von ihren Chefs ausgebeutet, sie werden sozial unterdrückt und von den wichtigsten gewerkschaftlichen Organisationen im Stich gelassen. Trotz alledem werden sie zu Protagonistinnen einiger der wichtigsten Klassenkämpfe des 19. Jahrhunderts. Dazu gehören Aufstände in Nottingham im Jahr 1812, bei denen es um die Festlegung des Mehlpreises geht. Dazu zählt auch ein Streik in einer Streichholzfabrik in London im Jahr 1888, der außerhalb der männlichen Gewerkschaft organisiert wird und in dem die Streikenden ihre Forderungen durchsetzen. Es streiken auch Seidenweberinnen in Lyon, angeführt von der Arbeiterin Philomène Rosalie Rozan. Bei einem Streik in den Druckereien von Edinburgh fordern die weiblichen Streikenden in einem Pamphlet mit dem Titel »Wir, die Frauen« ihre Rechte und die Gleichheit der Geschlechter ein. Zu erwähnen ist hier auch der Streik der Textilarbeiterinnen in New York am 8. März 1857, den die Polizei brutal niederschlägt und an den Jahrzehnte später mit der Einführung des Internationalen Frauenkampftags erinnert wird.

Zu Beginn des 20. Jahrhunderts sind keine großen Veränderungen der miserablen Arbeits- und Existenzbedingungen

44 Zitiert nach Jane Lewis, *Women in England, 1870–1950: Sexual divisions and social change*, London, Wheatsheaf, 1984, eigene Übersetzung.

der Arbeiterinnen erkennbar. Die herausragendsten von Frauen angeführten Kämpfe des Proletariats auf dem amerikanischen Kontinent datieren aus den ersten Jahren jenes Jahrhunderts. Ein Beispiel sind die Streikerfahrungen der New Yorker Textilarbeiterinnen aus dem Jahr 1909, von denen auch in der Einleitung die Rede ist. Viele von ihnen sind Jugendliche, deshalb wird dieser Kampf oft auch »Streik der Mädchen« genannt. Eine der Anführerinnen, Clara Lemlich, ist erst 23 Jahre alt, als sie die Losung prägt »Wenn nicht jetzt, wann dann?«. Dafür erntet sie in der Versammlung ihrer Gewerkschaft viel Zustimmung und Applaus. Clara ist auch diejenige, die am 23. November 1909 ihre Mitstreiterinnen mit den Worten mitreißt: »Ich habe genug vom Reden. Da ich eine von denen bin, die unter diesen Bedingungen leiden, stimme ich für den Generalstreik.« Der Streik dehnt sich rasch auf 40 000 Arbeiterinnen aus, obwohl nur 1000 von ihnen gewerkschaftlich organisiert sind. Innerhalb von fünf Tagen gewinnt die Gewerkschaft 19 000 neue Mitglieder. Die Forderungen der Arbeiterinnen gehen sehr weit; sie fordern sogar die Bezahlung der Streiktage.

Die Arbeiterinnen werden seit dem ersten Streiktag immer wieder von der Polizei angegriffen, die sich jedoch im weiteren Verlauf aufgrund einer Welle der Empörung teilweise von den Streikposten zurückziehen muss. Einer der wichtigsten Momente des Kampfes der Textilarbeiterinnen ist am 3. Dezember 1909 eine Demonstration zum Verwaltungsgebäude der Stadt, wo der Rückzug der Polizei gefordert wird. Es kommt erneut zu massiver Repression, bei der die Anführerinnen des Zuges verletzt werden. Nach diesem Ereignis zieht die Polizei sich stärker zurück. Der Streik erweckt die Solidarität der Schüler*innen und Studierenden und der gesamten Gesellschaft. Die Zeitungen verfolgen die Ereignisse tagesaktuell. Laut Zeitungsberichten verbringen die Streikenden ihre Zeit auf den Streikposten mit revolutionären Liedern und Siegesrufen, meist auf Russisch, da ein großer Teil der Arbeiterinnen russische Einwanderinnen sind.

Um die Größe dieses Streiks einzuordnen, ist es wichtig zu wissen, dass nach dem Zensus von 1905 mehr als 70 000

Arbeiterinnen Kleidung produzieren, 40 000 allein in New York. 31 Prozent von ihnen verdienen weniger als sechs Dollar pro Woche. Der Lohnunterschied zwischen männlichen und weiblichen Arbeiter*innen ist gewaltig: Während 45 Prozent der in der Industrie beschäftigten Frauen ein durchschnittliches Wochengehalt von sechs oder sieben Dollar bekommen, liegt der Durchschnitt bei den Männern zwischen sechzehn und achtzehn Dollar.

Durch diesen und andere heroische Kämpfe sind verschiedene Frauen in die Geschichte eingegangen, darunter Mother Jones[45], die vierzig Jahre lang die Minenarbeiter*innen in den USA organisiert; Aunt Molly Jackson[46], ebenfalls eine herausragende Gewerkschaftsaktivistin Nordamerikas; Annie Besant[47], Anführerin eines Streiks in einer Streichholzfabrik; Jeanne Deroin

45 Mother Jones wird 1830 als Mary Harris in eine Familie irischer Aktivist*innen geboren. 1861 heiratet sie George Jones, der in einer Gießerei arbeitet und mit dem sie vier Kinder hat. Gemeinsam beteiligen sie sich am proletarischen Kampf. Nach dem Tod ihres Ehemanns und ihrer Kinder während einer Gelbfieber-Epidemie widmet sie ihr Leben vollständig dem Kampf. Sie schließt sich der halbverbotenen Organisation *Knights of Labour* (Ritter der Arbeit) an, die die am meisten ausgebeuteten Sektoren der Arbeiter*innenbewegung zusammenführt, darunter Frauen, Schwarze und Migrant*innen. 1890 wirkt sie an der Gründung der Gewerkschaft der Minenarbeiter*innen mit. 1904 tritt sie der Sozialistischen Partei bei und ist im Jahr darauf die einzige Frau unter den 27 Unterzeichner*innen des Gründungsdokuments der *Industrial Workers of the World (IWW)*, einer Gewerkschaft, die sich die Organisierung aller Industriearbeiter*innen zur Aufgabe macht.

46 Aunt Molly Jackson wird 1880 geboren. Als Gewerkschaftsaktivistin nimmt sie an Streiks und Kämpfen der Minenarbeiter*innen teil. Ihr Vater, ihre Brüder und ihr Ehemann sind Minenarbeiter, so erlebt sie die schweren Arbeitsbedingungen in den Minen hautnah. Als Mitglied der Gewerkschaft der Minenarbeiter*innen wird sie zu einer landesweit bekannten Aktivistin, auch dank ihrer Lieder, die die Lebensbedingungen der Arbeiter*innen und ihrer Familien zum Thema haben.

47 Annie Besant, geboren 1847, sozialistische Aktivistin, Kämpferin für Frauenrechte und Gewerkschaftsaktivistin. 1888 nimmt sie im Streik der Arbeiterinnen in den Streichholzfabriken Londons für bessere Arbeitsbedingungen und höhere Löhne eine herausgehobene Stellung ein. Sie wirkt bei der Gründung einer eigenen Gewerkschaft mit. Außerdem wird sie für ihren Einsatz für die Freiheit und Selbstbestimmung von Irland und Indien bekannt.

und Pauline Roland, die eine *Vereinigung der Arbeiterassoziationen* (*Union des Associations de Travailleurs*) aufbauen, in der sich mehr als hundert Organisationen zusammenschließen[48]; Sojourner Truth[49], Elizabeth Gurley Flynn[50], Clara Lemlich und Louise Michel, eine der größten Heldinnen der Pariser Kommune.

48 Jeanne Deroin (1805–1894) schließt sich zuerst dem Saint-Simonismus an, später Fourier und Cabet (alles utopische Sozialisten, über die in den nächsten Kapiteln mehr berichtet wird). Sie ist Mitarbeiterin der Zeitschrift *Die Stimme der Frauen*, gründet den *Club der Emanzipation der Frauen* und kämpft dafür, dass Frauen gleiche Rechte erhalten. Mit Unterstützung der Arbeiter*innen und unter dem Spott der Bürgerlichen reicht sie 1849, gegen bestehende Gesetze, ihre Kandidatur zur Nationalversammlung ein. Gemeinsam mit Pauline Roland gründet sie eine Vereinigung sozialistischer Lehrer und Lehrerinnen und versucht, die Arbeiter*innenvereine in einem Dachverband zu einigen, um gegen den Kapitalismus zu kämpfen und auf friedlichem Weg eine sozialistische Gesellschaft zu errichten. Für diesen Versuch werden beide Frauen zu sechs Monaten Gefängnis verurteilt. Schließlich muss Jeanne Deroin nach London ins Exil gehen, wo sie auch stirbt. Pauline Roland (1805–1852) ist ebenfalls zunächst Anhängerin des Saint-Simonismus. Sie lehnt die Ehe ab und vertritt die Meinung, dass die Befreiung der Frau nicht zu trennen sei vom Kampf des Proletariats für seine Befreiung. Unter Kaiser Louis Napoléon Bonaparte (Napoleon III.) wird ihr vorgeworfen, sich am Widerstand gegen dessen Staatsstreich beteiligt zu haben, und sie wird nach Algerien exiliert. Nachdem sich George Sand und Pierre-Jean de Béranger für sie einsetzen, wird sie einige Monate später begnadigt. Trotzdem stirbt sie unmittelbar nach ihrer Rückkehr nach Frankreich in Lyon aufgrund von Krankheiten und Entbehrungen.

49 Sojourner Truth antwortet einmal auf einen Prediger, der sich über die Frauen lustig macht. Er sagt, dass Frauen das Wahlrecht nicht verdienen, weil sie schwach und schutzlos seien. Die ehemalige Sklavin betritt das Podium und verkündet: »Der Mann sagt, dass man Frauen beim Einsteigen in eine Kutsche helfen müsse und auch beim Überqueren von Gräben, und dass ihnen überall der beste Platz zustehe. Mir hat noch nie jemand in einen Wagen geholfen oder über eine Schlammpfütze oder den besten Platz überlassen! Bin ich etwa keine Frau? Sehen Sie mich an! Sehen Sie sich meinen Arm an! Ich habe gepflügt, gepflanzt und die Ernte eingebracht, und kein Mann hat mir gesagt, was zu tun war! Bin ich etwa keine Frau? Ich konnte so viel arbeiten und so viel essen wie ein Mann – wenn ich genug bekam – und die Peitsche konnte ich genauso gut schwingen! Bin ich etwa keine Frau?« – Zitiert nach Gudrun Ankele (Hg.), *absolute Feminismus*, Freiburg, orange-press, 2010.

50 Elizabeth Gurley Flynn ist erst 22 Jahre alt, als sie von der Gewerkschaft *Industrial Workers of the World* geschickt wird, um die während des »Brot und Rosen«-Streiks verhafteten Aktivist*innen zu ersetzen. Dieser Streik in

*Eine Arbeiter*innenregierung in Paris*

Als die feindlichen Truppen des preußischen Heeres Paris umstellen, zwingt der Hunger die Stadt, sich am 28. Januar 1871 zu ergeben. Zwei Wochen später stimmt die französische Nationalversammlung für den Frieden mit Preußen. Die Massen von Paris verurteilen diese reaktionäre Versammlung, die einem für die französische Nation erniedrigenden Frieden zugestimmt hat. Die Pariser Nationalgarde weigert sich, die Waffen niederzulegen. Angesichts der Rebellion des eigenen Heeres und der Pariser Bevölkerung zieht sich die Nationalversammlung nach Versailles zurück, mit dem Ziel, die rebellische Hauptstadt von dort aus zu unterwerfen.

Die Aufständischen setzen daraufhin am 18. März 1871 eine revolutionäre Kommuneregierung ein und stiften den Rest der französischen Gemeinden dazu an, ihrem Beispiel zu folgen und sich mit ihr in einer Föderation zusammenzuschließen. Diese erste Arbeiter*innen- und Volksregierung der Geschichte hisst auf dem Rathaus eine rote Fahne und beschließt binnen kurzer Zeit per Dekret die Trennung von Staat und Kirche, die Abwählbarkeit aller Regierungsposten, einen durchschnittlichen Arbeiter*innenlohn für Parlamentarier*innen und gleiche Rechte für Frauen.

Unterdessen intensiviert der Chef der Exekutive, Adolphe Thiers, mit Zustimmung Preußens die Angriffe auf die Rebell*innen. Der Widerstand der glorreichen Pariser Kommune kann erst nach Wochen blutiger Kämpfe gebrochen werden. Diese Kämpfe enden mit brutalen Repressalien, kosten zwischen 10 000 und 20 000 Menschenleben und gehören zu den grausamsten Beispielen der Niederschlagung einer Rebellion in der Geschichte.

Massachusetts wird von Textilarbeiter*innen geführt. Mit sechzehn Jahren hält sie ihre erste Rede: »Was wird der Sozialismus für die Frauen tun?« Sie ist bekannt für ihren Einsatz zur Verteidigung der Arbeiter*innen, ihren Kampf für politische Gefangene, ihren Kampf für Frauenrechte, wie das Recht auf gleichen Lohn und das Wahlrecht, und für ihre Kampagnen für Geburtenkontrolle.

Mutige Frauen beteiligen sich voller Leidenschaft an der Pariser Kommune. Sie ergreifen die Waffen und kämpfen ebenso gegen Thiers' wie gegen die preußischen Truppen, bis die Niederlage für sie den Tod im Gefecht, die Deportation oder die Erschießung bedeutet. Die Zeitungen der Zeit beschreiben die Kommunardinnen wie folgt: »Eine von ihnen, 19 Jahre alt, gekleidet als Marine-Füsilier, schlug sich wie ein Teufel«, oder: »Ich sah ein junges Mädchen in der Uniform der Nationalgarde, die erhobenen Hauptes zwischen den Gefangenen marschierte, die ihre Köpfe hängen ließen. Diese Frau, groß, mit über die Schultern fließendem langem blondem Haar, forderte mit ihrem Blick die ganze Welt heraus«[51]. Es handelt sich um Arbeiterinnen, Frauen aus den ärmeren Vierteln von Paris, kleine Ladenbesitzerinnen, Lehrerinnen, Prostituierte und »Vorstädterinnen«. Wie die Frauen der Französischen Revolution von 1789 organisieren sie sich in revolutionären Clubs wie dem *Wachsamkeitsausschuss der Bürgerinnen* (*Comité de vigilance des citoyennes*) oder der *Union der Frauen für die Verteidigung von Paris*. Im Unterschied zu den bürgerlichen Revolutionären während der Großen Revolution von 1789 halten die Pariser Proletarier diejenigen, die zu den Waffen greifen wollen, nicht davon ab.

In einer interessanten Forschungsarbeit über die Pariser Kommune zählt der Brasilianer Silvio Costa die Namen zahlreicher Frauen auf, die in unterschiedlichen Organisationen und auf unterschiedliche Weise an der Revolution teilnehmen: »Die bekannteste unter den Frauen dieser Zeit war die sozialistische Aktivistin Louise Michel, Gründerin der *Union der Frauen für die Verteidigung von Paris und die Pflege der Verwundeten* und Mitglied der Ersten Internationale. Außerdem ragten hervor: Elisabeth Dmitrieff, sozialistische Aktivistin und Feministin; André Léo, verantwortlich für die Publikation der Zeitung *La Sociale*; Béatrix Excoffon, Sophie Poirier

51 Zitate aus der Berichterstattung der britischen Zeitung *Times* während der Ereignisse. Zitiert nach »Le Site de la Commune de Paris (1871)«, online abrufbar unter commune1871.org, eigene Übersetzung.

und Anne Jaclard, Aktivistinnen des *Wachsamkeitsausschusses der Bürgerinnen*; Marie-Catherine Rigissart, die ein Frauenbataillon kommandierte; Adélaïde Valentin, die in den Rang eines Oberst gelangte; Louise Neckebecker, Capitaine [Hauptmann] der Kompanie; Nathalie Lemel, Aline Jacquier, Marcelle Tinayre, Otavine Tardif und Blanche Lefebvre, Gründerinnen der *Union der Frauen* und die Letzten von vielen, die von den reaktionären Truppen exekutiert wurden; und Joséphine Courtois, die schon 1848 auf den Barrikaden von Lyon kämpfte, wo sie als ›Königin der Barrikaden‹ bekannt wurde. Erwähnt werden müssen außerdem Jeanne Hachette, Victorine Louvet, Marguerite Lachaise, Joséphine Marchais, Leontine Suétens und Nathalie Lemel.«[52]

Dies sind einige der zahlreichen Frauen, die oft namenlos zu Märtyrerinnen für die weltweite proletarische Sache wurden, Opfer der bürgerlichen Repression. Viele, die nach der Niederlage gefangen genommen werden, werden als »Brandstifterinnen« angeklagt. In den Worten eines Historikers: »Einige Quellen erwähnen die Brandstifterinnen, *les pétroleuses*, die während der letzten blutigen Woche der Kommune öffentliche Gebäude angezündet haben sollen. Diese Geschichten scheinen Ausdruck des antifeministischen Alarmismus auf Seiten der Regierung zu sein, und die Mehrheit der ausländischen Korrespondenten vor Ort glaubten sie nicht. Trotzdem veranstalteten die Regierungstruppen Massenhinrichtungen von hunderten Frauen. Einige wurden sogar zu Tode geprügelt, weil sie im Verdacht standen, *pétroleuses* zu sein. Alles in allem fanden die Kriegsgerichte keine dieses Verbrechens Schuldigen, obwohl später immer mehr Frauen beschuldigt wurden, Brandstifterinnen zu sein. Es gibt hingegen Beweise, dass während der letzten Tage die Frauen länger auf den Barrikaden aushielten als die Männer.«[53]

52 Silvio Costa, *Comuna de París: o proletariado toma o céu de assalto*, São Paulo, Anita Garibaldi, 1998, eigene Übersetzung.

53 Allan Todd, *Revolutions 1789–1917*, Cambridge University Press, 1998, eigene Übersetzung.

»Brandstifterinnen« und Damen mit Sonnenschirmen

Unter diesen Frauen der Arbeiter*innenklasse sticht der Name Louise Michel hervor. Ihre Biografie illustriert das Leben der kämpferischen Frauen ihrer Zeit. Sie wird 1830 als uneheliches Kind einer Bediensteten geboren. Sie erhält eine höhere Bildung und wird Lehrerin. 1869 wird sie Sekretärin einer Gesellschaft, die sich zum Ziel setzt, den Arbeiter*innen zu helfen. Während der Pariser Kommune ist sie Teil des *Clubs der Revolution* und dessen bewaffneter Miliz. Als die Kommune zerschlagen und tausende Kämpfer*innen im Kampf getötet, deportiert und standrechtlich erschossen werden, wird Louise Michel zu zehn Jahren Verbannung verurteilt.

Während des Gerichtsprozesses verkündet sie: »Ich gehöre von ganzer Seele der sozialen Revolution an [...]. Was ich von Ihnen verlange, die sich das Kriegsgericht nennen, die sich als meine Richter geberden und sich nicht verstecken wie die Gnadencommission, das ist das Feld von Satory, wo unsre Brüder bereits gefallen sind. Man muß mich aus der Gesellschaft wegstreichen, Sie sind beauftragt, es zu thun! Wohlan, der Commissär der Republik hat Recht. Da es scheint, daß jedes Herz, das für die Freiheit schlägt, nur Anrecht hat auf ein Stückchen Blei, so verlange auch ich meinen Theil. Wenn Sie mich leben lassen, so werde ich nicht aufhören, nach Rache zu schreien und werde die Mörder von der Gnadencommission der Rache meiner Brüder denunciren.«[54]

Als sie schließlich in die französische Kolonie Neukaledonien deportiert wird, kämpft sie dort an der Seite derer, die für die Unabhängigkeit streiten. Zwei Jahre nach ihrer Rückkehr nach Frankreich 1881 wird ihr erneut ein Prozess gemacht. Man wirft ihr vor, eine Demonstration von Arbeitslosen angeführt zu haben, die mit der Plünderung von Geschäften endete. Zu diesem Anlass, so wird erzählt, trug Louise

54 Zitiert nach Prosper Lissagaray, *Geschichte der Commune von 1871*, Frankfurt/Main, Suhrkamp, 1971.

Michel erstmals eine schwarze Fahne mit sich, wie sie später die Anarchist*innen zum Symbol ihres Kampfes machen sollten. Diesmal wird sie zu sechs Jahren Gefängnis verurteilt. 1905 stirbt diese beispielhafte Heldin im Kampf gegen Ausbeutung während einer Veranstaltung von Arbeiter*innen in Marseille.

Es ist leicht zu erkennen, dass eine Einheitsfront mit den bürgerlichen Frauen auf den Barrikaden unmöglich ist. Zwei Klassen stehen sich offen gegenüber, und je nach ihrem Klasseninteresse schließen sich die Frauen der einen oder der anderen Seite an. In Paris trotzen die Arbeiterinnen und Arbeiter der grausamen Attacke des von der französischen Bourgeoisie kommandierten Heeres. Die Bourgeoisie kollaboriert dabei mit dem vormaligen preußischen Feind, der seine Kriegsgefangenen entlässt, damit sie sich erneut der Armee anschließen können. Gemeinsam richten sie sich gegen das kämpfende französische Proletariat. Die Frauen und Männer der Bourgeoisie fliehen vor der Arbeiter*innenmacht aus der Stadt, weil ihre Klassenprivilegien bedroht sind. Sie betätigen sich als Agent*innen und Informant*innen der unterdrückerischen Regierung. Als die Kommunard*innen schließlich überwältigt werden, kehren die Frauen der Bourgeoisie nach Hause zurück. Sie spazieren durch die Straßen von Paris, erfreuen sich an der Wiederherstellung der »Ordnung« und tunken die Spitze ihrer Sonnenschirme in das noch frische Blut der Frauen und Männer, die tragischerweise zu Märtyrer*innen der Revolution geworden sind – so zeigen es einige Abbildungen aus der Zeit.

Die Widersprüche, die im Kern bereits im vorangehenden Jahrhundert vorhanden waren, entfalten sich im 19. Jahrhundert in all ihren Dimensionen. Das Proletariat betritt die Bühne der Geschichte als klar abgegrenzte Klasse, die sich gegen die gewaltsame Ausbeutung durch das Kapital wehrt. Die zahlreichen Kämpfe dieser Zeit, die hunderte Streiks, Aufstände und Sabotageaktionen der Arbeiter*innenbewegung des 19. Jahrhunderts, zeigen eines: Die »Einheitsfront« zwischen

Bourgeoisie und Proletariat, die gemeinsam gegen Klerus und Aristokratie gekämpft und die modernen kapitalistischen Staaten geschaffen hat, löst sich auf.

Als 1830 die erste ökonomische Krise des Jahrhunderts ausbricht, grassieren Elend und Unzufriedenheit. Sie bilden das Fundament für eine soziale Umwälzung, die den gesamten europäischen Kontinent ergreift und zu einer Reihe von Revolutionen führt, die als »Achtundvierziger Revolutionen« bekannt werden. Der Widerspruch der Interessen, der Antagonismus zwischen den Klassen, entfaltet sich erstmals in der Geschichte in all seiner Kraft. Das Proletariat, im Kampf gegen den feudalen Absolutismus Verbündeter der Bourgeoisie, wird nun sichtbar zum potenziellen Feind.

Angsterfüllt angesichts des bewaffneten Proletariats, kann die Bourgeoisie ihre historische Mission schon nicht mehr erfüllen: »Im Jahre 1848 war die Bourgeoisie bereits unfähig, eine vergleichbare Rolle [wie in der Französischen Revolution, A. d. Ü.] zu spielen. Sie war weder willens noch kühn genug, die Verantwortung für die revolutionäre Beseitigung der Gesellschaftsordnung zu übernehmen, die ihrer Herrschaft im Weg stand. Wir wissen inzwischen auch *warum*. Ihre Aufgabe bestand darin – hierüber legte sie sich klar Rechenschaft ab – Garantien in das alte System einzubauen, die nicht für ihre politische Herrschaft, sondern lediglich für eine Teilung der Macht mit den Kräften der Vergangenheit notwendig waren. Sie hatte ein wenig gelernt durch die Erfahrung der französischen Bourgeoisie, war korrumpiert durch ihren Verrat und eingeschüchtert von ihren Fehlschlägen. Sie versäumte nicht nur, die Massen zum Sturm auf die alte Ordnung anzuführen, sondern suchte ihren Rückhalt bei der alten Ordnung, um die Masse abzuwehren, die sie vorwärtsstieß.«[55]

Diese Abwehr der Massen verwandelt sich in der Pariser Kommune in Ströme von Blut. Es gibt kein Zurück mehr: In

55 Leo Trotzki, *Ergebnisse und Perspektiven*, a. a. O., Hervorhebung i. O.

der neuen historischen Periode, die sich am Horizont abzeichnet, spielen die Arbeiterinnen und Frauen der Volksschichten – sowohl in den Kämpfen als auch in Bezug auf neue Formen der sozialen Organisation – die Rolle der Avantgarde. Sie schreiten voran in einem Kampf, der auch jene bürgerlichen Frauen angreift, die zuvor noch ihre Verbündeten waren.

Kapitel III. Zwischen Philanthropie und Revolution

Das Gesetz, das die Frauen unterjocht und sie von der Bildung fernhält, unterdrückt auch euch, proletarische Männer. [...] Es ist also eure Aufgabe, Arbeiter, die ihr Opfer der realen Ungleichheit und der Ungerechtigkeit seid, auf Erden endlich das Reich der Gerechtigkeit und absoluten Gleichheit zwischen Mann und Frau zu errichten. [...] Söhne von [17]89, dies ist das Werk, das auszuführen euch eure Väter hinterlassen haben!

Flora Tristán

Wahlrecht oder Wohltätigkeit?

Durch die Verschärfung des Klassenantagonismus, den wir im letzten Kapitel besprochen haben, spaltet sich die Front der Frauen im Kampf um ihre Rechte in zwei große Strömungen. Die Frauen der herrschenden Klassen lehnen sich dagegen auf, dass sie weniger formelle Rechte haben als die Männer ihrer Klasse – aber sie solidarisieren sich nur in wenigen Fällen mit den Frauen der ausgebeuteten Klassen. Währenddessen engagieren sich die Frauen der Arbeiter*innenklasse und anderer armer Schichten für die Kämpfe ihrer eigenen Klassen, wobei sie auch Forderungen als Frauen aufstellen[56]. Die erste Strömung organisiert sich in liberalen und demokratischen Vereinigungen und in wohltätigen Gesellschaften. Die zweite Strömung kommt in den Organisationen der utopischen

56 »Insbesondere in den USA wurde die Forderung nach gleichem Wahlrecht für weiße Frauen von den führenden Feministinnen auf der Basis begründet, dass schwarze Männer kein Stimmrecht haben sollten, wenn die weißen Töchter der Bourgeoisie auch über keines verfügten. Ihr Rassismus und die Unterstützung, die viele Führerinnen der Fortdauer der Sklaverei gegeben hatten, machten sie zu klaren Feinden der ArbeiterInnenklasse.« – Liga für eine revolutionär-kommunistische Internationale, »Thesen zum Charakter der Frauenunterdrückung«, 1995.

Sozialist*innen und in den sozialen Bewegungen des 19. Jahrhunderts zum Ausdruck, die grundlegend von der wachsenden Arbeiter*innenklasse geprägt sind.

Aber trotz der Unterschiede zwischen den verschiedenen Gruppen und sozialen Schichten und trotz ihrer verschiedenen Ausgangspunkte und Forderungen können wir eines beobachten: Sie schaffen es, die Frauenfrage auf die Tagesordnung zu setzen. Die Frauenfrage wird so zu einem Thema, das das gesellschaftliche Leben der Zeit stark beeinflusst. Eine Historikerin der Frauenbewegung sagt dazu: »Von der Französischen Revolution bis zum Ersten Weltkrieg kam es zu immer neuen feministischen Vorstößen. Alle diese feministischen Bewegungen sind mit ihren Publikationen und Vereinen, ihren Taktiken, Bündnissen und Forderungen und nicht zuletzt mit aller feindlichen Abwehr, die sie überall in Europa und in den Vereinigten Staaten produzierten, ein sprechender Beweis dafür, daß die ›Frauenfrage‹ in diesem Jahrhundert zum Gegenstand breiter öffentlicher Diskussionen und zum Streitobjekt heftiger Auseinandersetzungen in zahlreichen gesellschaftlichen und politischen Gruppierungen geworden war.«[57]

Die von Frauen der herrschenden Klasse angeführte Bewegung wird »bürgerlicher Feminismus« genannt. Hierbei geht es hauptsächlich um den Kampf für bürgerlich-demokratische Rechte – insbesondere für das Frauenwahlrecht – sowie um Reformen zur Verbesserung der Situation alleinstehender Mütter oder der Bildung junger Frauen. Die Frauen dieser Strömung bringen eine florierende feministische Presse hervor und gründen unzählige Vereine. Sie verurteilen und bekämpfen vor allem die Ungleichheiten in Familie und Ehe. Dazu gehört beispielsweise das Entscheidungsrecht des Ehemannes in allen Bereichen des familiären Lebens oder das Recht des Ehemannes, über den Besitz der Ehefrau zu verfügen. Sie stellen sich auch gegen die Ungerechtigkeiten, die alleinstehende

57 Anne-Marie Käppeli, »Die feministische Szene«, in: Georges Duby, Michelle Perrot (Hg.), *Geschichte der Frauen*, Bd. 4, a. a. O.

Mütter und ihre Kinder erfahren, und wollen den Zugang zu höherer Bildung, das Wahlrecht und das Recht auf politische Ämter durchsetzen. Sie fordern sogar gleichen Lohn für gleiche Arbeit und eine gesetzliche Reglementierung der Prostitution, wobei dies keine schichtspezifischen Forderungen dieser Frauen sind.

Wohltätigkeitsbewegungen wie die *Young Women's Christian Association* (YWCA) oder die *Woman's Christian Temperance Union* engagieren sich insbesondere für die Bildung junger Frauen, für ihre berufliche Ausbildung, für die Wohnsituation alleinstehender Frauen und andere wohltätige Aufgaben. Oft ist dies von religiösen missionarischen Botschaften begleitet. Der Druck, den sie aufbauen, ermöglicht die Einführung der Schulpflicht für beide Geschlechter in ganz Europa.

Ein Meilenstein dieser Epoche und dieser breiten Bewegung ist die *Seneca Falls Convention* in den USA im Jahr 1848, die die Kampagne für das Frauenwahlrecht anstößt. Ebenfalls Mitte des Jahrhunderts gründen sich in England Frauenvereinigungen, die die Kandidatur des liberalen Politikers und Ökonomen John Stuart Mill unterstützen, ein Verteidiger bürgerlicher Frauenrechte. 1884 schreibt die Französin Hubertine Auclert, Gründerin der Zeitschrift *La Citoyenne* (Die Staatsbürgerin), an die US-amerikanischen Feministinnen und bittet sie um Hilfe im Kampf der Feministinnen in Frankreich.[58] Das Ergebnis dieses Kontakts ist die Gründung des *International Council of Women* (ICW), bei dessen erstem Treffen 1888 in Washington sich 76 Nordamerikanerinnen und acht Europäerinnen versammeln. Nur ein Jahr später lädt das ICW zu einem zweiten Treffen ein. Jetzt kommen bereits 5000 Frauen zusammen, die insgesamt 600000 Feministinnen der verschiedenen Sektionen des ICW vertreten. Bereits 1882 hatte Auclert in ihrer Zeitschrift den Begriff »Feministin« verwendet, um sich und ihre Kampfgefährtinnen zu beschreiben.

58 In einem Brief an die US-Amerikanerin Susan Anthony vom 27. Februar 1888 verwendet Hubertine Auclert das Wort »Feministin«, als sie auf die Einladung zum Frauenkongress in Washington im selben Jahr antwortet.

Diese Bezeichnung findet in der ganzen Bewegung rasche Verbreitung.

Die feministischen Vereinigungen der Zeit verknüpfen ihre Aktivitäten oft mit dem Kampf für Weltfrieden und die Verteidigung unterdrückter Völker. Als 1848 in Brüssel der Internationale Friedenskongress stattfindet, nehmen auch viele pazifistische Frauenvereinigungen teil. Ebenso sehen sich viele feministische Organisationen als Teil der Friedensbewegung.

Unter den Feministinnen entstehen also verschiedene Strömungen mit unterschiedlichen Themen und Zielen. Die Forderungen einiger basieren auf dem Konzept der Gleichheit, inspiriert von den revolutionären Idealen der bürgerlichen Klasse – dabei denken sie aber die Reichweite der bürgerlichen Rechte für alle Geschlechter konsequent zu Ende. Andere gehen eher von der Besonderheit des weiblichen Geschlechts aus, von der Idee der Weiblichkeit in seiner physischen, psychischen und kulturellen Dimension. Daraus entwickeln sie eine Perspektive von Reformforderungen an den Staat. Dieser soll sich um das Wohlergehen der Frauen kümmern. Ursprünglich dient die erstgenannte Konzeption als Grundlage der Bewegung für das Frauenwahlrecht. Die zweite Strömung erreicht bedeutende Verbesserungen im Bereich der Gesundheitsversorgung, der Bildung und der sozialen Sicherung, indem sie den Beitrag der Frauen zur Gesellschaft betont, besonders in ihrer Rolle als Mutter.

Einigen Autorinnen zufolge lassen sich die verschiedenen Strömungen dieses bürgerlichen Feminismus um die Wende zum 20. Jahrhundert als »individualistisch« und »relational« beschreiben. Der »individualistische« Feminismus ist vor allem in Nordamerika anzutreffen und basiert auf dem Kampf der Frauen für eine von der Familie unabhängige Existenz. Er fordert eine Angleichung an das Modell des emanzipierten Individuums, welches – nach den Kritikerinnen jener Strömung – ein männliches Modell ist. Dieser Typ des Feminismus priorisiert in seinen Forderungen die rechtliche Gleichheit. Im Gegensatz dazu basiert der »relationale« Feminismus auf der Vorstellung von biologischen Geschlechtsunterschieden und damit zusammenhängenden spezifischen und komplementären Verantwortlichkeiten von Männern und Frauen. Diese Annahmen begründen weitreichende Forderungen in Bezug auf den Mutterschutz.

Der Widerspruch zwischen Gleichheit als universellem Konzept (gleiche Rechte für alle Individuen, egal welchen Geschlechts, basierend auf ihrer Gleichheit als menschliche Wesen, als Angehörige der gleichen Spezies) und der Differenz der Geschlechter und ihrer Identitäten lässt sich also in seinen Grundzügen bereits im Feminismus des 19. Jahrhunderts beobachten. Wie wir später sehen werden, wird er in der Zweiten Welle des Feminismus in den 70er Jahren des 20. Jahrhunderts zu einem fast unlösbaren Widerspruch. Auch heute noch durchzieht der Widerspruch zwischen Gleichheit und Differenz die feministische Theorie und die politische Praxis der feministischen Bewegung.

Reform oder Revolution?

Innerhalb des sogenannten »proletarischen« oder »sozialistischen Feminismus« können wir einerseits die Strömung der Utopist*innen oder der Reformist*innen ausmachen. Sie gehen davon aus, dass die Kooperation zwischen Kapital und Arbeit Voraussetzung sei für die Verbesserung der Lage der Arbeiter*innenklasse und aller Unterdrückten und somit auch der Lage der Frauen. Andererseits finden wir die Strömung der revolutionären Sozialist*innen, deren Auffassung zufolge nur das Ende der kapitalistischen Ausbeutung und der Aufbau einer freien Gesellschaft die Arbeiter*innenklasse von Lohnsklaverei und Unterdrückung befreien können – womit auch andere Gruppen von der Unterdrückung befreit würden.

Zur ersten Gruppe gehören die utopischen Sozialist*innen wie Saint-Simon, Fourier, Cabet und Owen, die die freie Vereinigung zwischen den Geschlechtern fordern und damit neue Vorstellungen von Liebe und Ehe hervorbringen. Charles

Fourier schlägt eine Gesellschaft vor, die sich in sogenannten »Phalansterien« organisiert – ein Begriff, der sich aus den Bestandteilen »Phalanx« (Truppe, Kampfeinheit) und »Monasterium« (Kloster) zusammensetzt. Diese Gemeinschaften sollen in einem Gemeinschaftsgebäude zusammenleben, umgeben von Land zur kollektiven Bearbeitung. Das Bemerkenswerteste an Fouriers Denken ist seine Kritik der Familie und der Ehe in der bürgerlichen Gesellschaft. Fourier geht davon aus, dass die Frau angeborene Tugenden besitzt, die sie dem Mann überlegen macht, dass die Gesellschaft die Frau jedoch erniedrigt, indem sie sie dazu zwingt, sich gegen Geld zu prostituieren: Sie müsse ihre »sexuellen Dienste« mehreren Männern anbieten, um zu überleben, oder sich in der bürgerlichen Ehe an einen einzigen Mann verkaufen. Deshalb hält Fourier die ökonomische Unabhängigkeit der Frau für unabdingbar, um ihre Emanzipation zu erreichen. Trotzdem vertritt er paradoxerweise die Meinung, dass die Frauen sich unter den Bedingungen des kapitalistischen Systems seiner Zeit nicht in die soziale Produktion eingliedern sollen, weil dies die allgemeine Situation des Proletariats verschlechtern würde.

Fourier – Engels bezeichnet ihn als den Ersten, der die Situation der Unterdrückung der Frauen beschrieben habe – spielt ironisch auf die Scheinheiligkeit der bürgerlichen Ideologie an: »Ehebruch, Verführung macht den Verführern Ehre, ist guter Ton […] Aber, armes Mädchen! der Kindermord, welch ein Verbrechen! Wenn sie auf Ehre hält, muß sie die Spuren der Unehre auslöschen, und wenn sie den Vorurteilen der Welt ihr Kind aufopfert, so ist sie noch mehr geschändet und verfällt den Vorurteilen des Gesetzes […] Das ist *der fehlerhafte Kreislauf*, welchen aller zivilisierte Mechanismus beschreibt. […] Die junge Tochter, ist sie nicht eine Ware, zum Verkauf ausgeboten für den ersten besten, der das exklusive Eigentum dieses Mädchens erhandeln will? Wie in der Grammatik zwei Verneinungen gleich einer Bejahung sind, so, kann man sagen, sind im *Ehehandel zwei Prostitutionen gleich einer Tugend.* […] Die Veränderung einer geschichtlichen Epoche läßt sich immer aus dem Verhältnis des Fortschritts der Frauen zur Freiheit bestimmen, weil hier im Verhältnis des Weibes zum Mann, des Schwachen zum Starken, der Sieg der menschlichen Natur über die Brutalität am evidentesten erscheint. Der Grad der weiblichen Emanzipation ist das natürliche Maß der allgemeinen Emanzipation.«[59]

In der zweiten Hälfte des 19. Jahrhunderts entwickelt sich der revolutionäre Sozialismus. Die Frauenunterdrückung wird von dieser Strömung als Konsequenz der Spaltung der Gesellschaft in Klassen, also als historische Konsequenz der Entstehung von Privateigentum verstanden. Ihre Situation wird durch die kapitalistische Produktion noch verschlimmert.

Marx' und Engels' Analyse der bürgerlichen Familie beginnt im *Kommunistischen Manifest* mit einer nicht ohne Ironie verfassten Beschreibung. Sie wird in Engels' bekannter Schrift *Der Ursprung der Familie, des Privateigentums und des Staates* weiter vertieft, einer wissenschaftlichen Studie über die Ursprünge der bürgerlichen Familie und ihre Entwicklung sowie über die Unterdrückung der Frauen durch die Institution der Monogamie. Aber Engels liefert auch eine detaillierte Beschreibung der miserablen Arbeits- und Lebensbedingungen, unter denen die Arbeiterinnen unter dem Knüppel der kapitalistischen Ausbeutung zu leiden haben, und zwar in seinem frühen Werk *Die Lage der arbeitenden Klasse in England.* Später wird diese Arbeit in Marx' Hauptwerk *Das Kapital* wieder aufgegriffen. Dort analysiert er die Rolle der Arbeit der Frauen als *cheap labour* und geht der Frage nach, was sie für die Abschöpfung des Mehrwerts bedeutet.

Zwar gehen Marx und Engels davon aus, dass die Existenz der Familie aufgrund ihrer Stellung im Produktionssystem unverzichtbar ist, sie sehen aber auch die für die Familie zerstörerische Kraft der Großindustrie, die die Frauen und Kin-

59 Zitiert nach Karl Marx, Friedrich Engels, *Die heilige Familie oder Kritik der kritischen Kritik. Gegen Bruno Bauer und Konsorten*, in: Karl Marx, Friedrich Engels, *Werke*, Bd. 2, Berlin/DDR, Dietz, 1972, Hervorhebung i. O.

der in die Fabriken stößt. So verändern sich die Beziehungen zwischen Eltern und Kindern sowie innerhalb der Ehe radikal. Marx und Engels zufolge lässt sich die Familie weder durch die Propaganda der Kommunist*innen zerstören, noch auf voluntaristische Weise durch eine andere Art der Beziehung ersetzen, solange die in Klassen geteilte Gesellschaftsordnung, aus der die Familie erst entstanden ist, nicht zerstört wird. Dennoch unterziehen Kommunist*innen die Familie und die Werte, die die Bourgeoisie den ausgebeuteten und unterdrückten Klassen durch die Ehe aufzwingt, einer ideologischen Kritik. Die Institution Ehe basiert demnach auf dem Verfügungsrecht des Vaters über die Kinder und auf der Monogamie, an die die Frauen sich halten müssen, ohne dass die Patriarchen am Ehebruch gehindert werden.

Marx und Engels antworten im *Kommunistischen Manifest* auf die Vorwürfe der herrschenden Klasse an die Adresse der Kommunist*innen: »Aufhebung der Familie! Selbst die Radikalsten ereifern sich über diese schändliche Absicht der Kommunisten. Worauf beruht die gegenwärtige, die bürgerliche Familie? Auf dem Kapital, auf dem Privaterwerb. Vollständig entwickelt existiert sie nur für die Bourgeoisie; aber sie findet ihre Ergänzung in der erzwungenen Familienlosigkeit der Proletarier und der öffentlichen Prostitution.«[60]

Wir erlauben uns ein ausführliches Zitat, in dem die Autoren die Position der Kommunist*innen zur Stellung der Frauen und Kinder klar und deutlich erklären: »Werft ihr uns vor, daß wir die Ausbeutung der Kinder durch ihre Eltern aufheben wollen? Wir gestehen dieses Verbrechen ein. Aber, sagt ihr, wir heben die trautesten Verhältnisse auf, indem wir an die Stelle der häuslichen Erziehung die gesellschaftliche setzen. Und ist nicht auch eure Erziehung durch die Gesellschaft bestimmt? Durch die gesellschaftlichen Verhältnisse, innerhalb derer ihr erzieht, durch die direktere oder indirektere Einmischung

60 Karl Marx, Friedrich Engels, *Manifest der Kommunistischen Partei*, in: Karl Marx, Friedrich Engels, *Werke*, Bd. 4, Berlin/DDR, Dietz, 1974.

der Gesellschaft, vermittelst der Schule usw.? Die Kommunisten erfinden nicht die Einwirkung der Gesellschaft auf die Erziehung; sie verändern nur ihren Charakter, sie entreißen die Erziehung dem Einfluss der herrschenden Klasse. Die bürgerlichen Redensarten über Familie und Erziehung, über das traute Verhältnis von Eltern und Kindern werden um so ekelhafter, je mehr infolge der großen Industrie alle Familienbande für die Proletarier zerrissen und die Kinder in einfache Handelsartikel und Arbeitsinstrumente verwandelt werden. Aber ihr Kommunisten wollt die Weibergemeinschaft einführen, schreit uns die ganze Bourgeoisie im Chor entgegen. Der Bourgeois sieht in seiner Frau ein bloßes Produktionsinstrument. Er hört, daß die Produktionsinstrumente gemeinschaftlich ausgebeutet werden sollen, und kann sich natürlich nichts anderes denken, als daß das Los der Gemeinschaftlichkeit die Weiber gleichfalls treffen wird. Er ahnt nicht, daß es sich eben darum handelt, die Stellung der Weiber als bloßer Produktionsinstrumente aufzuheben. Übrigens ist nichts lächerlicher als das hochmoralische Entsetzen unserer Bourgeois über die angebliche offizielle Weibergemeinschaft der Kommunisten. Die Kommunisten brauchen die Weibergemeinschaft nicht einzuführen, sie hat fast immer existiert. Unsre Bourgeois, nicht zufrieden damit, daß ihnen die Weiber und Töchter ihrer Proletarier zur Verfügung stehen, von der offiziellen Prostitution gar nicht zu sprechen, finden ein Hauptvergnügen darin, ihre Ehefrauen wechselseitig zu verführen. Die bürgerliche Ehe ist in Wirklichkeit die Gemeinschaft der Ehefrauen. Man könnte höchstens den Kommunisten vorwerfen, daß sie an Stelle einer heuchlerisch versteckten eine offizielle, offenherzige Weibergemeinschaft einführen wollten. Es versteht sich übrigens von selbst, daß mit Aufhebung der jetzigen Produktionsverhältnisse auch die aus ihnen hervorgehende Weibergemeinschaft, d. h. die offizielle und nichtoffizielle Prostitution, verschwindet.«[61]

61 Ebenda.

Marx und Engels treiben außerdem die gemeinsame Organisierung der Arbeiterinnen mit ihren Klassengeschwistern voran, um so ihre Isolation im Heim zu durchbrechen und ihrem Unwissen und ihrer Ablehnung von Politik und Klassenkampf etwas entgegenzusetzen. Denn Letztere sei das Ergebnis ihrer Vereinzelung, vor allem, wenn sie ausschließlich Hausarbeit verrichten. »Und ebenso wird auch der eigentümliche Charakter der Herrschaft des Mannes über die Frau in der modernen Familie und die Notwendigkeit wie die Art der Herstellung einer wirklichen gesellschaftlichen Gleichstellung beider erst dann in grelles Tageslicht treten, sobald beide juristisch vollkommen gleichberechtigt sind. Es wird sich dann zeigen, daß die Befreiung der Frau zur ersten Vorbedingung hat die Wiedereinführung des ganzen weiblichen Geschlechts in die öffentliche Industrie, und daß dies wieder erfordert die Beseitigung der Eigenschaft der Einzelfamilie als wirtschaftlicher Einheit der Gesellschaft«[62], so Engels. Ganz anders der Anarchist Proudhon, der schreibt: »Ich halte all unsere Träumereien über die Emanzipation der Frau für verhängnisvoll und dumm. Ich verweigere ihnen jedes Recht und jede politische Initiative. Ich glaube, für die Frau existieren Freiheit und Wohlergehen allein in der Ehe, der Mutterschaft, der Hausarbeit, der Treue zum Ehemann, der Enthaltsamkeit und dem Rückzug ins Heim.«[63]

Konsequenterweise beharren Marx und Engels in den Gewerkschaften und in der Internationalen Arbeiterassoziation – besser bekannt als Erste Internationale – auf den politischen und ökonomischen Rechten der Frauen. Damit greifen sie die reaktionären Positionen kleinbürgerlicher und reformistischer Strömungen, die Einfluss auf Sektoren des Proletariats

62 Friedrich Engels, *Der Ursprung der Familie, des Privateigentums und des Staats*, in: Karl Marx, Friedrich Engels, *Werke*, Bd. 21, Berlin/DDR, Dietz, 1962.

63 Pierre-Joseph Proudhon, *La Pornocratie, ou les Femmes dans les temps modernes*, 1875, dt.: *Von der Anarchie zur Pornokratie*, Zürich, Verlag der Arche, 1970. Zitiert nach dem Vorwort zur spanischen Ausgabe: *La pornocracia o la mujer en nuestros tiempos*, Madrid, Huerga y Fierro Editores, 1995.

haben, direkt an. Sie unterstützen die Gründung der *Union der Frauen*, der Frauensektion der Ersten Internationale, unter Führung von Elisabeth Dmitrieff, die als Repräsentantin dieser Organisation 1871 zur Pariser Kommune entsandt wird. Dort beteiligt sie sich aktiv an der Organisierung der Frauen für die Verteidigung der Stadt. In der Ersten Internationale zeichnet sich auch die Gewerkschafterin Henriette Law als Mitglied des Generalrats aus.

Die marxistischen Ideen werden nicht sofort akzeptiert. Der französische Anarcho-Sozialist Proudhon beispielsweise hält für die Frau nur zwei Bestimmungen für möglich: Hausfrau oder Prostituierte. Deshalb lehnt er den Eintritt der Frauen in die Produktionssphäre ab. Marx und Engels argumentieren auch gegen das reformistische politische Programm, das Ferdinand Lassalle in der Sozialistischen Arbeiterpartei Deutschlands vertritt und das die Eingliederung der Frauen in die Produktion ablehnt. Seine Position wird in der berühmten Schrift *Kritik des Gothaer Programms* von Marx bekämpft.[64]

Tatsächlich steht in einem Dokument der deutschen Sektion der Ersten Internationale von 1866, grundlegend inspiriert vom Denken Proudhons und Lassalles, das Folgende: »Den Frauen und Müttern gehören die Haus- und Familienarbeiten, die Pflege, Überwachung und erste Erziehung der Kinder, wozu allerdings eine angemessene Erziehung der Frauen und Mütter vorausgesetzt werden muß. Die Frau und Mutter soll neben der ernsten öffentlichen und Familienpflicht des Mannes und Vaters die Gemüthlichkeit und Poesie des häuslichen Lebens vertreten, Anmuth und Schönheit in die gesellschaft-

64 Beim Kongress in Gotha vom 22. bis 27. Mai 1875 vereinigen sich die zwei Arbeiter*innenorganisationen, die damals in Deutschland existieren: die Sozialdemokratische Arbeiterpartei, angeführt von Liebknecht und Bebel, und der Allgemeine Deutsche Arbeiterverein, geführt von Lassalle. Sie gründen eine gemeinsame Organisation, die Sozialistische Arbeiterpartei Deutschlands, aus der später die Sozialdemokratische Partei Deutschlands (SPD) hervorgeht.

lichen Umgangsformen bringen und den Lebensgenuß der Menschheit veredelnd erhöhen.«[65]

Wie wir noch sehen werden, nimmt die Sozialdemokratische Partei Deutschlands erst 1891, zum Ende des Jahrhunderts, die Forderung nach gleichen Rechten von Männern und Frauen in ihr Programm auf.

Wir wollen dieses Kapitel nicht beenden, ohne auf eine bemerkenswerte Sozialistin einzugehen, eine bedeutende Pionierin des Denkens über die Frauenemanzipation und ihre Rolle in der Emanzipation des Proletariats: Flora Tristán.

Flora Tristán: Eine Frau zwischen den Zeiten

Flora wächst unter dem widersprüchlichen Einfluss der Romantik auf. Sie erfreut sich an der Lektüre romantischer Autoren wie Bernardin de Saint-Pierre, Victor Hugo oder Lamartine und lebt ein Leben, das einer romantischen Heldin würdig ist: düstere und schmutzige Schauplätze, extravagante Abenteuer in exotischen Ländern, Schönheit, Liebe, Traurigkeit, Melancholie, Einsamkeit. Und auch wenn ihre Ideen über die Frau und den Sozialismus, den Feminismus und die Arbeiter*innenklasse wahrhaftig neu sind, ist es vor allem ihr außergewöhnliches Leben, das immer wieder die Aufmerksamkeit von Schriftsteller*innen und Historiker*innen erweckt. Ihr Dasein, das von Wechselspielen und Widrigkeiten geprägt ist, aber auch ihre Erzählungen darüber machen aus Flora Tristán eine bemerkenswerte Figur: die Paria (Ausgestoßene), die Messias-Frau. Und obwohl sie »eine Frau allein gegen die Welt«[66] ist, verehren sie die Arbeiter*innen, denen sie hingebungsvoll ihre letzten Tage widmet. Sie ehren sie mit der folgenden Grabinschrift: »In Erinnerung an Frau Flora

65 Zitiert nach Werner Thönnessen, *Frauenemanzipation. Politik und Literatur der Deutschen Sozialdemokratie zur Frauenbewegung 1863–1933*, Frankfurt/Main, Europäische Verlagsanstalt, 1969.

66 »Una mujer sola contra el mundo«, so betitelt der Peruaner Luis Alberto Sánchez seine Biografie über Flora Tristán.

Tristán, Autorin der ›Arbeiterunion‹, die dankbaren Arbeiter. Freiheit, Gleichheit, Brüderlichkeit, Solidarität.«

Flore Célestine Thérèse Henriette Tristán y Moscoso wird am 7. April 1803 geboren. Ihr Vater ist ein kreolischer Oberst der spanischen Kriegsmarine im Vizekönigreich Peru, ihre Mutter eine Französin, die vor der Revolution 1789 nach Bilbao geflohen war. Dort heiraten ihre Eltern zwar vor einem Priester, die Ehe hat jedoch vor dem französischen Gesetz und den französischen Autoritäten keine Gültigkeit, was weitreichende Konsequenzen für Floras Leben haben wird. 1804 werden die Gesetze der Revolution durch einen neuen Code civil ersetzt: Während einige Aspekte des egalitären Geistes von 1789 erhalten bleiben, schreibt er gleichzeitig das Recht auf Eigentum und die patriarchale Autorität des Mannes über Frau und Kinder fest. So kommt durch Napoleon, der sich persönlich in die Abfassung dieser Klauseln einmischt, der *pater familiae* des Römischen Rechts wieder zu Macht. Die Scheidung wird beschränkt, uneheliche Kinder werden nicht anerkannt und die väterliche Autorität wird wieder mit derselben Macht ausgestattet, die sie im *Ancien Régime* hatte.

Das Heim von Floras Familie in der Rue de Vaugirard in Paris wird von Persönlichkeiten wie Simón Bolívar[67] oder dem Naturforscher Aimé Bonpland frequentiert, ebenso von dem Schriftsteller und Philosophen Samuel Robinson, der niemand anderes war als Simón Rodríguez, der Lehrer Bolívars. Diese Namen wird Flora später als Erwachsene aufzählen, um ihrem Onkel Pío de Tristán zu beweisen, dass sie die Tochter seines geliebten Bruders Mariano ist – trotz der unregistrierten Ehe ihrer Eltern und damit der Illegitimität ihrer eigenen Geburt. Das Blut von spanischen Heiligen, italienischen Päpsten, kreolischen Militärs und Inka-Herrschern fließt durch Floras Venen. In ihrem kurzen Leben lernt sie in der Rue de

67 A. d. Ü.: Simón Bolívar (1783–1830) war ein lateinamerikanischer Unabhängigkeitskämpfer, der gegen die spanische Kolonialherrschaft kämpfte und für die Vereinigung des Kontinents eintrat. In Venezuela, Kolumbien und weiteren amerikanischen Ländern wird er als »Befreier« verehrt.

Vaugirard viele Annehmlichkeiten kennen, ebenso wie schwierige Bedingungen in Bordeaux, Anerkennung in Paris und Verachtung in Arequipa, Sklaverei in Praia (Cap Verde) und die moderne Lohnsklaverei in London. All diese Erfahrungen schlagen sich in ihrem Denken nieder, das diese Autodidaktin in eine »Paria« der Gesellschaft verwandelt und zur »Prophetin« des Sozialismus und der Frauenemanzipation macht.

Das Leben von Flora Tristán verläuft zwischen zwei Revolutionen: Sie kommt vierzehn Jahre nach der Französischen Revolution von 1789 zur Welt und stirbt knapp vier Jahre vor dem »Völkerfrühling« von 1848, jenem Aufstand, der ganz Europa erfasst, aber in Frankreich sein Epizentrum hat. Während dieser Zeit tritt das Proletariat, dem Flora die letzten Jahre ihres Lebens widmet, als Protagonist auf die Bühne. Auf gewisse Weise ist ihre Existenz gezeichnet von diesen Ereignissen: eine bürgerliche Revolution, die schon nicht mehr ist, und eine proletarische, die noch nicht sein kann. Dies ist auch ein Sinnbild für die Widersprüchlichkeit ihrer Person: auf der einen Seite der kühne Versuch, nach dem Tod des Vaters den verlorenen Platz in der Aristokratie wiederzuerlangen; auf der anderen Seite das Streben nach kollektiver Emanzipation des Proletariats, jener Ausgestoßenen, zu denen sie sich zugehörig fühlt. Und wenn die objektiven Bedingungen für die Revolution der Arbeiter*innen noch nicht reif sind, so ist ihr Werk doch ein Produkt dieser Übergangszeit zwischen dem »nicht mehr« der bürgerlichen und dem »noch nicht« der proletarischen Revolution. Flora Tristán befindet sich auf halbem Weg zwischen utopischem und wissenschaftlichem Sozialismus: Ihre Artikel und Schriften sind nicht ohne Weiteres mit denen ihrer Lehrer*innen vergleichbar, aber sie lässt sich auch nicht den wissenschaftlichen Sozialist*innen zuordnen, vor allem wegen ihrer Unkenntnis der politischen Ökonomie und daher unzureichenden Klassenanalyse. Sie trägt aber einige grundlegende Ideen bei, die wenige Jahre später von Marx und Engels aufgegriffen und durch das *Kommunistische Manifest* in der Welt bekannt gemacht werden.

Nicht ganz Französin, nicht ganz Peruanerin; keine Bürgerliche und keine Proletarierin. Wohin gehört sie? Ihre Suche nach einem Platz in der Welt führt zu der Schlussfolgerung, dass sie keinen Platz in ihr hat. Der Riss in ihrem Leben vollzieht sich auf ihrer Reise ins ferne und unbekannte Amerika. Tatsächlich ist es eine Reise in ihr eigenes Inneres, die sie zur Erkenntnis ihrer selbst als Ausgestoßene führt, sie aber auch zu einer sozialen Kämpferin werden lässt, einer ausgezeichneten Polemikerin und innovativen Publizistin. Dort in Peru wird sie sich der Möglichkeit bewusst, ihr eigenes elendes Leben durch Schreiben zu verändern. Es handelt sich um eine rebellische Literatur, die die Unterdrückung der Frauen verurteilt, der Ausgestoßenen der Welt, den Ketten der Ehe grausam unterworfen, in ihren Augen vergleichbar mit der Sklaverei, von der sie auf ihrer Reise bei einer Zwischenlandung an der afrikanischen Küste Zeugin wird.

Wer war Flora Tristán bis zu dieser Reise? Eine Frau, die mit achtzehn Jahren zu einer »perfekten Frau« werden wollte, die »mit aller Welt gut ist, Philosophin ist, aber von so sanfter und liebenswerter Art, dass alle Männer eine Philosophin begehren«[68]. Ein Mädchen, deren Bruder geboren wird, als ihr Vater stirbt; die erst in einem Zuhause lebt, das berühmte Schriftsteller, Militärs und Politiker frequentieren, und wenig später allein mit ihrer Mutter in einem schäbigen Viertel von Paris. Eine junge Frau, die als Fünfzehnjährige vom Vater ihres Bewunderers abgelehnt wird, weil sie ein »Bastard« sei. Eine Frau, die für die Unrechtmäßigkeit der elterlichen Ehe verurteilt, von den französischen Gesetzen zur illegitimen Tochter gemacht, stigmatisiert und dadurch zu einem elenden Schicksal verdammt wird. Ihre Situation löst sich schließlich durch eine arrangierte Ehe mit dem Lithografen André Chazal. Zu dem Zeitpunkt ist Flora Arbeiterin in der Werkstatt dieses Künstlers, in die sie als Lehrmädchen eingetreten

68 Aus einem Brief an André Chazal aus dem Jahr 1821, zitiert nach Flora Tristán, *Lettres*, Paris, Seuil, 1980, eigene Übersetzung.

ist. Es gibt für Frauen damals nur wenige Optionen: Das Kloster und die Prostitution sind die einzigen Alternativen, um einer Zweckehe zu entkommen. Der napoleonische Code civil besagt, dass die Ehefrau »nur in dem Fall die Scheidung einreichen kann, wenn der Ehemann eine ständige Geliebte in den Haushalt bringt«. Für Flora bedeutet die Ehe nur neues Unglück: Trotz der Gewalttätigkeit von André Chazal muss sie feststellen, dass sie weder das Recht hat, ihn zu verlassen, noch sich scheiden zu lassen und das angebliche »gegenseitige Einverständnis« zu beenden. Sie wagt es trotzdem, Chazal zu verlassen, mit zwei kleinen Kindern und schwanger mit einem dritten. Gleichzeitig entdeckt sie durch die Lektüre der *Verteidigung der Rechte der Frau* von Mary Wollstonecraft den Feminismus.

Nun arbeitet Flora in einer Konditorei und gibt sich dabei als Witwe aus. Später überlässt sie ihre Kinder der Obhut anderer und nimmt eine Stelle als Haushälterin bei einer englischen Familie an, mit der sie zwischen 1826 und 1828 durch die Schweiz, Deutschland, Italien und England reist. Sie liest in dieser Zeit nicht nur die Schriften von Mary Wollstonecraft, sondern auch von Saint-Simon, Charles Fourier und George Sand, diesem verwegenen Schriftsteller, hinter dessen Pseudonym sich eine Frau verbirgt, die sich ebenfalls nach Freiheit sehnt. Flora häuft in ihrem Gedächtnis Erfahrungen eines unglücklichen Lebens an, die sie später in eine Schriftstellerin verwandeln werden, die die Qualen einer auf tief verwurzelter Ungleichheit basierenden Gesellschaft verurteilt. »Ohne Mutter, ohne Kinder, ohne Namen, ohne Ehemann: schon wahrhaftige Paria, im Vorzimmer ihrer Bestimmung«[69]. Aber noch quälen sie diese Erlebnisse nur, bevor sie sie in flammende Schriften und Bücher verwandeln kann, die in den progressiven Zirkeln ihrer Zeit die unterschiedlichsten Reaktionen auslösen.

69 Luis A. Sánchez, *Una mujer sola contra el mundo*, Lima, UNMSM, 2004, eigene Übersetzung.

Nach ihrem Leben als Haushälterin einer bürgerlichen Londoner Familie kehrt Flora Tristán nach Paris zurück und bringt ihren Ehemann vor Gericht. Sie fordert die Trennung der Güter aus der Ehe, aber das Gericht, das ihr schon die Scheidung verweigert hat, lehnt auch dieses Gesuch ab. Der Richterspruch stellt fest, dass André Chazal die Mittel zum Leben fehlen. Sie muss nun allein den Unterhalt der Kinder verdienen. Bald stirbt ihr erstes Kind. Aber als wollte das Glück sie nicht vollkommen verlassen, lernt sie einen Offizier der Handelsmarine kennen, der auf seinen Reisen nach Peru Beziehungen zu ihrem Onkel Don Pío de Tristán geknüpft hat. Floras Vater hatte ihr auf seinem Totenbett gesagt: »Meine Tochter, dir bleibt Pío.« Die Suche nach diesem Onkel jenseits des Meeres war jahrelang vergeblich gewesen: Dutzende Briefe ihrer Mutter an den hochgestellten kreolischen Schwager waren ohne Antwort geblieben. Nun bietet sich eine einmalige Gelegenheit. Sie schreibt ihm einen Brief, den der Seemann Zacharie Chabrié überbringen wird.

Flora Tristán steht damals schon in Kontakt mit den Schülern von Saint-Simon, die eine brüderliche Gemeinschaft des Zusammenlebens gegründet haben und von den französischen Autoritäten verfolgt werden. Saint-Simons Ideen über die Liebe und die Familie, die Treue und die Frauen sind seinerzeit zutiefst revolutionär; aber sie entsprechen nicht wirklich der Praxis der Gruppe selbst. In der Gemeinschaft, in der Ingenieure, Ärzte, Poeten sich mit dem Fortschritt und dem Sozialismus befassen, gibt es außer Clara, der Ehefrau von Saint-Amand Bazard, einem der Anführer neben Prosper Enfantin, keine weiblichen Mitglieder. Diese »hohen Väter«, wie sie in der Sekte genannt werden, stimmen nicht in allem überein: Bazard setzt sich für politische Reformen ein, während Enfantin zum Weg der Predigt und des moralischen Wandels tendiert. Dabei kritisiert er die »Tyrannei der Ehe« und propagiert die freie Liebe. Schließlich führt er seine Anhänger zum Mystizismus, auf der Suche nach einer Messias-Frau, die er im Orient zu finden hofft. Keinerlei Mitwirkung beim Aufbau des zukünftigen Sozialismus oder Prophetinnen der neuen moralischen Ordnung – dies sind die grundverschiedenen Vorstellungen von der Rolle der Frauen, die diese »Väter« trennen. Flora stimmt keiner der beiden Richtungen zu, obwohl diese messianische Idee einer Frau, die vorbestimmt sei, zur Prophetin der neuen Welt zu werden, sie ungemein fasziniert. Wie verschiedene Biograf*innen von Flora Tristán schildern, ist der Mystizismus allerdings enorm wichtig für ihren eigenen Erkenntnisprozess, durch den sie auf quasi prophetische Weise ihre Aufgabe in der Welt findet.

1832 gründen zwei sozialistische Arbeiterinnen, denen die Teilnahme an der Gemeinschaft der Saint-Simonisten verwehrt worden war, die Zeitschrift *La femme libre* (Die freie Frau), die später in *La Femme Nouvelle* (Die Neue Frau) und *La Tribune des Femmes* (Die Bühne der Frauen) umbenannt wird. Auf den Seiten dieser Zeitschrift wirbt Suzanne Voilquin für das Recht auf Scheidung. Gleichzeitig hat sie eine Liebesbeziehung mit einer anderen Saint-Simonistin. Im darauffolgenden Jahr gründet Eugénie Niboyet in Lyon den *Conseiller des Femmes* (Ratgeber der Frauen), die erste feministische Zeitschrift außerhalb von Paris. Eugénie, zunächst Anhängerin des Saint-Simonismus, bricht mit der Gemeinschaft und schließt sich den Ideen Fouriers an. Einige der Anhänger*innen von Saint-Simon propagieren sexuelle Freiheit, andere verteidigen die eheliche Treue. Alle leiten aus den sozialistischen Prinzipien ihres Lehrers einen gewissen religiösen Mystizismus ab. Die Anhänger Fouriers dagegen konzentrieren sich auf den notwendigen ökonomischen Wandel, um eine Gemeinschaft der Gleichen zu errichten. Charles Fourier argumentiert, dass die Lage der Frau das Maß für den sozialen Fortschritt sei. Diese Idee beeindruckt Flora, die nun Abstand zum Saint-Simonismus nimmt und eher den Ideen von Victor Considerant zuneigt. Dieser Schüler Fouriers setzt sich für die Errichtung der »Phalansterien« ein, wie sein Lehrer sie geplant hatte – jene Gemeinschaften, die sich genossenschaftlich organisieren sollen, um die sozioökonomische Ordnung, die Quelle aller Ungerechtigkeit, friedlich zu reformieren. »Es lässt sich beobachten, dass das Zivilisationsniveau, welches die verschiedenen menschlichen Gesellschaften erreicht haben, in proportionalem Verhältnis steht zu der Unabhängigkeit, die die Frauen genießen«[70], schreibt Flora, Fourier paraphrasierend, auf den ersten Seiten ihrer Werks *Meine Reise nach Peru.*

Unterdessen erhält Flora die Antwort ihres Onkels aus Peru. Es ist eine nüchterne und distanzierte Antwort, die ihre Hoffnung, bei der kreolischen Familie Hilfe zu finden, zerstört. Aber ihre Hoffnungen werden auf anderem Wege erneut geweckt – durch Massenunruhen. Flora nimmt aktiv an den Unruhen jener Tage teil, die als die *Drei Glorreichen*[71] bekannt werden. Ausgelöst werden die Unruhen dadurch, dass der Bourbonenkönig Karl X. per Dekret die Pressefreiheit einschränkt und die gerade erst gewählte Abgeordnetenkammer auflöst. Das Volk von Paris, das gleichzeitig unter den Auswirkungen einer heftigen Wirtschaftskrise und dem Anstieg der Nahrungsmittelpreise leidet, strömt daraufhin auf die Straßen. Es besiegt die Armee und eröffnet die liberalen Zeitungsredaktionen wieder, die durch die königliche Anordnung geschlossen wurden. Arbeiter*innen und Handwerker*innen, vereint vor dem königlichen Palast, bilden den innersten Kern des Aufstands. Vor dem Rathaus, der Bastille und in den Vororten werden Barrikaden errichtet. Die Strophen der *Marseillaise* schallen durch die Straßen von Paris, nur unterbrochen von dem Ruf »Nieder mit den Bourbonen!«. Die Erhebung mobilisiert auch die Studierenden und Mittelschichten; Händler und Vorgesetzte geben ihren Angestellten frei, damit sie am Aufstand teilnehmen können. Am 30. Juli 1830 dankt der König schließlich ab und die Abgeordnetenkammer setzt Louis-Philippe von Orléans

70 Zitiert nach ihrem eigenen Vorwort in Flora Tristán, *Peregrinaciones de una Paria*, Lima, UNMSM, 2003, eigene Übersetzung.

71 A. d. Ü.: Die drei Glorreichen sind die drei Tage der Julirevolution in Frankreich vom 27. bis 29. Juli 1830.

auf den Thron, der »König der Barrikaden« genannt wird. Von den Massenmobilisierungen tief beeindruckt, sieht Flora Tristán ihre Hoffnungen bald erneut in sich zusammenstürzen: Das Scheidungsgesetz wird in der Abgeordnetenkammer diskutiert, aber letztlich erst 1884 beschlossen. Flora bleibt also weiterhin an den verhassten André Chazal gebunden und kann die Beziehung nicht lösen. Die Arbeiter*innenklasse hat die revolutionäre Bewegung vorangetrieben und einen Sieg für das Volk errungen, aber die Großbourgeoisie bemächtigt sich der Situation erneut. Unterdessen fordert der Ehemann die Verfügungsgewalt über den Sohn Ernest. Flora ihrerseits fordert die Unterzeichnung eines Dokuments, das die Auflösung der Ehe bestätigt. Sie hofft, dieses Dokument ließe sich in eine Scheidung verwandeln, sobald die Gesetze dies zulassen. Als angesichts all dieses Unglücks sämtliche Mittel zum Überleben aufgebraucht sind, wendet sie sich schließlich an Mariano de Goyeneche, einen Cousin ihres Vaters aus Arequipa, der in Bordeaux lebt und ihr nun bei der Vorbereitung ihrer Reise nach Peru hilft.

Am 7. April 1833 tritt Flora die lange Reise nach Peru an, an Bord des Schiffs, das der Offizier Zacharie Chabrié kommandiert, den sie einige Jahre zuvor kennengelernt hat. Es folgen viereinhalb Monate Überfahrt auf einem Schiff mit zwanzig Männern und einer einzigen Frau: Flora. Gleichzeitig erlebt die französische Arbeiter*innenklasse das größte Ausmaß an Ausbeutung seit der Restauration. Während Flora auf ihr Ziel zusegelt, erheben sich die Seidenweber*innen von Lyon gegen ihre armseligen Löhne und die erschöpfenden Arbeitstage von achtzehn Stunden. Unter der Losung »arbeitend leben oder kämpfend sterben« stürzen sich die Arbeiter*innen in den Kampf, der von den Regierungstruppen brutal niedergeschlagen wird. Die Niederlage ist aber nicht vergeblich: Gestärkt in ihrem Klassenbewusstsein schreiten die Arbeiter*innen im Aufbau ihrer Organisationen voran. Flora ist weit weg von diesen Ereignissen, im für sie geheimnisvollen Peru, dem Land ihres Vaters, erst kürzlich vom Joch der Spanier befreit und absorbiert vom Machtkampf zwischen Militärs, die um die Präsidentschaft der neuen Republik ringen. 1834 wird die Stadt Arequipa – in der die Familie von Floras Vater lebt – erschüttert vom Sturz des gewählten Präsidenten General Luis José de Orbegoso durch zwei andere Generäle des Unabhängigkeitskriegs, Agustín Gamarra und Pedro Bermúdez. Das Heer von Arequipa wird besiegt und die Stadt fällt in die Hände der Angreifer, auch wenn die Besetzung später durch einen Volksaufstand beendet werden kann. Flora nimmt an diesen Unruhen auf amerikanischem Boden teil – aus einer völlig neuen Perspektive: War sie in Frankreich zur Lohnarbeiterin geworden, durch Napoleons Scheidungsverbot dazu verurteilt, in der Illegalität zu leben, gehört sie in Peru zu einer der wohlhabendsten Familien von Arequipa, Vertreterin der reaktionären Oligarchie.

Im Januar 1834 lernt sie ihren Onkel Pío de Tristán kennen. Sie erreicht nichts von dem, was sie sich von der langen Reise über den Ozean erhofft hat. Ihre Familie gesteht ihr zwar eine knappe Rente zu, aber nicht das ersehnte Recht auf ein Erbe. Sie wird als eine der ihren umarmt, aber bleibt durch die unrechtmäßige Ehe der Eltern zum Schicksal einer unehelichen Tochter ohne Rechte verurteilt. Ihre Reise macht sie trotzdem zu der Flora Tristán, die in der sozialistischen und feministischen Ideengeschichte bekannt wird. Sie verwandelt sie in die Frau, die in ihrem Werk *Meine Reise nach Peru* ihre Erinnerungen an diese Tage auf der letzten Seite mit folgenden Worten beschreibt: »Ich blieb allein, ganz allein zwischen zwei Unendlichkeiten, dem Wasser und dem Himmel.«[72]

72 Flora Tristán, *Meine Reise nach Peru*, Frankfurt/Main, Societäts-Verlag, 1983.

Von der Notwendigkeit, fremden Frauen einen guten Empfang zu bereiten

Wir werden uns nicht mit dieser Initiationsreise aufhalten, die Flora Tristán in *Meine Reise nach Peru* beschreibt. Sie beginnt das Werk 1835, bereits wieder in Paris. Schon auf ihrem Rückweg nach Europa hat sie ihr erstes Essay zu schreiben begonnen, *Von der Notwendigkeit, fremden Frauen einen guten Empfang zu bereiten*. Zu Beginn dieses Essays erläutert Flora Tristán, dass die Massen notwendigerweise gemeinsam gegen die alten Institutionen kämpfen müssen: »Allerorten hört man den Widerhall einmütiger Stimmen, die neue Institutionen für die neuen Bedürfnisse fordern – Stimmen, die nach Assoziation und Vereinigung rufen, auf dass in gemeinsamer Anstrengung für die Entlastung der schmachtenden Massen gearbeitet werden kann, denn als Einzelne sind sie schwach und nicht einmal in der Lage, sich zu erheben und gegen [das letzte Aufbäumen] einer überkommenen, verlöschenden Zivilisation zu kämpfen.«[73] Sie vergleicht den Kampf für die Rechte der Frauen mit der Großen Revolution, in der die Massen in einer breiten Allianz der gesamten Gesellschaft gegen den Thron die veralteten mittelalterlichen Institutionen stürzten. Mit den Frauen ruft sie auch die Männer zum Kampf auf, die »spüren, dass das Los der Frauen [...] verbessert werden muss«. Sie argumentiert, dass diejenigen, deren »Mission darin liegt, Frieden und Liebe in die Gesellschaft zu tragen«, nicht länger im Elend leben dürfen.

Aber schon in *Von der Notwendigkeit, fremden Frauen einen guten Empfang zu bereiten* ist der Unterschied zwischen ihrer Position und der der utopischen Sozialist*innen sichtbar: Flora hinterfragt die Kluft zwischen Theorie und Praxis der Fourierist*innen. Sie zeigt auf, dass die »Phalansterien«

73 Flora Tristán, *Von der Notwendigkeit, fremden Frauen einen guten Empfang zu bereiten*, in: Florence Hervé (Hg.), *Flora Tristan, oder: Der Traum vom feministischen Sozialismus*, Berlin, Dietz, 2013.

und andere Formen des Gemeinschaftslebens, die von den Utopist*innen erfunden wurden, nichts weiter als Träume sind, die die Probleme der zum Elend verurteilten Massen nicht lösen können. »Unser Ziel hier ist nicht, eine brillante Utopie zu erbauen, indem wir eine Welt, wie sie sein sollte, beschreiben würden, aber vergäßen, einen Weg anzuzeigen, welcher uns zur praktischen Ausführung dieses schönen Traumes von einem allumfassenden Eden führen könnte.«[74]

Für Flora ist die Utopie eine Abstraktion. Die Theorie der großen Denker*innen des Sozialismus ihrer Epoche ist für sie rein diskursiv. Sie zeigt keine praktische Perspektive auf, um den Fortschritt der Menschheit zu erreichen. Flora hingegen will nicht verwechselt werden »mit jenen Metaphysikern [...], die mehr träumen, als sie denken«[75]. Und sie will auch nicht einige Auserwählte »erretten«, deren Bestimmung dann wäre, ein gemeinschaftliches Leben inmitten eines Ozeans des Leids zu führen: »Nicht das Heckenwerk unserer Gärten, nicht die Mauern, die unsere Städte umschließen, oder die Meere und Berge, die unsere Länder begrenzen, dürfen Grenzen unserer Liebe sein – nun muss das Universum unsere Heimat werden.«[76] Flora Tristán antizipiert hier die Idee des Internationalismus, womit sie mehr auf der Seite des wissenschaftlichen Sozialismus steht als auf der des Sozialismus ihrer eigenen Lehrer*innen. Ihre Reisen haben ihr dazu gedient, anhand der realen Verhältnisse zu bestätigen, dass die Ausgestoßenen in allen Teilen der Welt unter dem Joch der Unterdrückung leben. Später helfen ihr diese Schlussfolgerungen, ihre zentrale Idee zu entwickeln, nämlich die einer *Arbeiterunion*. Diese ist der Entwurf einer proletarischen Internationale, erdacht zwanzig Jahre vor der tatsächlichen Gründung der Internationalen Arbeiterassoziation, besser bekannt als Erste Internationale.

74 Ebenda.

75 Ebenda.

76 Ebenda.

In *Von der Notwendigkeit, fremden Frauen einen guten Empfang zu bereiten* sucht Flora Tristán eine Sprache, die es ihr erlaubt, sich den Massen zu nähern. Sie sucht Argumente, die davon überzeugen sollen, dass ihre Vorschläge zur Lage der Frauen Vorteile für die gesamte Gesellschaft bringen. Mit diesem ersten Text beginnt Flora eine Publizistin des sozialistischen Feminismus zu werden. Sie richtet sich nicht nur an die Frauen, sondern an die ganze Gesellschaft. Sie entwirft weder eine Utopie, noch will sie eine einfache Beschreibung der miserablen Lebensbedingungen der Unglücklichsten liefern: Sie will einleuchtende Argumente liefern, die ihre Leser*innen dazu bringen sollen, sich der praktischen Aufgaben anzunehmen, die sie vorschlägt.

Warum sollte nicht das Reisen selbst Quelle des Fortschritts und der Vereinigung zwischen den Völkern sein und »den Augenblick näher bringen, da sich die vielen rivalisierenden Länder zu nur einer einzigen großen Familie zählen werden«? Dafür müssen die herrschenden Gesetze und Institutionen, die das Schicksal der Ausgestoßenen bestimmen, verändert werden, um »schrittweise Verbesserungen« zu erreichen. Deshalb beinhaltet ihre Schrift nicht nur eine detaillierte Beschreibung der Probleme, unter denen Migrantinnen leiden, sondern auch den Vorschlag, eine *Gesellschaft für fremde Frauen* zu gründen. Dies zeigt, wie wichtig Flora die Dimension der praktischen Politik ist. Gegen Ende des Textes schlägt sie ein Statut für besagte Gesellschaft vor, deren Wahlspruch »Tugend – Besonnenheit – Öffentlichkeit« lauten soll.

Schon in dieser Arbeit beeindruckt ihr Versuch, Klasse und Geschlecht zusammenzudenken. Sie spricht von drei verschiedenen Sektoren von Frauen und wie unterschiedlich sich die Unterdrückung für Frauen der verschiedenen Gruppen ausdrückt. Flora Tristán trennt zwischen den Frauen, die »zum Zwecke ihrer Bildung und Zerstreuung reisen«, unter denen sich die »hervorragendsten und interessantesten« finden. Dann gibt es diejenigen, die es in die Städte zieht, »um Geschäfte zu tätigen, wegen eines Prozesses oder anderen Angelegenheiten dieser Art«. Und zuletzt die dritte und größte Gruppe derjenigen Frauen, die »alle Leiden zu versammeln scheinen« und die des »tiefsten Mitgefühls« würdig sind. Die Ersten sind dadurch beeinträchtigt, dass sie Paris alleine nur unter den vorwurfsvollen Blicken der Männer erkunden können. Die Zweiten gehen das Risiko ein, in ihren Geschäften betrogen zu werden. Und die Dritten wählen die großen Städte, weil sie sich in der Anonymität verlieren wollen, Opfer der Schmach, der Ungleichheit und der Ungerechtigkeit der Gesetze, die sie an die Ehe binden, der sie zu entkommen suchen. Diese letzte Gruppe besteht aus armen Frauen, da »reiche Frauen [...] nur sehr selten gezwungen [sind], sich von ihrem Manne zu trennen«, so die Autorin. Wegen der Ablehnung, die sie von der Gesellschaft erfahren, »flüchten sie in die großen Städte«, deren »vielfarbige und lebhafte« Straßen »für sie zur Wüste« werden. Für sie fordert Flora das christliche Prinzip der Nächstenliebe ein. Sie sind Ausländerinnen nicht nur aufgrund ihrer Heimatländer, sie sind Ausländerinnen aufgrund der Normen, die die ungerechte Gesellschaft auferlegt und die die brutale Ungleichheit der Frauen festschreiben.

Sollte nicht der Fortschritt die Befreiung von all den Plagen bringen, die die Menschheit quälen? Widersprüchlicherweise argumentiert der Text, der anfangs zum Kampf gegen die Rückständigkeit der antiquierten Institutionen aufruft, dass der Fortschritt, den die »Zivilisation« erzwingt, zu nur noch mehr Leid führt, jetzt in seiner kapitalistischen Form: »die Barbarei der modernen Zivilisation«.

Ihre *Gesellschaft für fremde Frauen*, angeführt von einem Mann oder einer Frau, eingewandert oder nicht, betraute ihre Mitglieder mit der Aufgabe, »die fremden Frauen zu empfangen, ihre Bitten anzuhören und ihnen zu ihrem Recht zu verhelfen, sie bei Gelegenheit der Gesellschaft vorzustellen und sie außerdem in die Pariser Gesellschaft einzuführen. Ebenso sollen sie denjenigen Frauen, die gekommen sind, um gelehrte Studien zu treiben, alle Hinweise geben, deren sie bedürfen, sollen sie die Künstlerinnen mit Künstlern bekannt machen, für die Ausländerinnen Verbindungen zu deren Landsleuten knüpfen, falls diese es wünschen, den Frauen, die Arbeit suchen, eine ihrer Position gemäße Anstellung verschaffen und auch den Frauen helfen, die wegen Geschäften, Prozessen, Krankheit oder anderem gekommen sind.«[77] Aber die Sprache, in der *Von der Notwendigkeit, fremden Frauen einen guten Empfang zu bereiten* geschrieben ist, ist weiterhin durchdrungen vom Mystizismus der utopischen Sozialist*innen: Für Flora ist ihr Vorhaben heilig und sie bittet Gott, er möge sie inspirieren und sie die Worte finden lassen, die ein Echo in den Herzen derer auslösen, die bereit sind, ihre Botschaft zu hören.

Petition zur Wiedereinführung der Scheidung

Drei aufwühlende Jahre folgen auf die Veröffentlichung des ersten Essays. Mit André Chazal streitet Flora ununterbrochen darüber, bei wem die Tochter Aline leben darf – Aline wird später die Mutter des Malers Paul Gauguin werden. Die Kleine wird vom Vater entführt und später von der Mutter zurückgeholt – eine Episode, die mit ihrer polizeilichen Verfolgung und Verhaftung endet. Wieder steht sie vor Gericht, das entscheidet, dass Aline in einer Pension leben soll und beide Elternteile sie besuchen dürfen. Aber aus Rache dafür, dass Flora ihn verlassen hat, entführt Chazal Aline erneut, um so den Kontakt zur Mutter zu verhindern. Diesmal flieht das Mädchen aus dem väterlichen Haus und sucht Zuflucht bei Flora. Die Freude währt nur kurz: Chazal schickt sofort die Polizei, um sie zurückzuholen. Kurze Zeit später erschüttert ein Brief von Aline die Mutter: Die Kleine beschreibt ihre Angst vor dem Vater und lässt durchblicken, dass er versucht hat, sie zu missbrauchen. Es ist nicht notwendig, sie zurückzuholen, denn Aline flieht erneut aus dem Haus von André Chazal, den Flora nun wegen versuchter Vergewaltigung einer

77 Ebenda.

Minderjährigen anzeigt. Dieses Mal kommen die Richter der verzweifelten Mutter zu Hilfe und verurteilen den Beschuldigten zu 70 Tagen Haft. Daraufhin zeigt er Flora Tristán wegen Ehebruchs an. Trotz alledem muss sie bis Februar 1838 warten, bis das Gericht ihr endlich die Scheidung der Ehe gewährt.

Unterdessen stirbt Charles Fourier, der große Lehrer, dem Flora ein Exemplar ihres Essays *Von der Notwendigkeit, fremden Frauen einen guten Empfang zu bereiten* geschenkt hatte. Außerdem besucht der dritte bedeutende Protagonist des utopischen Sozialismus Paris, der Waliser Robert Owen, dem Flora ebenfalls begegnet. Sie tritt in Kontakt mit den Zirkeln der bekanntesten progressiven Denker*innen ihrer Zeit. Verschiedenen liberalen Abgeordneten schickt sie ihre *Petition zur Wiedereinführung der Scheidung*. Hier radikalisiert sie ihre Ablehnung der Ehe, die sie als »widernatürliche Institution« bezeichnet. Ihre Begründung lautet, dass die Ehe aus der Vereinigung zweier Wesen bestehe, die nicht die gleichen Rechte besitzen und auch gesellschaftlich nicht gleichgestellt sind. Deshalb sei es »überflüssig zu beweisen, dass die Eintracht zwischen Eheleuten wie in jeder anderen Art der Verbindung nur auf der Gleichheit der Beziehungen beruhen kann; dass die scheußliche Einheit des Despotismus und der Hörigkeit sowohl den Herrn als auch den Sklaven erniedrigt; unsere Natur ist eben so geschaffen, dass jede Zuneigung durch Abhängigkeit zerstört wird«.[78] Die Ehe, die auf Liebe basiert, sei nicht möglich, solange die Unterdrückung der Frauen unter dem männlichen Joch andauere. In ihrem Werk *Arbeiterunion* schreibt sie später: »Zwischen dem Herrn und dem Sklaven gibt es nur die Ermüdung unter dem Gewicht der Kette, die den einen an den anderen fesselt. Dort, wo das Fehlen der Freiheit sich bemerkbar macht, kann das Glück nicht existieren.«[79]

78 Flora Tristán, *Petition zur Wiedereinführung der Scheidung*, in: Florence Hervé, a.a.O.

79 Flora Tristán, *Arbeiterunion*, Frankfurt/Main, isp, 1988.

Sie kritisiert auch den napoleonischen Code civil und skandalisiert, dass die Gesetzgebung, Resultat der Revolution von 1789, reformiert wurde und nun die Scheidung verbietet, das »einzige Mittel gegen die aus den ungerechten Regeln erwachsenen Missgeschicke«. Das Unglück, das die Ehe zwischen zwei Menschen mit ungleichen Rechten ohnehin mit sich bringt, wird noch dadurch verstärkt, dass sie nicht mehr auflösbar ist. Flora weist auf ihre eigenen Erfahrungen hin und betont gleichzeitig, dass »das persönliche Interesse [...] aber nicht der Grund für die Eingabe [ist], die ich an Sie richte: Mich hat die Liebe für meine Gefährtinnen dazu bewegt, denn ich bin aufgrund eigener Erfahrungen davon überzeugt, dass Glück in der Familie nur unter den Bedingungen der Freiheit herrschen kann.«[80]

Anders als der Saint-Simonismus bemüht sich Flora um eine Kritik der Institution Ehe, die darauf abzielt, durch Gesetzesreformen der Grausamkeit ein Ende zu setzen. Eine Grausamkeit, die aus der Unmöglichkeit resultiert, unter dem Joch der Unterdrückung glücklich zusammenzuleben. Sie tritt nicht für die freie Liebe ein, auch wenn sie sich über die Herrschaft des Ehemanns über die Ehefrau bewusst ist. Stattdessen fordert sie das Recht auf Scheidung und dass Frauen ihren Ehepartner frei wählen können, ohne Einflussnahme der Eltern und ihrer Interessen. Aber was hält sie von der Liebe? Laut ihrer Biografin Yolanda Marco sind für Flora Tristán Liebe und Ehe ein Gegensatz. Sie denkt nicht, dass sich die Liebe an Verträge halten kann, wie sie die Institution Ehe erzwingt. Für sie macht die Ehe die Frau immer zum Besitzobjekt des Ehegatten. Sie deutet an, dass sich in ihrem eigenen Leben die Leidenschaft in eine generische Liebe zur Menschheit sublimiert habe, in eine soziale Passion, die alle Frauen und das Proletariat umfasst, die am meisten unterdrückten Teile der Gesellschaft. Ihre Erfahrungen mit der Ehe und die Erfahrungen ihrer Eltern bringen sie dazu, über die Institution Ehe nachzudenken und das

80 Flora Tristán, *Petition zur Wiedereinführung der Scheidung*, a. a. O.

»Parlament zu bitten, die Scheidung wiedereinzuführen und sie auf dem Prinzip der Gegenseitigkeit oder auf dem Willen eines der Ehegatten beruhen zu lassen, so wie es die Gesetze vor dem Code Napoléon vorsahen«.[81] Dies macht sie zu einer der flammendsten Verteidigerinnen der Rechte der Frauen in ihrer Zeit.

Zur selben Zeit veröffentlicht sie auch *Meine Reise nach Peru* und überlebt ein Attentat: André Chazal schießt ihr auf offener Straße eine Kugel in den Rücken. Er wird sofort verhaftet und Flora kommt schwer verletzt ins Krankenhaus. Trotzdem zeigt sie einen unvergleichlichen Altruismus und richtet, kaum dass sie sich erholt hat, eine weitere Petition an das Abgeordnetenhaus: Sie fordert die Abschaffung der Todesstrafe. Auf diese Petition folgen mehrere Artikel, die in den wichtigsten sozialistischen Zeitschriften der Zeit veröffentlicht werden. In einem davon zeichnet sie den Lebenslauf von Simón Bolívar nach, auf Basis der Korrespondenz, die er mit ihren Eltern pflegte, angereichert mit ihren eigenen Kindheitserinnerungen. Sehr schnell wird *Meine Reise nach Peru* neu aufgelegt, und einige Passagen werden bei den Anhörungen im Prozess gegen Chazal verlesen. Es erscheint ihr »philosophisch-sozialer Roman« *Méphis*. Bei ihrem vierten London-Aufenthalt besucht sie als Mann verkleidet das Unterhaus und die Sitzungen der chartistischen[82] Arbeiter*innen. Ihre Eindrücke aus der Wiege der industriellen Revolution schildert sie in dem Buch *Im Dickicht von London*[83], das von der Kritik hoch gelobt wird. Nicht nur werden Teile des Werkes in der Presse abgedruckt, es wird sogar zweimal neu aufgelegt.

81 Ebenda.

82 A. d. Ü.: Der Chartismus war die erste politische Bewegung der Arbeiter*innenklasse in Großbritannien, die von den 1830er bis zu den 1850er Jahren mit einer *People's Charter* für das allgemeine Wahlrecht für Männer, die Zulassung von Gewerkschaften und die Verbesserung der Arbeitsbedingungen eintrat.

83 *Promenades dans Londres, ou l'aristocratie et les prolétaires anglais* (1840), dt.: *Im Dickicht von London oder Die Aristokratie und die Proletarier Englands*, Köln, Neuer ISP Verlag, 1993.

Arbeiterunion

Im Anschluss daran beginnt Flora mit der Arbeit an ihrem Werk *Arbeiterunion*, welches der Fourierist Victor Considerant in seiner Zeitschrift *La Falange* ankündigt. Es wird im Juni 1843 veröffentlicht.[84] Tief beeindruckt von den Erfahrungen in London nimmt Flora sich vor, am Aufbau der französischen Arbeiter*innenbewegung mitzuwirken. In der Stadt des Elends und des Gedränges, der Dampfmaschine und des Nebels über der Themse findet Flora auch eine organisierte Arbeiter*innenbewegung vor, die öffentliche Versammlungen und heimliche Treffen durchführt. Diese kämpft nicht nur für soziale, sondern auch für politische Reformen. 1838 hat das aufstrebende britische Proletariat seine Forderungen in der *People's Charter* niedergeschrieben: das allgemeine Wahlrecht für alle volljährigen Männer, proportional gerechte Wahlkreisaufteilung, geheime Wahlen, das Recht, auch als Besitzloser

84 Im September desselben Jahres schreibt ein junger deutscher Jude von nur 25 Jahren an einen Freund: »Jedenfalls werde ich Ende dieses Monats in Paris sein, da die hiesige Luft leibeigen macht und ich in Deutschland durchaus keinen Spielraum für eine freie Tätigkeit sehe« (Brief von Marx an Ruge, September 1843). Es handelt sich dabei um Karl Marx, Chefredakteur der *Rheinischen Zeitung* – eine Publikation, die von der Zensurbehörde ins Visier genommen wird und deren Redakteur bald ins Exil gehen muss. Der Freund in Paris ist Arnold Ruge, mit dem er die *Deutsch-Französischen Jahrbücher* gründet und der ihm Flora Tristán vorstellt. Mit dem Beginn der Freundschaft zwischen Karl Marx und Friedrich Engels in Paris entwickelt sich der wissenschaftliche Sozialismus. Bald bündeln sie ihre Kräfte, um ihre philosophischen Fragen gemeinsam schriftlich zu lösen, in einer scharfen Polemik mit der von den Brüdern Bruno, Edgar und Egbert Bauer herausgegebenen *Allgemeinen Literaturzeitung*. In dieser Polemik widmen sie einen Absatz im vierten Kapitel der *Arbeiterunion* von Flora Tristán. Sie machen sich über Edgar Bauer lustig und verteidigen Flora, indem sie schreiben: »Der eigne Satz der Kritik, wenn man ihn in dem einzig möglichen vernünftigen Sinn faßt, den er haben kann, verlangt die Organisation der Arbeit. Flora Tristán, bei deren Beurteilung dieser große Satz an den Tag kommt, verlangt dasselbe und wird für diese Insolenz, der kritischen Kritik vorzugreifen, en canaille behandelt.« – Karl Marx, Friedrich Engels, *Die heilige Familie oder Kritik der kritischen Kritik*, a. a. O.

einen Sitz im Parlament erlangen zu können, die Besoldung von Parlamentariern und regelmäßige Parlamentssitzungen. Flora schlussfolgert, dass es wichtig ist, sich international zusammenzuschließen, um Anstrengungen und Erfahrungen zu teilen und die Emanzipation des Proletariats voranzutreiben. Aber sie schließt daraus auch, dass die Vertretung im Parlament notwendig ist, so wie die Chartisten in England es fordern. Eine solche Vertretung wäre »Verteidigerin des Volkes«, die auf der Bühne des Parlaments für Maßnahmen zum Wohle der Arbeiter*innenklasse kämpft, vor allem für das Recht auf Arbeit und Lohn sowie für die Organisationsfreiheit. Für die notwendige gesellschaftliche Transformation soll das Proletariat auf die internationale Vereinigung der Arbeiterinnen und Arbeiter setzen, die friedlich, durch Überzeugungsarbeit und politischen Druck innerhalb der Institutionen des Regimes, Ungleichheit und Elend bekämpfen werde. Mit diesem Vorschlag im Kopf schreibt Flora Tristán innerhalb von sechs Wochen *Arbeiterunion.* Sie plant eine Tour durch Frankreich, mit der sie die »frohe Botschaft« zu den französischen Arbeiter*innen bringen will: »Ich verstand daher, daß ich nach der Veröffentlichung des Buches ein anderes Werk zu vollbringen hätte, nämlich selbst mit einem Plan der Union in der Hand vom einen Ende Frankreichs zum anderen von Stadt zu Stadt zu gehen, um zu den Arbeitern zu sprechen, *die entweder nicht lesen können* oder *zum Lesen keine Zeit haben.* Ich sagte mir, daß der Zeitpunkt zum Handeln gekommen ist.«[85]

Anders als die französischen Gewerkschaften, die in der Tradition der Gesellenbünde und der Zünfte stehen, soll Flora Tristáns Arbeiterunion unterschiedslos die gesamte Arbeiter*innenklasse vereinigen. War die Arbeiter*innenklasse für Saint-Simon die größte und ärmste Klasse der Gesellschaft, erhält sie bei Flora jetzt eine neue Definition: Ihren Lehrer paraphrasierend, nennt sie sie die größte und nützlichste Klasse. Die Einheit werde ihr gesellschaftliche Kraft

85 Flora Tristán, *Arbeiterunion*, a. a. O., Hervorhebung i. O.

verleihen und es ihren parlamentarischen Vertreter*innen ermöglichen, der Bourgeoisie die Forderungen des Proletariats aufzuzwingen. Die Gesellenbünde und Zünfte könnten den Arbeiter*innen in Zeiten von Krankheit und Arbeitslosigkeit helfen, aber sie warnt: »*das Elend zu mildern*, bedeutet nicht *es vernichten*; das Übel *lindern* heißt nicht, es *auszurotten*«.[86] Der einzige Weg, das Problem an der Wurzel zu packen, sei die Überwindung der partikularen Zusammenschlüsse mittels einer universellen Union, die die gesamte Klasse umfasse. Hatte nicht die Auflösung der Grenzen, die das Land in kleine Feudalgebiete teilten, erst die Entstehung der großen Imperien erlaubt? Als Argument bringt Flora den Arbeiter*innen gegenüber an, auf welche Weise die Bourgeoisie die Macht erobert und sich als Klasse konstituiert hat: »Arbeiter, zweihundert Jahre oder länger haben die Bourgeois mit Mut und Eifer gegen die Privilegien des Adels und für den Triumph *ihrer Rechte* gekämpft. Aber am Tage ihres Sieges haben sie, auch wenn sie die Rechtsgleichheit für alle anerkannten, *in der Praxis* alle Pfründe und Vorteile *für sich allein* in Beschlag genommen. Seit [17]89 ist die bürgerliche Klasse ORGANISIERT. Beachtet, welch eine Kraft eine Körperschaft haben kann, die von denselben Interessen zusammengehalten wird.«[87] Sie stellt klar, dass die Bourgeoisie zwar der Kopf dieser Revolution war, sich als »Arm« aber geschickt der Kraft der Massen bedient habe. Die Arbeiter*innenklasse habe niemanden, der ihr zu Hilfe kommen wird und ihr »Arm« sein könnte. Dies zwinge sie dazu, Arm und Kopf zugleich zu sein. Später werden Marx und Engels sagen, dass das Proletariat nichts zu verlieren hat außer seinen Ketten und dass die Arbeiter*innen als Klasse berufen sind, zum Totengräber nicht nur der Bourgeoisie, sondern aller Klassengesellschaften zu werden.

Floras Antrieb ist – ebenso wie später im Fall der Gründer des wissenschaftlichen Sozialismus – nicht ökonomistisch. Sie

86 Ebenda, Hervorhebung i. O.

87 Ebenda, Hervorhebung i. O.

will dazu beitragen, dass die Arbeiter*innenklasse sich als politisches Subjekt konstituiert. Dafür ist es ihrer Ansicht nach wichtig, die breitestmögliche Einheit zu schaffen. Deshalb beginnt das Buch *Arbeiterunion* mit einem Satz des Setzers Adolphe Boyer: »Heutzutage erschafft der Arbeiter alles, er produziert alles und trotzdem hat er kein Recht und er besitzt absolut nichts.« Dies wird durch einen Spruch aus ihrer eigenen Feder ergänzt: »Arbeiter, ihr seid schwach und zum Elend verurteilt, weil ihr gespalten seid. Vereint euch. Die Vereinigung schafft die Kraft.«[88] Der proletarische Internationalismus, den Flora Tristán vorschlägt, ist zutiefst politisch und umreißt eine neue politische Praxis. Deshalb beginnt sie wiederum mit einer Distanzierung von den utopischen Sozialist*innen: Sie hätten über das Los der Arbeiter*innen, über ihre elende Situation schon sehr viel gesagt, nun aber sei es an der Zeit zu handeln. In Anspielung auf die *People's Charter* der britannischen Arbeiter*innen: »Nur eine Sache bleibt zu tun; *kraft der in der Charta verbrieften Rechte zu handeln*.«[89] Flora propagiert die Einheit des Proletariats, um auf friedlichem Weg in die politische Sphäre einzudringen – und spricht sich damit gegen utopische Projekte am Rande der Gesellschaft und Bündnisse nur innerhalb einzelner Sektoren aus. Die anderen haben über die Arbeiter*innen gesprochen, »doch noch hat es niemand gewagt, *zu den Arbeitern* zu sprechen«.[90]

Noch ein weiterer hervorstechender Aspekt in Floras Denken wird in *Arbeiterunion* sichtbar. Zusätzlich zum Internationalismus und zur Vorwegnahme der proletarischen Partei zeigt Tristán auf, dass die Emanzipation der Arbeiter*innen das Werk der Arbeiter*innen selbst sein muss, dass sie dafür aber eine Allianz mit anderen unterdrückten Sektoren der Gesellschaft herstellen müssen. Die Unterdrückung entsteht durch die Existenz der »Privilegien des Eigentums« und lastet ebenso

88 Ebenda. Eigene Übersetzung des dort abgedruckten Titelblatts der 2. französischen Ausgabe.

89 Ebenda, Hervorhebung i. O.

90 Ebenda, Hervorhebung i. O.

schwer auf den Mittellosen und Enteigneten: Künstler*innen, Lehrer*innen, Angestellte, kleine Kaufleute »und eine Menge anderer Leute, selbst die *kleinen Rentiers*, die über kein Eigentum verfügen, etwa Grundstücke, Häuser, Kapital, sie alle müssen die Gesetze erdulden, die von den Eigentümern im Parlament gemacht werden«.[91] So zählt sie in einer Fußnote die Verbündeten des Proletariats in seinem Kampf für die Emanzipation auf. Ihre Konzeption ist weit entfernt von der Saint-Simons, der unter den produzierenden Klassen – die dazu aufgerufen sind, das Schicksal der Menschheit zu bestimmen – sowohl die Arbeiter*innen als auch die Industriellen versteht. Sie ist viel näher am revolutionären Marxismus des 20. Jahrhunderts, der der Arbeiter*innenklasse die Aufgabe zuweist, die unterdrückten Nationen anzuführen und die Hegemonie unter den Ausgebeuteten und Unterdrückten zu erlangen, um im Verbund mit den Bauern und Bäuerinnen sowie den Armen in den Städten gegen das Kapital zu kämpfen.

Arbeiterunion entdeckt eine völlig neue Verbindung, die in den Reflexionen der sozialistischen Feministinnen bis heute ein Echo findet: Flora schreibt, die Frau sei die Proletarierin des Proletariats. Sie wird ihre Emanzipation durch die Arbeiter*innenklasse erlangen. Aber auch die männlichen Arbeiter können ihre Befreiung vom Joch der Lohnarbeit nur erreichen, wenn sie zusammen mit den Frauen kämpfen – ein gemeinsamer Kampf also für die Befreiung und die Rechte aller Arbeiter*innen und Frauen. Der Feminismus von Flora Tristán, beginnend mit *Von der Notwendigkeit, fremden Frauen einen guten Empfang zu bereiten*, entwickelt sich in den wenigen Jahren zwischen ihrer Reise nach Peru und ihrem frühen Tod vom utopischen zum wissenschaftlichen Sozialismus. Ihre Analyse, die die Kategorien *Klasse* und *Geschlecht* in eine einzige Strategie der Befreiung integriert, macht sie zur wichtigsten Pionierin des sozialistischen Feminismus.

91 Ebenda, Hervorhebung i. O.

Im dritten Kapitel von *Arbeiterunion* (»Warum ich die Frauen erwähne«) analysiert Flora brillant den Zusammenhang zwischen Feminismus und Sozialismus, zwischen Frauen und männlichen Proletariern. Mit bestechendem Realitätssinn beschreibt sie wie niemand vor ihr die Ungleichheit der häuslichen Beziehungen zwischen dem Arbeiter und seiner Frau. Der Ausschluss der Frauen vom Fortschritt und vom gesellschaftlichen Reichtum verurteile sie dazu, von »den Priestern, den Gesetzgebern, den Philosophen«[92] wie eine Ausgestoßene, eine Paria behandelt zu werden. Die einen machten die Frauen zum Inbegriff der Sünde, des Bösen. Die anderen verurteilten sie zur Fremdbestimmung: Bevormundet durch ihre Väter oder Ehemänner, hätten Frauen keinen vollständigen Zugang zu den Rechten, die die Zivilisation bringe. Und schließlich seien die Frauen auch für die Wissenschaft stets schwache Wesen, denen es an Intelligenz, Logik und Urteilsvermögen mangele. Für die Frauen sei »ihr '89« noch nicht gekommen, sagt Flora und zieht so wieder eine Parallele zur Französischen Revolution, die sie so schätzt. Sie kommt zu der Schlussfolgerung: Sollten diese Vorurteile als gültige Prinzipien beibehalten werden, werden sie zu einer selbsterfüllenden Prophezeiung. Frauen würden dann weiterhin als unwissend angesehen und als unfähig, ein höheres Niveau der Bildung und Kultur zu erreichen, wodurch ihnen der Weg dorthin weiter versperrt würde – was sie dann ohne Zweifel tatsächlich zu Unwissenden mache. Diese Vorstellungen jedoch, die seit Jahrhunderten die Sicht auf Frauen prägten, seien veränderbar. Es sei nichts »Natürliches« an ihnen. Hat nicht auch der Proletarier nur als Lasttier gegolten, während die Fürsten und Adligen sich als höhere Wesen, Gesalbte Gottes, präsentierten? Und trotzdem sei »'89« gekommen – mit seinem Postulat, »der *Pöbel* hieße *Volk* und die *Gemeinen* und *Lümmel* hießen *Bürger*«[93]. Was würde also passieren, wenn für die Frauen »ihr '89« käme?

92 Ebenda.

93 Ebenda, Hervorhebung i. O.

Deshalb ist für Flora das Recht auf Bildung zentral. Sie erkennt, dass die Verweigerung des Schulbesuchs für Frauen den »Vorteil« hat, dass diese dann die unbezahlte Hausarbeit verrichten können. In einer Fußnote warnt sie, dass die Konstruktion von Frauen als unterworfene soziale Gruppe den Kapitalist*innen in die Hände spiele, weil sie ihnen so für den gleichen Arbeitstag nur bis zur Hälfte des Lohns eines männlichen Arbeiters zahlen müssen. Gleichwohl ist die Rolle der Frauen in der proletarischen Familie ein entscheidender Faktor für die Heranziehung neuer Generationen von Arbeiter*innen. Ein unlösbarer Widerspruch, den Flora durch Überzeugungsarbeit gegenüber den Arbeiter*innen, an die sie sich richtet, aufzuheben hofft. Mit einer Bildung könnten die Frauen für ihre Söhne und Ehemänner zu »Vermittlerinnen der Sittlichkeit« werden. »Beginnt ihr nun zu begreifen, ihr, Männer, die ihr Skandal schreit, bevor ihr die Frage geprüft habt, weshalb ich *Rechte für die Frau* fordere – warum ich möchte, daß sie in der Gesellschaft dem Manne absolut gleichgestellt wird und sie sich dieser Gleichheit aufgrund *des Rechtes, mit dem jedes menschliche Wesen von Geburt an ausgestattet ist*, erfreuen kann?«[94]

Viel Unglück entspringe aus diesem Vergessen der Rechte der Frauen. Alle Hoffnungen auf eine andere Zukunft beruhten auf dem Glauben daran, dass die Frauen dieses Schicksal nicht für immer ertrügen, sondern irgendwann dagegen rebellierten. Eine Rebellion, die mit der *Erklärung der Menschen- und Bürgerrechte* nur kurz aufleuchtete. Und die Arbeiter sollen sich der Situation der Frauen bewusst werden, um für einen Wandel zu kämpfen, der sie zu ihren Genossinnen und Freundinnen mache. Tristán besteht ihnen gegenüber darauf: »Versucht folgendes gut zu verstehen: Das Gesetz, das *die Frauen unterjocht* und sie *von der Bildung fernhält*, unterdrückt auch euch, *proletarische Männer*.«[95] Solange die Frauen

94 Ebenda, Hervorhebung i. O.

95 Ebenda, Hervorhebung i. O.

im Zustand der Verrohung verharrten, seien sie Gefangene des Konservatismus, jeglichem Fortschritt abgeneigt, den primitivsten und oberflächlichsten Bedürfnissen unterworfen. Alle Ambitionen, die über die tägliche Routine hinausgehen, würden ihnen unmöglich gemacht. In dieser Situation seien Frauen regelmäßig dagegen, dass ihre Ehemänner sich organisieren, sich der Sache der proletarischen Emanzipation widmen und selbstlos für die Ideale ihrer Klasse kämpfen. Flora Tristán berichtet sogar, wie sie von diesen Frauen angegriffen wurde. Sie beleidigten und schlugen sie, »weil ich, wie sie sagen, das große Verbrechen begehe, *ihren Männern Ideen* in die Köpfe zu setzen, die sie dazu bringen, zu *lesen*, zu *schreiben* und *untereinander zu diskutieren*, alles *unnütze* Dinge, *die nur Zeit vergeuden.*«[96]

Flora ist weit davon entfernt, die Arbeiter*innenfamilie zu romantisieren. Präzise beschreibt sie das menschliche Elend, das die Ungleichheit innerhalb der Familie verursacht; das Unwohlsein, das die Entwicklung des Bewusstseins der Arbeiter bei den Frauen auslöst, wenn Letztere diesen Prozess nicht verstehen und begleiten. Flora malt ohne Skrupel ein Bild, das die Situation der Klasse in ihrem Kern trifft. Dass die Frauen die »Proletarierinnen des Proletariers« sind, hat unheilvolle Konsequenzen für alle Mitglieder der Familie. Dies bringt sie zum Ausdruck, sie idealisiert das Proletariat nicht. Sie weiß auch, dass ihre Ideen dem Proletariat seltsam und unverständlich erscheinen. Mehr als einmal beklagt sie, dass die Arbeiter*innen zwei fundamentale Wörter ihrer apostolischen Botschaft nicht verstünden: »handeln« und »Union«. Später berichtet sie über den Entstehungsprozess des Buches und die darauf folgende Tour durch Frankreich. Sie erzählt, wie sie sich Arbeitern gegenübersieht, die nicht wollen, dass das Kapitel »Warum ich die Frauen erwähne« veröffentlicht wird – mit der Begründung, dass das Elend des proletarischen Lebens nicht vor den aufmerksamen Augen der Bourgeoisie

96 Ebenda, Hervorhebung i. O.

ausgebreitet werden soll. Flora, von einem mystischen und spirituellen Gefühl beseelt, will aber keine Lügen über eine Realität verbreiten, die sie doch verändern möchte.

Sie etabliert eine doppelte Allianz: Einerseits wird es keine Emanzipation der Arbeiter vom kapitalistischen Joch geben, wenn sie nicht dafür sorgen, dass die Frauen der Arbeiter*innenklasse sich diesem Kampf anschließen. Dafür ist es notwendig, dass Frauen Zugang zu Bildung bekommen. Andererseits gibt es keine Möglichkeit der Emanzipation für die Frauen, wenn sie die Sache der Arbeiterunion nicht zu ihrer machen, denn die Gesetze der Bourgeoisie sind im Interesse der Bourgeoisie gemacht. Die Gesellschaft muss verändert werden, damit alle Ausgestoßenen Glück und Zufriedenheit erlangen. Diese Aufgabe fällt der zahlenmäßig größten Klasse zu, der einzigen, die nützliche Werte schafft. »Ihr [Frauen] werdet durch Gesetze und Vorurteile unterdrückt; VEREINIGT EUCH mit den Unterdrückten und mittels dieses legitimen und heiligen Bündnisses können wir auf gesetzliche und loyale Weise gegen die Gesetze und Vorurteile kämpfen, die uns unterdrücken.«[97] Bourgeoisie und Proletariat sind in Floras Denken zwei voneinander getrennte soziale Klassen. Aber sie weist in aller Deutlichkeit darauf hin, dass zwar nur die Arbeiterinnen ausgebeutet werden, sie aber gemeinsam mit den Frauen der Bourgeoisie unter der Versklavung durch das Gesetz leiden. Sie alle werden zum Objekt, zum Eigentum ihrer Väter und Ehemänner. Flora nimmt die Ausarbeitungen der heutigen Feministinnen um mehr als ein Jahrhundert vorweg. Sie scheint uns aus der Geschichte heraus zu warnen: Das Geschlecht vereint uns, die Klasse trennt uns.

Flora Tristán kommt nicht weiter voran in ihrem Verständnis der komplexen Gesellschaft, die sich vor ihren Augen abzeichnet. Ihre Unkenntnis der politischen Ökonomie hindert sie daran, zu den Definitionen zu kommen, die Marx später in Paris entwickeln wird. Für Flora bedeuten

97 Ebenda, Hervorhebung i. O.

Arbeiter*innenklasse oder Proletariat nicht das Gleiche wie für den Autor des *Kapitals*: Ihr Konzept schließt alle Armen, Elenden und Marginalisierten mit ein, all diejenigen, die durch die Produktion des Reichtums verarmen. Auch wenn sie nur die einschließt, die kein Eigentum besitzen (und sich damit merklich vom utopischen Sozialismus abhebt), schafft sie es nicht, die Ursprünge dieses Elends der Lohnarbeit zu verstehen: die Ausbeutung der Arbeitskraft und die Mehrwertproduktion. Mit ihrer Sichtweise kann sie die Verbindung zwischen zwei Teilen einer Gleichung nicht herstellen, die die Massen in großes Unheil stürzt. Sie schafft es nicht, den Knoten der Lohnsklaverei, der Ausbeutung der Arbeitskraft und der Abschöpfung von Mehrwert zu entwirren. Ihr Blick verbleibt in der Sphäre der »Zivilgesellschaft«, sie nimmt eine Trennung zwischen der Produktion und der Verteilung des Reichtums vor und verwechselt Ursache und Wirkung in ihrer Streitschrift gegen die Ungerechtigkeit. In einem Appell an die Fabrikbesitzer schreibt sie in *Arbeiterunion*: »Ihr häuft mehr oder weniger große Reichtümer auf. Wir, die wir für euch arbeiten, haben kaum genug zum Leben und zum Ernähren unserer armen Familien. Das entspricht der *gesetzlichen Ordnung*.«[98] Sie endet sogar damit, die verständnisvollen Teile der Bourgeoisie aufzufordern, an die Union zu spenden.

Flora Tristán, zutiefst vom Pazifismus durchdrungen, setzt auf den Weg gesetzlicher Reformen. Und zwar gerade um Revolutionen zu vermeiden, da diese dem Proletariat nur Blut und Tod brächten: »Meine Mission ist erhaben: die Menschen auf den Weg der Legalität, des Rechts zurückzuführen. Es ist wichtig, dass sie verstehen, dass brutale Gewalt nichts erreichen kann, sondern nur zerstört und dass wir in eine Epoche eingetreten sind, in der wir davon träumen können, etwas aufzubauen.«[99] Trotzdem ist es ihr Verdienst, die Idee entwor-

98 Ebenda, Hervorhebung i. O.

99 Flora Tristán, *Le tour de France. État actuel de la classe ouvrière sous l'aspect moral, intellectuel, matériel*, Paris, Éditions Tête de Feuilles, 1973, eigene Übersetzung.

fen zu haben, dass das Proletariat eine universelle Klasse ist, die sich als solche international organisieren muss. Ebenso wie die Idee, dass Existenz und radikale Kraft des Proletariats aus dem Mangel an Besitz entspringen, daraus, dass es die Mehrheit der Gesellschaft ausmacht, und maßgeblich daraus, dass es die einzig wahrhaft produktive Klasse ist. Aber auch, dass es seine Befreiung nur in Allianz mit den anderen vom Kapital unterdrückten Sektoren erlangen kann, indem es diese für seine Ideale gewinnt. Und vor allem, dass das Proletariat die Frauen aller Klassen an seine Seite rufen muss, um sie vom Joch der Sklaverei zu befreien – der Sklaverei, die durch die Ehe und die Vorurteile aufrechterhalten wird, welche die Frauen von frühster Kindheit an unter die patriarchale Vorherrschaft zwingen. Flora Tristán verdient deshalb einen exponierten Platz unter den großen Anführer*innen und Denker*innen des Sozialismus und des Feminismus. Wie Karl Marx es ausdrücken wird, ist Flora Tristán »Vorreiterin von hohen und edlen Idealen«.

Das Werk *Arbeiterunion*, dessen zwei erste Auflagen 1843 und 1844 von Freund*innen und Verwandten der Autorin finanziert werden, wird 1845 in Lyon wieder aufgelegt, im Voraus bezahlt von Gruppen von Arbeiter*innen durch anonyme und kollektive Vorbestellungen. Das kann als Beleg dafür gelten, dass ihre Ideen im von ihr geliebten Proletariat viele Anhänger*innen finden.

Die Tour de France

Ihr letztes Werk ist eine Art Tagebuch. Flora schreibt es, während sie in verschiedene Städte Frankreichs reist, um *Arbeiterunion* vorzustellen. Ihr Ziel ist es, die Arbeiterinnen und Arbeiter als Klasse zu organisieren. Dafür ahmt sie das Initiationsritual der Wandergesellen nach – die Walz, in Frankreich *Tour de France* genannt. Flora beginnt ihre Tour Mitte April 1844 in Auxerre. Von da aus reist sie nach Lyon und dann weiter nach Marseille und Bordeaux, wo sie letztlich stirbt. Das Tagebuch beginnt allerdings in Paris und beschreibt auch eine vorherige Reise nach Bordeaux im September 1843. Ohne dass sie es ahnen kann, wird dieses Tagebuch zu einem wertvollen Zeugnis der letzten Tage ihres Lebens. Flora Tristán stirbt am 14. November 1844 an Typhus.

Seit dem Mittelalter gab es unter den Handwerkern und Arbeitern Frankreichs die Tradition dieser Wanderschaft, während derer sie ihre Ausbildung vertieften, indem sie in verschiedenen Städten lernten und arbeiteten. Floras Werk ist ebenso majestätisch und beeindruckend wie die Kathedralen, die diese Arbeiter und Handwerker bis zum Himmel hochzuziehen wussten: Sie entwirft die Union der Arbeiter*innen. Es sind Monate voller erschöpfender Aktivitäten: lange Versammlungen und Treffen, hitzige Diskussionen, Konferenzen, energische Reden … Flora will ihre Tour durch Frankreich noch mit Reisen durch andere europäische Länder fortsetzen.

Geplagt vom Typhusfieber und gejagt von der Polizei, schafft sie es letztendlich nicht, ihre Pläne zu vollenden. Trotzdem ist diese Tour so intensiv wie ihr gesamtes Leben. Sie erlaubt es ihr, Arbeiter*innen aller Professionen und Sektoren kennenzulernen, aus den verschiedensten Städten Frankreichs, mit den unterschiedlichsten Ideologien. Kurz vor ihrem Tod schreibt sie in ihr Tagebuch: »Oh! Wie unglücklich ist, wer in der gleichen Situation und Position geboren wird, lebt und stirbt. Aus dieser Perspektive bin ich höchst privilegiert. Welches Leben war wohl so abwechslungsreich wie das meine! Außerdem, wie viele Jahrhunderte habe ich in diesen 40 Jahren gelebt!«[100] Die Tour muss für Flora Tristán sehr bereichernd sein, auch wenn sie ihr enorme Opfer abverlangt, Krisen und sogar polizeiliche Verfolgung beschert. Sie will sie, trotz Fieber und Schmerzen, nicht abbrechen.

Tour de France ist ein bemerkenswertes Werk. Es verbindet die Geständnisse eines intimen Tagebuchs mit den lebendigen Schilderungen eines Reisejournals, den detaillierten Beschreibungen und Analysen einer soziologischen Studie und Proto-

100 Ebenda, eigene Übersetzung.

kollen der erlebten Diskussionen und Debatten. Und zwischendurch blitzen auch die Ideen auf, die in Floras Denken stets präsent sind: Gedanken zur Rolle der Kirche, des Privatbesitzes und der Liebe finden sich unter den vielen Themen, die sie auf diesen Seiten entwickelt.

Flora Tristán beschuldigt die Kirche und die Priester, das Volk im Interesse der herrschenden Klassen in Unwissenheit zu halten: »Es gibt einen niederträchtigen Pakt zwischen den Priestern und der Bourgeoisie!«[101] Auch der Staat, Organ der Herrschaft der Bourgeoisie, wird beschimpft, aber der Klerus erscheint noch abscheulicher: »Solange es Priester gibt und sie irgendeine Macht über das Volk haben, ist es unmöglich, von der Befreiung der Arbeiter zu träumen.«[102] Und der Kult des Besitzes, ist er nicht ebenso abscheulich? Ausgehend von einer seltsamen Episode, in der sie in ihrem Hotelzimmer eine kleine goldene Uhr findet und darüber grübelt, was sie damit tun soll, denkt sie über den Privatbesitz nach. Sie wiederholt die Worte, die Proudhon vier Jahre zuvor geschrieben hat: Eigentum ist Diebstahl. »Die erste Devise der Revolution muss sein: ›Keine Art von Eigentum‹ …«[103] Flora ist sich bewusst, dass sie nach dieser Tour, während der sie mit den am meisten Ausgebeuteten und Unterdrückten Frankreichs zusammenlebt, es nicht mehr wird ertragen können, einem Bourgeois gegenüberzutreten, diesem Wesen einer »ekelhaften Rasse«.

Mehr als 200 Jahre sind seit Flora Tristáns Geburt vergangen, trotzdem hat ihr Werk nichts an Relevanz eingebüßt. Es ist eine Inspirationsquelle für neue Generationen von Frauen, die den Kampf für die Befreiung von allen Formen der Unterdrückung fortsetzen. Flora führt grundlegende Debatten des Feminismus und des Sozialismus, die heute – zwei Jahrhunderte später – immer noch virulent sind. Ihre Beiträge haben

101 Ebenda, eigene Übersetzung.

102 Ebenda, eigene Übersetzung.

103 Ebenda, eigene Übersetzung.

dabei nicht an Kraft verloren. Das Verhältnis zwischen bürgerlicher Ehe und Frauenunterdrückung, das später von Friedrich Engels weiter studiert wird; die Ungleichheit von Männern und Frauen vor dem Gesetz; die zusätzlichen Schwierigkeiten, denen Frauen ausgesetzt sind, wenn sie fern ihres Heimatlands leben; die Notwendigkeit der Verbindung des Kampfs für die Befreiung der Frauen und des Kampfs für den Sozialismus, um eine Gesellschaft zu schaffen, die frei von jeglicher Unterdrückung und Ausbeutung ist.

Floras innovatives Denken verbindet die Frauenfrage und die proletarische Sache in einer bis dahin unbekannten und tiefgreifenden Dialektik. Man könnte sagen, dass sie fast alle gegen sich hat: die Männer, weil sie für die Emanzipation der Frauen streitet, und die Bourgeoisie, weil sie für die Emanzipation des Proletariats kämpft.

Kapitel IV. Imperialismus, Krieg und Geschlecht

Solange der Krieg währt,
werden die Frauen des Feindes
ebenso Feindinnen sein.
Jane Misme

Debatten in der Zweiten Internationale

1879 veröffentlicht der Marxist August Bebel – der spätere Vorsitzende der Sozialdemokratischen Partei Deutschlands – das Werk *Die Frau und der Sozialismus.* Darin zeigt er auf, wie sich die Familie im Takt der Entwicklung der Produktionsweisen verändert hat und wie die ungleiche Situation der Frauen mit der Existenz des Privateigentums verknüpft ist: »Ganz unabhängig von der Frage, ob die Frau als Proletarierin unterdrückt ist, sie ist es in der Welt des Privateigentums als Geschlechtswesen. Eine Menge Hemmnisse und Hindernisse, die der Mann nicht kennt, bestehen für sie auf Schritt und Tritt.« Daraus zieht er folgenden Schluss: »Die Frau der neuen Gesellschaft ist sozial und ökonomisch vollkommen unabhängig, sie ist keinem Schein von Herrschaft und Ausbeutung mehr unterworfen, sie steht dem Manne als Freie, Gleiche gegenüber und ist Herrin ihrer Geschicke.« Er betont zudem den progressiven Charakter des Einbezugs der Frauen in die industrielle Produktion und kämpft gegen die vorherrschenden Ideen der Epoche: »Wir sollten nicht glauben, daß alle Sozialisten für die Emanzipation der Frauen sind, es gibt einige, für die eine emanzipierte Frau so unsympathisch ist wie der Sozialismus für die Kapitalisten.« Und er fährt fort: »Jeder Sozialist erkennt die Unterdrückung des Arbeiters durch den Kapitalisten und er kann nicht verstehen, warum andere, vor allem die Kapitalisten, sie nicht erkennen können. Aber derselbe Sozialist erkennt oft die Unterdrückung der Frauen durch die Männer nicht, weil die Frage ihn mehr oder weniger direkt betrifft.«[104]

Seine Sorge ist nicht übertrieben, denn vielerorts sprechen sich Sozialisten damals gegen den Eintritt der Frauen in die Produktion aus und sperren sich auch gegen ihre demokratischen Rechte wie das Frauenwahlrecht. Trotzdem sind die sozialdemokratischen Parteien die ersten, die, sei es auch erst nach ausführlichen Debatten, die Forderung nach einem Frauenwahlrecht in ihr politisches Programm aufnehmen.

1875 vereinigen sich auf dem Gothaer Parteitag zwei Organisationen der deutschen Arbeiter*innenbewegung – die Sozialdemokratische Arbeiterpartei, angeführt von Bebel und Liebknecht, und der Allgemeine Deutsche Arbeiterverein, angeführt von Lassalle. Die Führung der erstgenannten Organisation schlägt die Aufnahme des Punkts »Wahlrecht für alle Staatsbürger beiderlei Geschlechts« ins Programm der neuen Partei vor. Der Vorschlag wird abgelehnt. Erst 1891 wird die Forderung nach einem universellen Wahlrecht unabhängig vom Geschlecht im Programm festgeschrieben. Trotz der mühsamen Auseinandersetzungen innerhalb der Sozialdemokratie sind es die Parteien der Zweiten Internationale, die den Kampf für das Frauenwahlrecht als erste in ihre Programme aufnehmen. Der sechste Kongress der Zweiten Internationale 1904 in Amsterdam erklärt: »Bei den Kämpfen, welche das Proletariat für die Eroberung des allgemeinen, gleichen, geheimen und direkten Wahlrechts in Staat und Gemeinde führt, müssen die sozialistischen Parteien das Frauen-Wahlrecht in den gesetzgebenden Körperschaften beantragen, in der Agitation grundsätzlich festhalten und mit allem Nachdruck vertreten.«[105]

Aber selbst sieben Jahre nach Aufnahme dieses Recht in die Statuten der deutschen Sektion werden auf Parteikongressen immer noch frauenfeindliche Argumente vorgebracht. So zum

104 August Bebel, *Die Frau und der Sozialismus*, Berlin/DDR, Dietz, 1973.

105 »Resolution über das Frauen-Stimmrecht«, in: *Internationaler Sozialisten-Kongreß zu Amsterdam 1904*, Berlin, Expedition der Buchhandlung Vorwärts, 1904.

Beispiel von Ignaz Auer, der nach einer Intervention Clara Zetkins ausruft: »Wohin soll es führen, wenn wir solche Reden hören von Vertreterinnen des Geschlechts, das angeblich das unterdrückte ist. Ich bin ja kein großer Schwärmer nach dieser Richtung hin, dafür bin ich bekannt, aber als ich die Genossin Zetkin gestern ihre Angriffe so herunterschmettern hörte, da habe ich mir doch gesagt: und das ist das unterdrückte Geschlecht! Was soll da erst einmal werden, wenn das frei und gleichberechtigt ist!«[106] Und oft genug muss Clara Zetkin argumentieren, dass es sich beim Wahlrecht lediglich um ein formales demokratisches Recht handelt, das noch nicht die Befreiung der Frauen garantiert. Sie richtet sich damit gegen den rechten Parteiflügel, für den mit dem Frauenwahlrecht die Frauenbefreiung erreicht ist. Als ihr Verleumder aus den eigenen Reihen vorwerfen, die Artikel der von ihr gegründeten und herausgegebenen Zeitung *Die Gleichheit* seien elitär[107], antwortet Clara Zetkin 1901: »[Nur in der sozialistischen Gesellschaft] verschwindet mit den jetzt herrschenden Eigenthums- und Wirtschaftsverhältnissen der Gegensatz zwischen Besitzenden und Nichtbesitzenden, der soziale Gegensatz zwischen Mann und Frau, zwischen Kopfarbeit und Handarbeit. Die Aufhebung dieser Gegensätze kann jedoch nur erfolgen durch den Klassenkampf: die Befreiung des Proletariats kann nur das Werk des Proletariats selbst sein. Will die proletarische Frau frei werden, so muß sie sich der allgemeinen sozialistischen Bewegung anschließen.«[108]

Zur gleichen Zeit vertritt ihr Parteigenosse Edmund Fischer die Auffassung, Sozialist*innen sollten sich dafür einsetzen, dass jeder Arbeiter mit seinem Lohn eine Ehefrau ernähren könne:

106 *Protokoll über die Verhandlungen des Parteitags der Sozialdemokratischen Partei Deutschlands. Abgehalten zu Stuttgart vom 3. bis 8. Oktober 1898*, Berlin, Expedition der Buchhandlung Vorwärts, 1898.

107 A.d.Ü.: Die Kritiker wollen die Frauenfrage entpolitisieren und die *Gleichheit* zu einer »populären« Zeitung machen. Zetkin wehrt sich mit dem zitierten Artikel, der die strategische Perspektive der Frauenfrage aufzeigt.

108 Zitiert nach Werner Thönnessen, a. a. O.

»nicht die Emanzipation der Frau vom Manne wird dann erreicht sein, sondern etwas anderes: die Frau wird der Familie wiedergegeben sein. Und dieses Ziel kann und sollte auch das Ziel der Sozialisten sein.«[109] Paradoxerweise ähnelt dieser Ausspruch des Sozialisten Fischer dem Diskurs des preußischen Kaisers: »Die Hauptaufgabe der Frauen ist es nicht, an Versammlungen teilzunehmen oder Rechte einzufordern, die sie den Männern gleichstellen, vielmehr ist es ihre Pflicht, still ihre Aufgaben in Heim und Familie zu erfüllen, die junge Generation zu erziehen und ihr vor allem Folgsamkeit und Respekt gegenüber den Älteren beizubringen«.[110] Selbst 1913 gibt es noch Sozialisten wie Ernest Belfort Bax, der in seinem Werk *The Fraud of Feminism* (Der Schwindel des Feminismus) zeigen will, dass es keine Frauenunterdrückung gebe, mehr noch: dass das wahre Problem weibliche Privilegien seien. Obwohl die Forderung des Frauenwahlrechts zu dem Zeitpunkt bereits Teil des Programms der sozialistischen Partei ist, vertritt er folgende Meinung: »angesichts des niedrigeren Intelligenzquotienten und, in einigen Aspekten, der moralischen Minderwertigkeit der Frau im Vergleich zum Mann gibt es offensichtliche Gründe, warum den Frauen nicht das Recht zugestanden werden sollte, die administrativen und legislativen Funktionen auszufüllen, die bisher dem Mann allein vorbehalten waren.«[111]

Auch der Streit über die Eingliederung der Frauen in die Produktion und die sozialen Organisationen lässt sich nicht so einfach lösen. Clara Zetkin selbst argumentiert bis 1889 gegen jegliche Gesetzgebung, die Regelungen zum Mutterschutz enthält. Sie befürchtet damals, dies könne der herrschenden Klasse als Vorwand dienen, die Frauen nicht in die Produktion einzubeziehen. Sie hat zu dem Zeitpunkt außerdem die Sorge,

109 Edmund Fischer, »Die Frauenfrage«, in: Wally Zepler (Hg.), *Sozialismus und Frauenfrage*, Berlin, Cassirer, 1919.

110 Zitiert nach Gilbert Badia, *Clara Zetkin: vida e obra*, São Paulo, Expressão Popular, 2003, eigene Übersetzung.

111 Zitiert nach Mary-Alice Waters, *Marxismo y Feminismo*, México, Fontamara, 1989, eigene Übersetzung.

Mutterschutz könnte als Argument genutzt werden, um die reaktionäre Vorstellung von der Minderwertigkeit der Frauen zu stützen. Auf dem Kongress der Zweiten Internationale in Paris 1889 sagt sie deshalb: »Da wir unsere Sache durchaus nicht von der Arbeitersache im allgemeinen trennen wollen, werden wir also keine besonderen Forderungen formulieren; wir verlangen keinen anderen Schutz als den, welchen die Arbeit im allgemeinen gegen das Kapital fordert.« Später fügt sie noch hinzu: »Nur eine einzige Ausnahme lassen wir zugunsten schwangerer Frauen zu, deren Zustand besondere Schutzmaßregeln im Interesse der Frau selbst und der Nachkommenschaft erheischt.«[112] Die gleiche Position vertritt damals die italienische Sozialistin Anna Kuliscioff. Beide ändern allerdings später ihre Ansicht, als sie verstehen, dass gleiche Rechte allein nichts an der Ungleichheit in den Lebensbedingungen ändern. Deshalb erhebt der Sozialismus fortan die Forderungen des Nachtarbeitsverbots für Frauen, des bezahlten Mutterschaftsurlaubs, des besonderen Schutzes für weibliche Arbeit in bestimmten Produktionszweigen, des Gesundheitsschutzes für Frauen usw. Und dies in einer Zeit, in der Arbeiterinnen teilweise auf 112 Wochenstunden kommen!

Während in Europa und den USA eine feministische Bewegung entsteht, die für rechtliche Gleichstellung eintritt und sich vor allem auf die Frage des Wahlrechts konzentriert, präsentiert der Sozialismus ein sehr viel tiefgreifenderes Konzept von Gleichheit, das sich nicht auf formale Rechte beschränkt. Er berücksichtigt nämlich auch die Ausbeutung, der Millionen von Frauen unterworfen sind. Die Sozialist*innen verstehen die arbeitenden Frauen als einen der am meisten ausgebeuteten Teile des Proletariats. Diese Ausbeutung findet bei vielen feministischen Strömungen der Zeit keine Beachtung. 1894 beispielsweise verweigert der *Bund deutscher Frauenvereine* den Frauenorganisationen, die für Arbeiterinnenrechte

112 Clara Zetkin, »Für die Befreiung der Frau! Rede auf dem Internationalen Arbeiterkongreß zu Paris«, in: *Ausgewählte Reden und Schriften*, a. a. O.

kämpfen, die Mitgliedschaft. Der Bund stellt sich 1900 auch gegen einen Antrag auf Zusammenarbeit mit der sozialdemokratischen Frauenbewegung. Die britischen Feministinnen der *Women's Social and Political Union*, angeführt von der bekannten Suffragette Emmeline Pankhurst, beschließen sogar, das Wahlrecht nur für besitzende Frauen zu fordern, nachdem sie bereits harte Straßenkämpfe geführt haben. Zwar arbeitet der progressive Flügel des bürgerlichen Feminismus in seinem täglichen Aktivismus mit den Sozialdemokratinnen zusammen, im Wahlkampf jedoch unterstützt er die liberalen Parteien. Und das, obwohl Letztere, anders als die Sozialdemokratie, nicht die Grundsätze der Feministinnen vertreten. Wie wir sehen werden, verfestigt sich diese Trennung während des Ersten Weltkriegs.

Die Sozialdemokratie macht es sich zum Ziel, die arbeitenden Frauen gegen die Überausbeutung zu verteidigen. Dabei muss sie sich nicht nur gegen den bürgerlichen Feminismus positionieren, sondern auch gegen die Gewerkschafter, die wider den Eintritt der Frauen in die Produktion agitieren, da sie sie als Konkurrenz für die männliche Arbeitskraft betrachten. Dies ist in den Statuten der Arbeiter*innenorganisationen dieser Zeit mit relativer Regelmäßigkeit zu finden. »Ist die Frau nicht schon genug beschäftigt mit ihren täglichen Geschäften im Haushalt, um sich noch für das Gewerkschaftsleben zu interessieren?«, fragt sich beispielsweise ein französischer Gewerkschafter. Die Forderungen der Sozialdemokratie passen hingegen zu den realen Kampfprozessen, in denen arbeitende Frauen die Hauptrolle spielen, obwohl die Gewerkschaftsführungen sie durch ihre Blockadehaltung dazu zwingen, ihre eigenen separaten Gewerkschaften aufzubauen. Bisweilen führen Gewerkschaften sogar Streiks durch, um die Kündigung von Frauen durchzusetzen. Aufgrund dieser engstirnigen Haltung der Gewerkschaftsbürokratie organisieren sich Frauen damals häufig separat. Diese defensive Politik der Arbeiterinnen steht zwar im Gegensatz zum offiziellen Programm der Sozialdemokratie, wird aber von den fortschrittlichen Sektoren der Partei verständnisvoll akzeptiert. Clara Zetkin vertritt dazu folgende Ansicht: »Die Organisation der Arbeiterinnen wird erst dann bedeutende Fortschritte machen, wenn sie nicht mehr von einigen wenigen gefördert wird, sondern wenn sich jedes einzelne Mitglied der Gewerkschaften angelegen sein läßt, diesen die Kolleginnen aus Fabrik und Werkstatt zuzuführen.«[113]

All diese Debatten um die soziale Lage der Frauen und das Programm, das Sozialist*innen für ihre Befreiung aufstellen, spiegeln einen allgemeinen Kampf innerhalb der Sozialdemokratie wider: den Kampf zwischen Revolutionär*innen und Reformist*innen, der auf allen Ebenen von Theorie, Programm und Politik geführt wird.

1899 veröffentlicht der Sozialdemokrat Eduard Bernstein das Werk *Die Voraussetzungen des Sozialismus*, in dem er die Auffassung vertritt, dass der Marxismus falsch liege. Im Kapitalismus hätte sich das Leben der Arbeiter*innen allmählich verbessert, dank besserer Arbeitsgesetzgebung, sozialer Reformen und eines allgemein höheren Wohlstandsniveaus. Die unversöhnlichste Figur im Kampf gegen den rechten Flügel der deutschen Sozialdemokratie, der zum Reformismus tendiert, ist eine Frau: Rosa Luxemburg. Ihre Kämpfe für revolutionäre Prinzipien verleiten Bebel dazu, über sie zu sagen: »Es ist mit den Frauen eine merkwürdige Sache. Kommen ihre Liebhabereien oder Leidenschaften oder Eitelkeiten irgendwo in Frage und werden nicht berücksichtigt oder verletzt, dann ist auch die Klügste außer Rand und Band und wird feindselig bis zur Sinnlosigkeit.«[114] Rosa ist eine Freundin von Clara Zetkin und polnische Migrantin. Mit ihren revolutionären Ideen beeinflusst sie auch die Frauensektion der Partei: »mit der politischen Emanzipation der Frauen [muss] ein starker frischer Wind hineinwehen, der die Stickluft des jetzigen

113 Clara Zetkin, »Frauenarbeit und gewerkschaftliche Organisation«, in: *Ausgewählte Reden und Schriften*, a. a. O.

114 Brief von Bebel an Kautsky, 1910. Zitiert nach Richard J. Evans, *Sozialdemokratie und Frauenemanzipation im deutschen Kaiserreich*, Berlin/Bonn, Dietz, 1979.

philisterhaften Familienlebens vertreiben würde, das so unverkennbar auch auf unsere Parteimitglieder, Arbeiter wie Führer, abfärbt.«[115] Angesichts des Verrats der Zweiten Internationale – als ihre Abgeordneten den Kriegskrediten und damit dem Massaker des Ersten Weltkriegs zustimmen – unterstützen Clara Zetkin und Rosa Luxemburg später die Anstrengungen Lenins, Trotzkis und anderer Internationalist*innen an, um die Prinzipien des revolutionären Marxismus hochzuhalten.

Frauen im Krieg

Zu Beginn des Ersten Weltkriegs werden die Frauen in allen beteiligten Ländern in die Produktion integriert. In Europa strömen sie massiv in die Fabriken, Unternehmen und Amtsstuben. Das ist nicht unwesentlich, denn es wird uns später helfen, die Rolle der Frauen beispielsweise in der Russischen Revolution zu verstehen. Aber obwohl sie wie nie zuvor in die Welt der Produktion eintreten, ist die Situation der Frauen während des Krieges unerträglich. Die erschöpfenden Arbeitstage – auch in der Schwerindustrie – setzen sich im Haushalt fort, verschlechtern so die Gesundheit der Frauen und erhöhen ihre Sterblichkeitsrate. Die Lebensbedingungen verschlechtern sich durch Inflation, Mangel und Elend. Infolge von Hunger, Erschöpfung und der Sorge um Männer, Söhne, Freunde und Brüder, die sich an der Kriegsfront befinden, nehmen Nervenleiden und psychische Krankheiten zu.

Im Ergebnis brechen in den meisten kriegführenden Ländern gewaltsame Aufstände der Frauen gegen den Krieg und die Inflation aus. 1915 organisieren die Arbeiterinnen von Berlin eine große Antikriegsdemonstration und ziehen vor den Reichstag. 1916 überfallen Frauen in Paris Läden, stürmen und plündern die Kohlelager. Im Juni 1916 gibt es in Österreich einen dreitägigen Aufstand, bei dem Frauen gegen Krieg

115 Artikel von Rosa Luxemburg aus der Leipziger Volkszeitung, 1902. Zitiert nach Raya Dunayevskaya, *Rosa Luxemburg. Frauenbefreiung und Marx' Philosophie der Revolution*, Berlin/Hamburg, Argument, 1998.

und Inflation demonstrieren. Als nach der Kriegserklärung die Truppen mobilisiert werden, ketten sich Frauen an Eisenbahnschienen, um den Ausmarsch der Soldaten zu verzögern. 1915 stoßen die Frauen in Russland Unruhen an, die von Sankt Petersburg und Moskau auf das ganze Land übergreifen.

Um diese Erhebungen der Arbeiterinnen gegen den Krieg in den zentralen Ländern zu verstehen und daraus Schlussfolgerungen für den Widerstand gegen den Krieg zu ziehen, ruft Clara Zetkin alle sozialistischen Frauen zu einer internationalen Konferenz zusammen. Sie tagt vom 26. bis 28. März 1915 in Bern.[116] Die 70 Delegierten aus Deutschland, Frankreich, England, den Niederlanden, Russland, Italien und der Schweiz diskutieren über den Verrat ihrer eigenen Parteien,

116 Diese Konferenz sozialistischer Frauen gegen den Krieg findet sechs Monate früher statt als die bekanntere Zimmerwalder Konferenz, auf der der revolutionäre Flügel der Zweiten Internationale sich angesichts des Verrats ihres wichtigsten Mitglieds, der SPD, gegen den imperialistischen Krieg ausspricht. Diese Konferenz findet vom 5. bis 8. September 1915 im schweizerischen Zimmerwald statt. Sie wird von vielen als das erste allgemeine Treffen der internationalistischen Sozialist*innen nach Beginn des Krieges betrachtet. Die Position der Bolschewiki (die russische Partei der Zweiten Internationale) ist dort die unverzügliche Gründung einer neuen Internationale. Lenin vertritt die Position, dass die Sozialist*innen die Zusammenarbeit mit den bürgerlichen Regierungen sofort beenden müssen, die Mobilisierung der Massen gegen den Sozialchauvinismus notwendig ist und der Krieg zu einem Bürger*innenkrieg werden muss. Aber seine Position wird mit 19 zu 12 Stimmen abgelehnt. Rosa Luxemburg und Clara Zetkin können nicht teilnehmen, weil sie aufgrund ihrer Opposition gegen den Krieg in Deutschland im Gefängnis sitzen. Sie werden aber vom Kongress gegrüßt. Später treffen sich die Internationalist*innen wieder, vom 24. bis 29. April 1916 in Kienthal in der Nähe von Bern. Lenin verkündet erneut den Zusammenbruch der Zweiten Internationale und ihr unrettbares Scheitern. Schließlich gründen diejenigen, die die revolutionären Prinzipien des proletarischen Internationalismus weiter hochhalten wollen, die kommunistischen Parteien und die Dritte Internationale. An beiden Treffen nimmt Inessa Armand (1875–1920) teil, Tochter eines englischen Vaters und einer französischen Mutter, die 1893 einen Russen geheiratet hat. Bolschewikin seit 1904, emigriert sie 1909 und wird zur persönlichen Freundin von Lenin im Exil. Sie vertritt die Bolschewiki in Brüssel 1904, in Zimmerwald und in Kienthal. Nach ihrer Rückkehr nach Russland 1917 arbeitet sie für die Dritte Internationale, bevor sie 1920 an Cholera stirbt.

die beschlossen haben, am Krieg teilzunehmen. Die Resolution, die am Ende verabschiedet wird, verurteilt den kapitalistischen Krieg unter der Losung »Krieg dem Kriege«.

Diese Konferenz in Bern ist die dritte, die von sozialistischen Frauen organisiert wird. Die vorherigen in Stuttgart 1907 und in Kopenhagen 1910 sprechen sich für das Frauenwahlrecht, den Kampf für den Frieden, gegen das Horten von Lebensmitteln und steigende Lebensmittelpreise, gegen die zaristische Repression in Finnland und für eine Sozialversicherung für Frauen und Kinder aus. Eine Resolution in Kopenhagen erklärt, dass die Ursache von Kriegen »in den durch die kapitalistische Produktionsweise hervorgerufenen sozialen Gegensätzen« liegt und der Frieden nur gesichert werden kann »von der tatkräftigen, zielbewußten Aktion des Proletariats und dem Siege des Sozialismus. An dieser Sicherung im Geiste der Beschlüsse des Internationalen Sozialistischen Kongresses zu Stuttgart mitzuarbeiten, ist die besondere Pflicht der Genossinnen.«[117] Aber erst der dritte Kongress in Bern erlangt besondere Bedeutung, denn er ist die erste internationale sozialistische Konferenz, auf der der Widerstand gegen den gerade stattfindenden Krieg im Mittelpunkt steht.

Später, als sie schon im Gefängnis sitzt und an Herzproblemen leidet, kann Clara Zetkin nicht mehr aktiv an diesem Kampf teilnehmen. Nach Auftritts- und Publikationsverbot im Jahr 1916 wird sie gemeinsam mit anderen aus der SPD ausgeschlossen. Sie gründen mit 20 000 Personen eine Gruppe, die sich gegen die Mehrheitslinie der deutschen Sozialdemokratie stellt.

Der Bankrott der Zweiten Internationale, der die sozialdemokratischen Parteien angehören, liegt nun offen zutage. Deren Zusammenarbeit mit den nationalen Bourgeoisien der kriegführenden Staaten trägt zum Massaker an Millionen von Arbeitern bei, die sich in den Schützengräben gegenüberlie-

117 Clara Zetkin, »Für den Kampf um den Frieden« (Resolution der II. Internationalen Sozialistischen Frauenkonferenz in Kopenhagen, 27. August 1910).

gen, um die Interessen ihrer Bosse zu verteidigen. Der Krieg bringt auch für die Frauen enormes Leid mit sich. Clara Zetkin sagt später, im Jahr 1919: »Die alte Internationale ist in Schmach und Schande auf den imperialistischen Schlachtfeldern verröchelt. Sie kann nicht galvanisiert [wiederbelebt, A. d. Ü.] werden.« Sie wird zu einer Delegierten der Dritten Internationale, die Lenin mit den diversen existierenden internationalistischen Organisationen gründet.

Schon 1891 hat Clara die sozialdemokratische Zeitung *Die Gleichheit* gegründet, die sich an Arbeiterinnen richtet. 1913 hat sie fast 140 000 Leserinnen, die sie mit ihren Ideen, die oft im Widerspruch zur Meinung der Parteiführung stehen, beeinflusst. So unterstützt sie die Revolution in Russland von 1905 und stellt sich gegen den imperialistischen Krieg. Sie vertritt ihre Ansichten nicht nur in dieser Zeitung, sondern auch auf den *Internationalen Konferenzen Sozialistischer Frauen*, die sie seit 1907 organisiert. Diese Politik, die Clara Zetkin mit Unterstützung ihrer Freundin Rosa Luxemburg verfolgt, erklärt, warum die Mehrheit der SPD-Frauen denjenigen folgen, die den Bruch mit der verräterischen Führung vorantreiben.

Frauen und Nationen

Zu Beginn des 20. Jahrhunderts betreten die Suffragetten mit radikalisierten Demonstrationen die Bühne und machen mit dem lärmenden Zerschlagen von Fensterscheiben und mit Brandbomben auf ihre Forderung nach dem Wahlrecht für Frauen aufmerksam. Am 5. Juli 1914 kommt es in Paris zu einer großen Mobilisierung der Bewegung für das Frauenwahlrecht zu Ehren des Marquis de Condorcet, der bereits 1790 das Bürgerrecht auch für Frauen gefordert hatte. Diese Demonstration wird zu einem machtvollen Zeichen für die Forderung nach politischen Rechten für Frauen. Auch in London gehen in diesem Jahr 53 000 Frauen für das Wahlrecht auf die Straße.

Diese radikale Bewegung wird durch den Beginn des Krieges jedoch teilweise zerschlagen. Der Krieg blockiert die emanzipatorische demokratische Bewegung, die sich in einigen zentralen Ländern Europas gebildet hat und zu einer großen feministischen Bewegung für die Gleichheit zu werden verspricht. Die Aktivistinnen sehen sich nicht nur der Repression und der Zensur durch die kriegführenden Regierungen ausgesetzt. Die Mehrheit der feministischen Organisationen beschließt sogar freiwillig, sich in den »Dienst des Vaterlandes« zu stellen. Sie setzen ihre Forderungen aus, erfüllen die Aufgaben, die ihnen der Patriotismus gebietet, und versuchen den jeweiligen nationalen Regierungen ihre Loyalität zu beweisen.

Mit einer Position, die der von Clara Zetkin und Rosa Luxemburg diametral entgegengesetzt ist, treffen wir nun angesichts des imperialistischen Krieges auf die Feministinnen der Familie Pankhurst. Emmeline Pankhurst[118] und ihre Töchter Sylvia und Christabel sind zu Beginn des 20. Jahrhunderts die wichtigsten Anführerinnen des Kampfes für das Frauenwahlrecht in England und kämpfen auch für eine bessere Ausbildung der Arbeiter*innen. 1904 erhalten sie die Unterstützung der Labour-Partei, die einen Gesetzentwurf für das Frauenwahlrecht ins Parlament einbringt, damit aber scheitert. Am 21. Juni 1908 führen sie eine Demonstration von 400 000 Suffragetten auf den Straßen Londons an und beginnen mit direkten Aktionen. Sie zerstören Briefkästen und Schaufenster, zünden Kirchen und Geschäfte an und landen immer wieder im Gefängnis. Eine ihrer Anhängerinnen wird, als sie sich bei einem berühmten Pferderennen vor den Thronfolger, den Prince of Wales, stellt und das Wahlrecht fordert, von einem Pferd totgetreten und stirbt.

118 Emmeline Pankhurst wird 1858 in Manchester in eine Familie von reformorientierten Industriellen geboren. Ihre Ausbildung erhält sie in Paris. Sie heiratet einen Anwalt, der Mitglied einer von John Stuart Mill gegründeten Gesellschaft für das Frauenwahlrecht ist. So wird sie zur Feministin. 1903 gründet sie gemeinsam mit ihren Töchtern Christabel und Sylvia die *Women's Social and Political Union*. Ab 1905 wenden sie illegale und gewaltsame Methoden an, um die Aufmerksamkeit der Öffentlichkeit und der politischen Machthaber zu erregen. Sie wird bei verschiedenen Gelegenheiten festgenommen und beginnt Hunger-, Durst- und Schlafstreiks als Zeichen ihres Protests. Außerdem verteidigt sie sich selbst vor Gericht.

Der Kampf der Pankhursts für das Frauenwahlrecht ist anfänglich zumindest im Ansatz mit den Forderungen der Arbeiterinnen verknüpft. Aber der 1914 beginnende Weltkrieg verändert den Kampf von Emmeline Pankhurst, die sich in den Dienst der britischen Regierung stellt. Angesichts dieser politischen Kehrtwende ihrer Mutter löst sich Sylvia von ihr und schließt sich den sozialistischen Arbeiter*innen an.

Mit 24 Jahren hat die junge Sylvia zu diesem Zeitpunkt bereits ein abgebrochenes Studium am Royal College und ihre erste Verhaftung hinter sich. 1911 veröffentlicht sie mit 29 Jahren ihr erstes Buch, *The Suffragette: The History of the Women's Militant Suffrage Movement*. Schon hier beginnen sich Differenzen zu der von ihrer Mutter gegründeten *Women's Social and Political Union* abzuzeichnen. Sylvia kritisiert, dass diese sich von ihren sozialistischen Prinzipien entferne. Mit Ausbruch des Ersten Weltkriegs vertiefen sich die politischen Divergenzen: Als Pazifistin ist Sylvia nicht damit einverstanden, dass die *Union* die britische Regierung in der Kriegsfrage unterstützt. Sie sagt: »Als ich in der Zeitung las, dass Frau Pankhurst und Christabel durch England reisen und eine Rekrutierungskampagne betreiben, begann ich zu weinen. Für mich ist das ein tragischer Verrat an der Bewegung. […] Lasst uns eine Liga für die Rechte der Frauen der Soldaten und Seeleute organisieren, um bessere Pensionen für sie durchzusetzen. Lasst uns Kampagnen für gleichen Lohn machen. […] Lasst uns weiter für den Frieden arbeiten, gegen den harten Widerstand alter Feinde und manchmal leider auch alter Freunde.«

Ihr Gefühl trügt sie nicht: Die *Women's Social and Political Union*, die die Zeitung *The Suffragette* herausgibt, ändert den Namen der Zeitung in *Britannia*. Ihr Wahlspruch lautet nun »Für den König, für das Land, für die Freiheit«. Sylvia und ihre Freundin Charlotte Despard gründen daraufhin die *Women's Peace Army* und widmen sich voll und ganz der Arbeit in den Reihen der Labour-Partei. Sie geben dort eine Zeitung für Arbeiterinnen heraus. Vor allem sucht Sylvia die Arbeiter*innenviertel auf, um die Arbeiterinnen zu organisieren und zu befähigen, für ihre Forderungen zu kämpfen. Das bringt sie dazu, die Linie der *Women's Social and Political Union* unter Führung ihrer Mutter und ihrer Schwester Christabel grundsätzlich zu kritisieren. Christabel strebt absolute Unabhängigkeit von den aus Männern bestehenden politischen Parteien an. Vor allem sie ist es, die Druck ausübt, damit die von Sylvia angeführte Gruppe die *Union* endgültig verlässt. Ihr missfällt der gemeinsame Kampf mit den Arbeiterinnen.

Natürlich trägt auch die soziale Polarisierung, die das Land durchzieht, zur Spaltung der *Union* bei. Zwischen 1911 und 1914 befinden sich alle wichtigen Sektoren des britischen Proletariats zum einen oder anderen Zeitpunkt im Streik, während sich die Bourgeoisie auf den imperialistischen Krieg vorbereitet. In dieser Situation fordert die Gruppe um Sylvia weiterhin das Frauenwahlrecht, kämpft für gleichen Lohn und hält – wie ein großer Teil der Organisationen der Arbeiter*innenbewegung – an ihrer pazifistischen Position fest. Die offizielle Position der *Union* steht dem diametral entgegen: Mit Kriegsbeginn vertritt sie die Ansicht, man müsse alle Partikularforderungen der Frauen für eine Zeit aufgeben, um sich hinter die kriegführende Regierung zu stellen. Sylvia unterstützt voller Inbrunst die Russische Revolution von 1917 und besucht später die Sowjetunion, wo sie auch Lenin kennenlernt. Bei ihrer Rückkehr nach England wird sie wegen ihrer »pro-kommunistischen« Artikel der Aufwiegelung angeklagt und zu einer fünfmonatigen Haftstrafe verurteilt. Der Einfluss der Russischen Revolution lässt sich an dem Namen der von ihr herausgegebenen Zeitung ablesen: Im Juli 1917 wird sie in *The Workers' Dreadnought* (Das Schlachtschiff der Arbeiter*innen) umbenannt. Sylvia erwirbt sich sogar den Beinamen »Little Miss Russia«. Als 1918 das Wahlrecht auf besitzende Frauen ab dreißig Jahren ausgeweitet wird, kritisiert Sylvia, dass dieses Recht nur sehr eingeschränkt für proletarische Frauen und Studentinnen gelte. Doch obwohl sie Mitgründerin der englischen Kommunistischen Partei ist, gibt Sylvia den Aktivismus später auf. Denn sie empört sich über die »Säuberungen«, die das stalinistische Regime gegen jegliche Opposition durchführt. In den 1930er Jahren unterstützt sie die spanische Revolution und hilft vom Nazi-Regime verfolgten Juden und Jüdinnen. Sie stirbt 1960, erlebt also das Wiedererstarken der weltweiten feministischen Bewegung in der sogenannten Zweiten Welle leider nicht mehr mit.[119]

Die Feministinnen, die auf ihren Pazifismus bestehen, können der Bewegung keine organisierte Alternative anbieten, weil die nationalistischen Kriegsbefürworter*innen beiderlei Geschlechts ihre Forderungen boykottieren. 1915 versammelt sich der *Internationale Frauenfriedenskongress* in Den Haag, an dem pazifistische Feministinnen verschiedener Länder teilnehmen. Sie gründen den *Internationalen Ausschuss für dauernden Frieden*, der Delegierte in die ganze Welt schickt. In Frankreich wird die gewählte Vertreterin aus dem *Nationalen Rat französischer Frauen* geworfen – unter der Anschuldigung, »Feministin im Dienste Wilhelms« zu sein, in Anspielung auf den deutschen Kaiser. Unterdessen ist die Mehrheit der weltweiten feministischen Bewegung damit beschäftigt, nationale Kriegsanleihen zu zeichnen, Deserteure zu verurteilen und Geldsammlungen für den Krieg durchzuführen.[120]

Emmeline und ihre Tochter Christabel Pankhurst zum Beispiel widmen sich der Rekrutierung von Freiwilligen. »Die Lage ist ernst. Wir Frauen müssen helfen, sie zu lösen«, sagen die Schilder bei der beeindruckenden Demonstration am 17. Juli 1915, die unter der Losung »Das Recht zu dienen« stattfindet. Die alte Forderung nach dem Frauenwahlrecht verwandelt sich in eine Waffe im Dienst des Krieges: »Wahlrecht für die Heldinnen, so wie für die Helden«, ist die neue

119 Behalten wir von Sylvia die folgenden Worte: »Ich wollte so gern diese Massen von Frauen aufwecken, damit sie nicht nur glücklichere Menschen, sondern Kämpferinnen für ihr eigenes Glück würden. Damit sie sich auflehnten gegen die schrecklichen Bedingungen und einen Teil der Vorteile der Zivilisation und des Fortschritts für sich und ihre Familien einforderten.«

120 Auf einem britischen Propagandaplakat steht: »Jeanne d'Arc rettete Frankreich. Frauen Großbritanniens, rettet euer Land. Zeichnet Kriegsanleihen.«

Art, dieses Recht einzufordern. Die Demonstration, die von den Pankhursts mit Hilfe des neu geschaffenen Rüstungsministeriums organisiert wird, ist ein Symbol für die scharfe Zuspitzung des Konflikts innerhalb der feministischen Bewegung: Es stehen sich nicht mehr nur Bürgerliche und Proletarierinnen gegenüber, jetzt stehen auch die bürgerlichen Frauen eines Landes gegen die bürgerlichen Frauen anderer Länder. Sie brechen so mit der kurzen, aber progressiven internationalistischen Tradition der Bewegung. Erinnern wir uns, dass der Feminismus bis 1914 noch wie eine internationale Bewegung aufgetreten war, vereint im Kampf für das Frauenwahlrecht. Der von den verschiedenen Organisationen der feministischen Internationale vertretene Pazifismus verschwindet genau in dem Moment, als der Weltkrieg ausbricht. Der Krieg wird zu einer Feuerprobe für die Bewegung. Es ist der Moment, in dem nicht nur die feministischen Forderungen auf Eis gelegt, sondern auch die internationalen Beziehungen abgebrochen werden. An ihre Stelle tritt ein Nationalfeminismus, der die Frauen dazu aufruft, dem Vaterland zu dienen, und sich so in den Dienst der Interessen der nationalen Bourgeoisien stellt.

Die Tradition der internationalen Freundschaft zwischen den verschiedenen Gruppen der Frauenbewegung versagt angesichts der Feuerprobe des Weltkriegs. Der Internationalismus und der Kampf gegen den Krieg werden nun ausschließlich vom revolutionären Sozialismus vertreten. Und die sich in diesem Kampf besonders auszeichnen, sind revolutionäre Frauen wie Clara Zetkin, Rosa Luxemburg, Inessa Armand, Nadeschda Krupskaja und andere.

Freiheit im Krieg, Unterdrückung im Frieden?

Während des Krieges ebenso wie danach verbreitet sich die Idee, dass die Frauen wichtige Schritte der Emanzipation erkämpft hätten, da der Krieg auch die Geschlechterverhältnisse in Unordnung brachte. Denn Bäuerinnen und Kleinbürgerinnen übernehmen diejenigen Aufgaben, die die Männer gezwungenermaßen aufgeben mussten. Andererseits steigt durch die neue Kriegsindustrie, die Munition und moderne Waffen in enormen Mengen produziert, die Nachfrage nach Arbeitskräften enorm an. Aus schierer Notwendigkeit reißt der Krieg vorübergehend die Schranken nieder, die männliche und weibliche Arbeit voneinander trennen.

Aber diese weiblichen »Errungenschaften« sind flüchtig. Die patriarchale Ordnung des Kapitalismus wird nur kurzzeitig gestört, weil Arbeitskräfte benötigt werden. In England beispielsweise gibt es während des Krieges Verhandlungen und Übereinkommen zwischen Gewerkschaften und Unternehmen. Durch diese konzertierten Aktionen und sozialen Reformen wird die Frauenarbeit in den Fabriken unter einem Regime der »Substitution« erlaubt. Das heißt, dass die Frauen »männliche« Arbeitsplätze übernehmen dürfen, wenn sie versprechen, sich nach dem Krieg wieder davon zurückzuziehen. Die Frauen werden dazu benutzt, die Maschinen am Laufen zu halten und die Gewinne der Kapitalist*innen in Zeiten von »Männermangel« zu garantieren. Als die Soldaten von der Front zurückkehren, gibt man ihnen bei der Vergabe von Arbeitsplätzen wieder den Vorzug. Und die Freiheitsversprechen an die Frauen werden vom Ruf zurück an den Herd abgelöst.

Während die Frauen der Bourgeoisie die feministische Bewegung von Kopf bis Fuß der Verteidigung der Nation unterordnen, sind die Proletarierinnen dieser neuen Generation, die nun die freien Stellen in den Fabriken und Unternehmen besetzen, die Ersten, die den Krieg kritisieren. Sie provozieren enorme Unruhen, durch Lebensmitteldiebstahl in den Geschäften und auf dem Land, durch illegalen Handel auf dem Schwarzmarkt und Sabotageaktionen. In manchen Fällen stiften sie aus Hunger sogar zu kleinen Aufständen an und machen damit die Städte zur Bühne regelrechter Bürger*innenkriege. In Frankreich stellen 1917 die Näherinnen und die Arbeiterinnen der Munitionsfabriken die Mehrheit der Streikenden.

Nach dem Krieg werden die Frauen wieder aus den Fabriken gedrängt. Dies wird begleitet von einer Propagandakampagne gegen emanzipierte Frauen und den Feminismus. Der offizielle Diskurs ist voll des Lobes für Mütter und Hausfrauen. Es ist kein Zufall, dass nun der Muttertag eingeführt wird, der bis heute in aller Welt begangen wird. Als eine der Konzessionen der liberalen und reformistischen Regierungen wird nach Kriegsende in Europa das Frauenwahlrecht eingeführt. Sie versuchen so, die proletarische Revolution im Keim zu ersticken, und etablieren stabile Regime der bürgerlichen Demokratie. Leo Trotzki beschreibt es wie folgt: »Die Zerschmetterung der Revolution 1848 hat die englischen Arbeiter geschwächt, die russische Revolution 1905 aber mit einem Schlage gestärkt. Die allgemeinen Wahlen 1906 gaben der Arbeiterpartei die Möglichkeit, zum ersten Mal im Parlament eine bedeutende Fraktion von 42 Mitgliedern zu bilden. Darin offenbarte sich zweifellos der Einfluss der Revolution 1905. 1918, noch vor Kriegsende, wurde in England eine neue Wahlrechtsreform eingeführt, die die Wahlkadres der Arbeiter bedeutend vergrößerte und zum ersten Male die Wahlbeteiligung der Frauen zuließ. Auch Mr. Baldwin [englischer konservativer Politiker, drei Mal Premierminister] wird wahrscheinlich kaum bestreiten, daß vor allem die russische Revolution 1917 den Anlaß für diese Reform gab. Die englische Bourgeoisie meinte, auf diese Weise einer Revolution entgehen zu können.«[121]

Zwischen den zwei Weltkriegen macht die Arbeiter*innenklasse unzählige Erfahrungen von großer historischer Tragweite. Während dieser Zeit erlebt sie den ökonomischen Aufschwung der 20er Jahre, die Entwicklung der Massenproduktion, die Konsolidierung der Sowjetunion als Arbeiter*innenstaat, entstanden aus der proletarischen Revolution von 1917, die Wirtschaftskrise von 1929 mit dem Zusammenbruch der New Yorker Börse und der Großen Depression, die

121 Leo Trotzki, *Wohin treibt England?*, Berlin, Deutsche Verlagsgesellschaft für Politik und Geschichte, 1925.

Arbeitslosigkeit, den Faschismus, die Volksfrontpolitik, die spanische Revolution, das Erstarken der Gewerkschaftsbewegung in den USA usw. Diese verschiedenen Ereignisse im Klassenkampf haben starke Auswirkungen auf die Lage der Frauen.

Die revolutionäre Erfahrung in Spanien[122] in den 30er Jahren zeigt erneut, dass wichtige demokratische Rechte für Frauen durch den revolutionären Aufstand gegen die existierende Ordnung erkämpft werden. 1931 erhalten die Frauen in Spanien das Wahlrecht, zeitgleich mit dem Beginn des revolutionären Prozesses in diesem Land. Als dann 1936 die revolutionäre Bewegung unter den Massen an Fahrt aufnimmt, die Volksfront[123] einen Wahlsieg erringt, eine breite Welle von Streiks und Landbesetzungen ganz Spanien überrollt, wird die Abtreibung legalisiert. Es herrscht eine Situation, in der die Macht *de facto* in den Händen der Komitees und der Arbeiter*innenmilizen liegt. Während ihres heroischen Aufstands bemächtigen sich die Arbeiter*innen von Asturien 1934 des Landes, aber sie bleiben noch isoliert und werden nach einigen Kämpfen von den Truppen Francos geschlagen. An diesem Aufstand beteiligen sich auch die Frauen und Töchter der Minenarbeiter, werden Teil der Komitees und greifen selbst zu den Waffen. In dieser Zeit erleben zudem die kommunistischen und anarchistischen

122 A. d. Ü.: Die spanische Revolution beginnt 1931 mit der Abdankung von König Alfonso XIII. und der Ausrufung der Zweiten Republik. Am 17. Juli 1936 starten rechte Militärs unter General Francisco Franco einen Putsch. Die Arbeiter*innenklasse antwortet mit landesweiten Aufständen und besetzt Fabriken sowie Großgrundbesitz. In einem blutigen Bürger*innenkrieg, der bis 1939 andauert, schlagen Francos Truppen die Revolution nieder.

123 A. d. Ü.: Die Volksfront in Spanien ist ein Parteienbündnis aus bürgerlichen Republikaner*innen, Sozialdemokrat*innen und stalinistischen Kommunist*innen, mit partieller Unterstützung der POUM (siehe nächste Fußnote) und der anarchistischen CNT/FAI. Das Bündnis fordert den Schutz der Republik, lehnt aber im Namen der Einheit mit den bürgerlichen Parteien jegliche Eingriffe ins Privateigentum ab. Nachdem die Volksfront im Februar 1936 die Wahlen gewinnt, bereiten rechte Militärs einen Putsch vor. Die Volksfront regiert die Zweite Republik bis zur Niederlage im Bürger*innenkrieg.

feministischen Zeitungen eine Blüte. Als die Volksmilizen gebildet werden, wird gleichzeitig die Eingliederung der Frauen in die Kampfverbände an der Front vorangetrieben. Ab September 1936 versucht dann aber die republikanische Regierung der Volksfront, eine reguläre Armee auf die Beine zu stellen, um so die Bewaffnung und eigenständige Organisierung der Arbeiter*innen und Bäuer*innen zu stoppen. Die Milizen werden verboten und Revolutionär*innen verfolgt. Dies hat die Zerschlagung der Anarchist*innen und der Anhänger*innen des Trotzkismus zur Folge. Zudem werden die Frauen von der Front verbannt.

Eine lebhafte Schilderung dieser Tage, der mutigen Aktionen der Arbeiterinnen, der verschiedenen Positionen der politischen Organisationen in Bezug auf die Stellung der Frauen sowie der perfiden Rolle, die der Stalinismus während dieser heroischen Phase in der Geschichte der weltweiten Arbeiter*innenklasse spielt, findet sich in den Memoiren von Mika Etchebéhère, einer Anführerin der POUM (Partido Obrero de Unificación Marxista – Arbeiterpartei der Marxistischen Einheit)[124]. In *Ma guerre d'Espagne à moi* (Mein spanischer Krieg) berichtet die Argentinierin voller Heldenmut, Emotionen und tiefgründiger Reflexionen von dieser Zeit. Sie erzählt, wie sie von Frankreich aus mit ihrem Ehemann aufbricht, um an den revolutionären Prozessen in Spanien teilzunehmen, und sich einer Kolonne der POUM anschließt. Kurz nach ihrer Ankunft stirbt ihr Ehemann in der Schlacht und sie wird zur Befehlshaberin der Kolonne, überwindet die Vorurteile der Milizionäre und verdient sich Respekt im Kampf.

124 Die POUM ist eine dem Trotzkismus nahestehende Strömung unter Führung von Andreu Nin. Sie entsteht aus einer Vereinigung der alten spanischen Linksopposition innerhalb der Kommunistischen Partei und dem *Bloque Obrero y Campesino de Cataluña* (Arbeiter- und Bauernblock Kataloniens) von Joaquín Maurín. Die POUM bricht ihre Beziehungen zum Trotzkismus ab, als sie in die Volksfront eintritt und mit der Bourgeoisie zusammenarbeitet, anders als Trotzki geraten hatte, der vom Grundsatz der Notwendigkeit der politischen Unabhängigkeit der Arbeiter*innenklasse ausging.

Eine weitere herausragende Figur dieser Zeit ist Carlota Durany Vives, Sekretärin des Anführers der POUM, Andreu Nin. Carlota ist Mitglied der *Comisión Directiva del Sindicato Mercantil* (Leitungsausschuss der Handelsgewerkschaft) und spielt eine wichtige Rolle während der Streiks in diesem Sektor. Diejenigen, die sie kennenlernen, erzählen später, dass die Anarchist*innen immer wieder versuchten, sie wegen ihrer beeindruckenden revolutionären Aktivitäten und ihrer Persönlichkeit für ihre Reihen zu gewinnen. In ihrem Haus findet am 29. September 1936 die heimliche Gründungskonferenz der POUM statt, weshalb sie von der stalinistischen Geheimpolizei Barcelonas besonders stark überwacht wird. Mitten im Bürger*innenkrieg beginnt Carlota, kurze Artikel für die Zeitung *Emancipación* zu schreiben, dem Presseorgan des Frauensekretariats der POUM. Wir entnehmen aus einem ihrer Artikel diese Sätze: »Am 19. Juli gingen die Frauen auf die Straße. Mit unübertrefflichem Enthusiasmus wollten sie an der Seite ihrer Genossen kämpfen, Verwundete pflegen, Blut spenden. Aber es lässt sich nicht Monat um Monat mit dieser Spannung leben. Stück für Stück gewöhnen wir uns an das, was früher unseren Enthusiasmus entfachte, und das tägliche Leben mit seinen Notwendigkeiten und Sorgen untergräbt unseren revolutionären Eifer … Genau das ist die Aufgabe der Frauen! Immer wieder das Neue, den revolutionären Geist zu erschaffen. Die spirituelle Atmosphäre wird von der Frau erzeugt […]. Und die Frau hat eine weitere Aufgabe von großer Wichtigkeit: in der zukünftigen Generation eine Basis für das revolutionäre Bewusstsein zu schaffen […]. Von klein auf muss das Kind lernen, dass die anderen nicht nur für es leben. Aus diesem gemeinschaftlichen Gefühl entsteht später das Klassenbewusstsein.«[125]

Die Repression der Stalinist*innen richtet sich besonders gegen die Aktivist*innen der POUM, die zerschlagen werden

125 Carlota Durany Vives, »El doble papel de la mujer«, in: *Emancipación*, 29. Mai 1937, eigene Übersetzung.

soll. Carlota war schon früher für einige Wochen inhaftiert. Nun wird sie erneut verhaftet, fünf Tage vor der Einnahme Barcelonas durch die faschistischen Truppen unter Befehl von General Franco. Bei ihrer Verhaftung bleibt ihr dreijähriger Sohn allein zurück und wird später von Nachbarn aufgenommen. Die Geheimpolizisten laden Carlota in ein Auto, verschleppen, befragen und beschimpfen sie. Sie soll ihnen verraten, wo ihr Partner sich aufhält. Sie antwortet jedes Mal nur, er sei an der Front, mehr wisse sie nicht. Das macht die Geheimpolizisten immer wütender und sie beginnen, eine Erschießung zu simulieren. Schließlich wird Carlota gemeinsam mit anderen Frauen der POUM in ein Gebäude der stalinistischen Geheimpolizei gebracht. Von dort kann sie fliehen, bevor der Ort den Faschisten in die Hände fällt. Sie kommt gerade rechtzeitig, um ihren Sohn wiederzufinden und mit einem Lastwagen des Evakuierungskomitees der Partei nach Frankreich zu fliehen. Erst nach 35 Jahren kehrt ihre Asche in ihr Heimatland zurück und wird an der Costa Brava ins Meer gestreut.

Der Faschismus ist nicht nur ein spanisches Phänomen. Er ist der politische Ausdruck des Großkapitals, das in bestimmten Situationen zur Wahrung seiner Interessen das bürgerliche demokratische Regime durch diktatorische Formen ersetzt. Der Faschismus hält Frauenemanzipation für eine von »Vaterlandsverrätern« verbreitete perverse Ideologie. Für die Nazis in Deutschland ist Mutterschaft beispielsweise das wichtigste Ziel, nach dem Frauen in ihrem Leben trachten sollten – allerdings nicht alle. 20 Prozent der deutschen Bevölkerung sind für sie als Eltern unerwünscht, weil sie nicht dem Bild der ›Reinheit der Rasse‹ entsprechen. Die Zwangssterilisation von Männern und Frauen wird eingeführt, begründet mit »Geistesschwäche«, Epilepsie, Schizophrenie oder wegen manisch-depressiver Symptome. Ebenso betroffen sind Schwarze, Juden und Jüdinnen oder Roma und Romnja. Diese Bevölkerungspolitik führt bei jungen Frauen zu »Schwangerschaften aus Protest«, bevor sie der Zwangssterilisation unterworfen werden können. Die Statistiken über weibliche Arbeit im faschistischen Deutschland zeigen eine weitere Seite der Grausamkeit des Nazi-Regimes: »Während des Zweiten Weltkriegs wurden insgesamt etwa 2,5 Millionen ausländische Frauen, neben vielen ausländischen Männern, in der deutschen Industrie und Landwirtschaft eingesetzt; die meisten von ihnen kamen als Zwangsarbeiter aus Osteuropa. Je niedriger ihr ›rassischer Wert‹ – der niedrigste wurde den Russen zugeschrieben, gefolgt von den Polen –, desto höher war der Anteil von Frauen unter ihnen, besonders beim Einsatz zur Schwerarbeit in der Rüstungsindustrie.«[126]

Auch im Widerstand gegen den Faschismus spielen Frauen eine Rolle. In der Sowjetunion sind sie aktiv daran beteiligt, indem sie das Territorium gegen die Invasion der Wehrmacht verteidigen. Kurz nach Beginn des Zweiten Weltkriegs wird das *Antifaschistische Komitee sowjetischer Frauen* gegründet, mit dem sich Frauen unter anderem aus England, den USA, Indien und Österreich solidarisieren. In Jugoslawien schließen sich mehr als hunderttausend Frauen freiwillig den Partisan*innen und dem Heer Titos an. In Frankreich sind Frauen als Maquisards (Partisaninnen) Teil der Résistance. Sie schaffen dort Netzwerke in den Unternehmen, in denen sie arbeiten. Sie sind Kurierinnen und Agentinnen, organisieren Widerstand in den Konzentrationslagern und kämpfen. In Italien beteiligen sich fast 35 000 Frauen am bewaffneten Widerstand, mehr als 70 000 Frauen gehören freiwilligen Frauen-Verteidigungsverbänden an. Sie werden Opfer von Folter, Verhaftungen, Deportationen und Erschießungen oder sterben im Kampf.

Während des Zweiten Weltkriegs werden ähnliche Stereotype über Frauen gefördert wie im Ersten Weltkrieg: Die Frau arbeitet in der Rüstungsfabrik im Dienste des Vaterlandes oder sie ist die beschützende Mutter, die während der Abwesenheit

126 Gisela Bock, »Nationalsozialistische Geschlechterpolitik und die Geschichte der Frauen«, in: Georges Duby, Michelle Perrot (Hg.), *Geschichte der Frauen*, Bd. 5, Frankfurt/New York, Campus, 1995.

des Soldaten das Heim bewahrt. In England wird es Privatunternehmen verboten, Frauen zwischen 20 und 30 Jahren einzustellen. Sie sollen unter der Kontrolle des Staates bleiben und falls nötig in der Rüstungsproduktion eingesetzt werden. Mit dem gleichen Ziel wird auch der Zugang der Frauen zu den Universitäten begrenzt – um mehr Arbeitskräfte zur Verfügung zu haben. 1944 sind in der Industrie und in anderen für die Verteidigung relevanten Sektoren zwei Millionen Arbeiterinnen mehr als vor dem Krieg beschäftigt. In den USA werden Frauen durch Zeitungs- und Radiokampagnen rekrutiert und die Zahl der US-Amerikanerinnen, die gegen Lohn arbeiten, wächst von 10 Millionen im Jahr 1941 auf 18 Millionen im Jahr 1944.[127]

Nach dem Krieg jedoch sollen die Frauen erneut ins Heim zurückkehren. In England und den USA verschwinden beispielsweise die Kindergärten, die geschaffen wurden, um die Arbeit der Frauen zu ermöglichen. Die Frauen machen also die gleiche Erfahrung wie am Ende des Ersten Weltkriegs. Diesmal aber leisten die Arbeiterinnen und Angestellten, die ihre Arbeitsplätze nicht verlassen wollen, größeren Widerstand. Ein »Unbehagen« stellt sich ein bei denen, die nicht wieder auf ihre Rolle als Mutter, Ehefrau und Konsumentin reduziert werden wollen. Dieses »Unbehagen« wird Jahre später in den insbesondere in den USA und in Westeuropa entstehenden feministischen Massenbewegungen seinen Ausdruck finden.

127 Ein US-amerikanisches Plakat zeigt eine Mutter mit einem Kind und einem Baby im Arm. Die Aufschrift lautet: »Ich habe einen Mann gegeben. Gebt ihr 10 Prozent eures Lohns für den Krieg!« Auf einem anderen ist zu lesen: »Frauen: Es gibt Arbeit zu tun und einen Krieg zu gewinnen.«

Kapitel V. Die Frauen im ersten Arbeiter*innenstaat der Geschichte

Anstelle der unauflöslichen Ehe, die auf der Hörigkeit der Frau basiert, sehen wir die freie Union zweier Mitglieder des Arbeiterstaates entstehen, vereint in Liebe und gegenseitigem Respekt. Anstelle der individuellen und egoistischen Familie sehen wir die große, universelle Familie der Arbeiter entstehen, in der alle Arbeiter, Männer und Frauen, vor allem Kameraden sind.
Alexandra Kollontai

Der Funke, der die Flamme entzündet

Mit der von den Bolschewiki angeführten Revolution der Arbeiter*innen im Oktober 1917 in Russland erlangen die Frauen einige grundlegende Rechte – und zwar früher als in den am weitesten entwickelten kapitalistischen Ländern der Welt. Tiefgreifende Reformen, die in den fortgeschrittenen Demokratien des Westens nur versprochen werden, werden in der wirtschaftlich rückständigsten Nation Europas Realität. Russland verwandelt sich so mit einem Schlag in die Avantgarde der Weltgeschichte.

Im Oktober 1910 treten die Arbeiterinnen einer Textilfabrik in den Streik, nachdem zwei von ihnen aufgrund der Verlängerung der Arbeitszeit gestorben sind. Sie erhalten die Unterstützung aller 5000 Arbeiter*innen der Belegschaft. 1913 streiken 2000 Textilarbeiterinnen für Lohnerhöhungen, bezahlten Mutterschaftsurlaub und andere Forderungen. Ihr Streik dauert fast 50 Tage. 5000 Arbeiterinnen streiken in einer Kautschukfabrik. Wiederum andere beginnen einen Aufruhr in einer Textilfabrik, als die Chefs ihnen kündigen wollen. 3000 Arbeiterinnen legen Parfümfabriken und Großbäckereien lahm. In einer Holzverarbeitungsfabrik protestieren die Arbeiterinnen gegen die krank machenden Arbeitsbedingungen und die sexistische Behandlung durch ihre Vorarbeiter, die ihnen gegenüber Obszönitäten äußern. Im Rahmen dieser Kämpfe wenden sich die russischen Sozialist*innen an die Arbeiterinnen, um ihre gewerkschaftliche und politische Organisierung voranzutreiben.

Seit der Revolution von 1905 widmet sich Alexandra Kollontai der Organisierung von Arbeiterinnen. Sie ist seit 1899 Mitglied der Sozialdemokratischen Arbeiterpartei Russlands (SDAPR). Wegen der Veröffentlichung ihres Buches *Finnland und der Sozialismus*, in dem sie zum Aufstand gegen das zaristische Regime aufruft, und wegen ihrer politischen Arbeit unter den Textilarbeiterinnen wird ihr der Prozess gemacht. Deshalb muss sie bis Februar 1917 im Exil leben. Die menschewistische[128] Strömung der SDAPR, zu der Alexandra zu diesem Zeitpunkt gehört, stellt in einem Leitartikel in ihrer Zeitung *Sozialdemokratische Stimme* klar, dass sie Kollontais Politik der unabhängigen Organisierung der Arbeiterinnen ablehnt. Die Menschewiki nehmen damit eine ähnliche Position wie die bereits erwähnten deutschen Revisionist*innen ein. Ganz im Gegensatz dazu befürwortet die Strömung der Bolschewiki in der SDAPR die Schaffung von politischen und gewerkschaftlichen Organisationen von Frauen.

1913 wird in Russland zum ersten Mal der Internationale Frauenkampftag begangen, der 1910 von Clara Zetkin bei der

128 Die Menschewiki sind die gemäßigte Fraktion der SDAPR, die sich 1903 aufgrund politischer und ideologischer Debatten in Menschewiki und Bolschewiki spaltet (Letztere unter der Führung Lenins). Auch wenn die ursprüngliche Spaltung während des zweiten Kongresses der SDAPR aus scheinbar »organisatorischen« Gründen erfolgt, vertreten die beiden Fraktionen grundsätzlich unterschiedliche Positionen in Bezug auf die Haltung gegenüber der liberalen Bourgeoisie. Die Menschewiki vertreten die Auffassung, dass in Russland eine bürgerlich-demokratische Revolution anstehe, weshalb die Führung dabei den Parteien der liberalen Bourgeoisie zukomme. Das Proletariat solle eine Kampfeinheit mit ihnen eingehen, um gegen die zaristische Alleinherrschaft zu kämpfen. Die Bolschewiki hingegen vertreten die politische Unabhängigkeit des Proletariats von allen Flügeln der Bourgeoisie. Die Teilung der Partei wird im Jahr 1912 endgültig.

Internationalen Konferenz Sozialistischer Frauen in Kopenhagen ins Leben gerufen wurde. In Sankt Petersburg, Moskau, Kiew und anderen Städten finden Kundgebungen statt – trotz der berechtigten Angst vor der Repression durch ein Regime, das für seine Grausamkeit und seinen Despotismus bekannt ist. Die Zeitung der Bolschewiki, *Prawda* (Wahrheit), bringt anlässlich des Tages eine Sonderbeilage heraus. Aber während der Enthusiasmus der Arbeiterinnen wächst, zeigt sich, wie unterschiedlich die russischen Sozialdemokrat*innen die Situation der Frauen verstehen. 1914 argumentieren die Menschewiki, dass nur Frauen an den Demonstrationen zum Frauenkampftag teilnehmen sollen. Im Gegensatz dazu sprechen sich die Bolschewiki dafür aus, dass dieser Tag von der gesamten Arbeiter*innenklasse begangen wird, und starten in der Zeitschrift *Prawda* eine spezielle Rubrik mit dem Titel »Arbeit und Leben der Arbeiterinnen«. Dort veröffentlichen sie auch Informationen über die Demonstrationen, Versammlungen und Vorbereitungen dieses Tages und es werden Leserinnenbriefe abgedruckt. Seit dem Internationalen Frauenkampftag 1914 gibt das Zentralkomitee der SDAPR auf Initiative Lenins in Sankt Petersburg die Zeitung *Rabotniza* (Die Arbeiterin) heraus. Finanziert wird sie durch freiwillige Beiträge der Arbeiterinnen und von den Mitgliedern der Redaktion selbst, die sich Arbeit als Näherinnen suchen, um die erste Ausgabe zu realisieren. Briefe, Spenden und Glückwünsche erreichen die Redaktion: »Herzliche Grüße an unsere Zeitung *Rabotniza.* Wir sind sicher, dass sie ein echtes Sprachrohr unserer Interessen und Bedürfnisse sein wird, und wir versichern unsere dauerhafte Unterstützung und materielle Mitarbeit. Wir beteiligen uns mit 2 Rubel und 74 Kopeken am Zeitungsfonds.«[129] Unter den Herausgeberinnen finden sich die herausragendsten Frauen des Bolschewismus, darunter Inessa Armand, Nadeschda Krupskaja und Anna Jelisarowa-Uljanowa. Kurz bevor die erste Aus-

129 Zitiert nach Bárbara Funes, »Rojas«, in: Andrea D'Atri (Hg.), *Luchadoras. Historias de mujeres que hicieron historia*, Buenos Aires, Ediciones IPS, 2006, eigene Übersetzung.

gabe an die Öffentlichkeit gelangt, werden bis auf Anna alle Mitglieder der Redaktion verhaftet und sämtliche Exemplare von der Polizei beschlagnahmt. Anna findet eine neue Druckerei und so kann die Ausgabe in der zur Feier des Internationalen Frauenkampftages geplanten Auflage von 12 000 Exemplaren schließlich doch erscheinen.[130] Am Frauenkampftag 1914 unterbindet die Regierung Versammlungen in den großen Arbeiter*innenvierteln von Sankt Petersburg. Deshalb gibt es nur eine Kundgebung, bei der drei Rednerinnen verhaftet werden. Die Demonstrantinnen bieten an, statt ihrer ins Gefängnis zu gehen. Angesichts des Aufruhrs unter den Arbeiterinnen führt die Polizei Massenverhaftungen durch.

In dieser ersten Ausgabe der *Rabotniza* erklärt Krupskaja den Unterschied zwischen den Bolschewiki und den bürgerlichen Feministinnen: »Die Frauen der Arbeiterklassen stellen fest, dass die aktuelle Gesellschaft in Klassen gespalten ist. Jede Klasse hat ihre eigenen Interessen. Die Bourgeoisie hat ihre und die Arbeiterklasse hat andere. Ihre Interessen sind gegensätzlich. Die Spaltung zwischen Männern und Frauen spielt für die Proletarierinnen keine große Rolle. Was die Arbeiterinnen mit den Arbeitern verbindet, ist viel stärker als das, was sie trennt.«[131] Der drohende Krieg bringt die Differenzen zwischen den Sozialdemokrat*innen und den bürgerlichen Feministinnen endgültig zum Vorschein: 1915 ruft die russische *Liga für die Gleichstellung der Frau*, neuerdings in Nationalismus entflammt, zu einer Demonstration der »Töchter Russlands« auf. Sie sprechen von »unserer Verpflichtung gegenüber dem Vaterland« und fordern »das Recht, gleich den Männern am neuen Leben im siegreichen Russland teilzuhaben«[132]. Die

130 Von *Rabotniza* erscheinen nur sieben Ausgaben, zwischen Februar und Juni 1914, dann wird der Erste Weltkrieg zu einem unüberwindlichen Hindernis für die revolutionäre Aktivität.

131 *Rabotniza Nr. 1*, Februar 1914, eigene Übersetzung.

132 Richard Stites, *The Women's Liberation Movement in Russia: Feminism, Nihilism and Bolshevism 1860–1930*, New Jersey, Princeton University Press, 1978, eigene Übersetzung.

Bolschewiki hingegen unterstützen die Position Lenins, dem zufolge der imperialistische Krieg zu einem Bürger*innenkrieg werden muss. Für sie geht es also darum, das Proletariat in jedem imperialistischen Land dafür zu gewinnen, die Waffen gegen die eigene Bourgeoisie zu richten. Diese Position tragen die Delegierten der Bolschewiki auch zur schon erwähnten dritten Internationalen Konferenz sozialistischer Frauen in Bern im März 1915. Nadeschda Krupskaja, Genossin und Ehefrau Lenins, erinnert sich: »Wir gaben unsere eigene Erklärung ab, mit deren Verteidigung Inès [Armand] betraut war. Nur die Vertreterin der Polen, Genossin Kamenskaja, trat für unsere Erklärung ein, sonst blieben wir allein. Alle verurteilten unsere ›Spaltungspolitik‹. Jedoch die Wirklichkeit bewies bald die Richtigkeit unseres Standpunkts. Der sanftmütige Pazifismus der Engländerinnen und Holländerinnen brachte die internationale Aktion um keinen Schritt vorwärts. Revolutionärer Kampf und die Trennung von den Chauvinisten – das waren die Faktoren, die eine schnellere Beendigung des Krieges herbeiführen konnten.«[133]

Schließlich einigt man sich auf einen Kompromiss zwischen den pazifistischen Positionen und den Positionen der russischen Delegation, und die Konferenz ruft die Losung »Krieg dem Kriege« aus. So stellt die dritte Internationale Konferenz sozialistischer Frauen, trotz aller Unzulänglichkeiten, einen ersten Schritt zur Neugruppierung der Internationalist*innen dar, die sich gegen den Verrat durch die Sozialdemokratische Partei Deutschlands richten. »Friede! Friede! Die Frauen mögen ihren Männern und Söhnen vorangehen und millionenfach verkünden: Das Volk der Arbeit aller Länder ist ein Volk von Brüdern. Nur der einige Wille dieses Volkes kann dem Morden Einhalt gebieten. Der Sozialismus allein ist der künftige Menschheitsfriede! […] Nieder mit dem Kriege! Durch zum Sozialismus!«[134]

133 Nadeschda Krupskaja, *Erinnerungen an Lenin*, Berlin/DDR, Dietz, 1960.

134 Zitiert nach Walter Bartel, *Die Linke in der deutschen Sozialdemokratie im Kampf gegen Militarismus und Krieg*, Berlin/DDR, Dietz, 1958.

In Russland nimmt zwischen 1914 und 1918, während die Männer an die Front geschickt werden, die Beteiligung der Frauen an der Produktion enorm zu, je nach Sektor um 70 bis 400 Prozent. Frauen stellen neuerdings 72 Prozent der Arbeiter*innen in der Landwirtschaft. In den Fabriken steigt ihr Anteil von 33 Prozent im Jahr 1914 auf 50 Prozent im Jahr 1917. In ganz Europa sehen sich Frauen gezwungen, außer Haus zu arbeiten, selbst in Sektoren, die vordem als ausschließlich männlich galten: Sie produzieren Waffen und Munition, lenken Straßenbahnen und Lokomotiven und treten in die Schwerindustrie ein. Die erschöpfenden Arbeitstage lassen die Krankheits- und Sterblichkeitsraten bei Frauen ansteigen. Zu Inflation, Mangel und Elend kommen Erschöpfung, Angst, Unsicherheit und Verzweiflung. Die Frauen müssen sich einer bis dato unbekannten Welt stellen, während ihre Liebsten zum Kriegsdienst eingezogen werden. Die Säuglingssterblichkeitsrate steigt in den Städten auf 50 Prozent, die Zahl der Abtreibungen und Totgeburten vervielfacht sich.

Es ist dieses neue »weibliche Proletariat«, das am 6. April 1915 eine Revolte in Sankt Petersburg beginnt, als der Verkauf von Fleisch ausgesetzt wird. Die Unruhen wiederholen sich in Moskau und in anderen Städten.[135] In Kiew liest man auf einem Flugblatt, das die Bolschewiki unter den Arbeiterinnen verteilen: »Das Schicksal des Arbeiters ist bedauernswert, die Situation der Frau ist sogar noch schlimmer. In der Fabrik, in der Werkstatt, arbeitet sie für einen Kapitalisten, zu Hause tut sie es für die Familie. Tausende Frauen verkaufen ihre Arbeitskraft an das Kapital, tausende Sklaven verleihen ihre Arbeitskraft, Tausende und Hunderttausende leiden

135 Diese Unruhen wiederholen sich auch in den wichtigsten europäischen Städten: Die Arbeiterinnen von Berlin organisieren eine große Antikriegsdemonstration, die vor das Parlament zieht. In Paris überfallen Frauen Lebensmittelgeschäfte und plündern Kohlelager. In Österreich kommt es zu einem dreitägigen Aufstand, als die Frauen gegen Krieg und Inflation zu demonstrieren beginnen. Frauen überall legen sich auf die Bahnschienen, um die Ausfahrt der Soldaten zu verzögern.

unter dem Joch der Familie und der sozialen Unterdrückung. Der Mehrheit der Arbeiterinnen erscheint es so, als müsste das so sein. Aber ist es wahr, dass die Arbeiterinnen keine bessere Zukunft erhoffen können und das Schicksal ihnen ein Leben der Arbeit und nur der Arbeit zugedacht hat, ohne auszuruhen, von morgens bis abends? Arbeitende Genossinnen! Unsere Kollegen arbeiten hart wie wir. Unser Schicksal und ihres ist das gleiche. Aber seit einiger Zeit haben sie den einzigen Weg hin zu einem besseren Leben gefunden, den Weg des organisierten Kampfes der Arbeiter gegen das Kapital, den Weg des Kampfes gegen jegliche Form von Unterdrückung, Unheil und Gewalt. Kolleginnen, es gibt keinen anderen Weg. Die Interessen der Arbeiter und der Arbeiterinnen sind dieselben. Nur durch den gemeinsamen Kampf der Arbeiter in den Organisationen der Arbeiterklasse – der Sozialdemokratischen Partei, den Gewerkschaften, den Vereinen der Arbeiter und den Kooperativen – werden wir unser Recht und ein besseres Leben erlangen.«[136]

Schon im Januar 1917 vermerkt die zaristische Polizei die verzweifelte Situation der russischen Frauen: In einem geheimen Bericht warnt sie, dass sie der Revolution offener gegenüberstünden als die Führer der Partei der liberalen Bourgeoisie. Gefährlicher als die Demokrat*innen sind für die zaristische Macht die Arbeiterinnen; sie sind der »Funke, der die Flamme entzünden kann«.

Brot, Frieden, Freiheit und Frauenrechte

Es sind diese Arbeiterinnen, vor allem die Textilarbeiterinnen, die am 23. Februar 1917 (8. März nach dem im Westen gebräuchlichen gregorianischen Kalender) auf die Straße gehen und Brot, Frieden und Freiheit fordern. Sie ebnen so den Weg für die größte Revolution des 20. Jahrhunderts, die an diesem

136 Zitiert nach »El marxismo y la emancipación de la mujer«, Dokument der Organisation El Militante, online abrufbar unter rebelion.org, eigene Übersetzung.

Tag beginnt. Sie erreicht im Oktober mit der Machtergreifung des Proletariats unter Führung der Bolschewiki ihren Höhepunkt. Unter der Provisorischen Regierung von Kerenski[137], welche aus der Februarrevolution hervorgeht, die den Sturz des zaristischen Regimes bewirkte, erlangen die russischen Frauen das passive und das aktive Wahlrecht. In den fortgeschrittensten Ländern der Welt wie England oder den USA erhalten sie es erst 1918 beziehungsweise 1920.

Mit der proletarischen Revolution im Oktober 1917 erobern sich die russischen Frauen noch vor den Frauen in den weiter entwickelten kapitalistischen Ländern das Recht auf Scheidung und auf Abtreibung, die Abschaffung der Verfügungsgewalt des Ehemannes, die Gleichstellung nichtehelicher Lebensgemeinschaften mit der Ehe usw. Bei der Erarbeitung dieser neuen Gesetzgebung spielt die Revolutionärin Alexandra Kollontai eine herausragende Rolle. Zu ihr werden wir später kommen. Aber der wichtigste Erfolg der Revolution sind nicht die neuen Gesetze, sondern dass sie die Basis für einen vollständigen und tatsächlichen Zugang aller Frauen zu allen kulturellen und ökonomischen Bereichen legt. Das Wahlrecht würde nur wenig nützen, wenn die Frauen – Haussklavinnen nach der Definition Lenins – weiterhin diejenigen wären, die die Pflichten in Haushalt und Familie zu schultern hätten, wenn sie weiterhin kaum Zugang zu Bildung hätten und keinen zur Produktion.[138] Außerdem ist die bolschewisti-

137 Alexander Kerenski (1881–1970) ist nach dem Sturz des Zaren von Februar bis Oktober 1917 (nach dem julianischen Kalender) Chef der Provisorischen Regierung. Er wird im Zuge der proletarischen Revolution unter Führung der Bolschewiki abgesetzt und die Arbeiter*innen- und Soldatenräte (die Sowjets) übernehmen die Macht.

138 »Das Wahlrecht kann die ursprünglichen Gründe der Fesselung der Frau an die Familie und die Gesellschaft nicht zerstören. Die Einführung der Zivilehe anstelle der unlösbaren Ehe gleicht in den kapitalistischen Ländern, bei der wirtschaftlichen Abhängigkeit der Proletarierin vom Kapitalisten und vom Mann-Ernährer, bei dem Fehlen des Mutter- und Jugendschutzes und der sozialen Erziehung, die Lage der Frau in ehelicher Hinsicht nicht aus und kann das Problem der gegenseitigen Beziehungen der Geschlechter nicht lösen. Die nicht nur formelle, sondern tatsächliche Gleichstellung der Frau

sche Parteiführung überzeugt, dass nur eine siegreiche Revolution im Zentrum des modernen Europas die erschöpften Kräfte des russischen Proletariats und die von den Kriegsanstrengungen verwüstete Wirtschaft neu beleben kann. Dies würde es erlauben, das kulturelle Niveau der Massen zu heben, die vom Zarismus, dem Aberglauben und den Patriarchen der orthodoxen Kirche jahrhundertelang gepeinigt wurden.

Aber das Land, erschöpft von seiner Teilnahme am imperialistischen Krieg, muss erst einmal einen »offenen und erbitterten Bürgerkrieg« erleiden, in dem »das Wirtschaftsleben vollständig den Bedürfnissen der Fronten untergeordnet [blieb]«[139]. Zwischen 1918 und 1921, als der brandneue Arbeiter*innenstaat die Zeit des »Kriegskommunismus« durchlebt, konzentriert er seine Kräfte auf die Militärindustrie und die Bekämpfung des Hungers, der in den Städten wütet. Zur gleichen Zeit wird die Revolution im entwickelten Deutschland niedergeschlagen und die konservativen Kräfte der alten europäischen Ordnung können wieder ein gewisses Gleichgewicht herstellen. In Russland produziert die Industrie weniger als ein Fünftel von dem, was sie vor dem imperialistischen Krieg produzierte. In Moskau leben nur noch halb so viele Menschen wie vor dem Krieg, in Petrograd nur noch ein Drittel der früheren Bevölkerung. Anfang 1919 umzingelt die europäische Reaktion die entstehende Sowjetrepublik. Mitten in dieser Situation sind die Hoffnungen der Führung der

ist nur im Kommunismus möglich, d. h. nur dann, wenn die Frau der werktätigen Masse in den Stand gesetzt wird, am Besitze der Produktionsmittel, an der Verteilung und Leitung teilzunehmen und die Arbeitspflicht in gleicher Weise wie alle übrigen Glieder der werktätigen Gesellschaft zu erfüllen; mit anderen Worten, sie ist nur dann möglich, wenn das System der kapitalistischen Produktion gestürzt und durch die kommunistische Wirtschaftsweise ersetzt wird.« – »Thesen über die Methoden und Formen der Arbeit unter den Frauen der Kommunistischen Parteien«, in: *Thesen und Resolutionen des III. Weltkongresses der Kommunistischen Internationale*, Hamburg, Kommunistische Internationale, 1921.

139 Leo Trotzki, *Verratene Revolution. Was ist die Sowjetunion und wohin treibt sie?*, Essen, Arbeiterpresse, 1990.

Bolschewiki auf die Revolution in Deutschland nicht nur eine Träumerei übernächtigter Anführer*innen: Dass die Sowjetmacht sich in den ersten Monaten ihrer Existenz halten kann, ist dem europäischen Proletariat zu verdanken, insbesondere der heroischen deutschen Arbeiter*innenklasse. Diese bringt, gekleidet in die Uniformen der Matrosen und Soldaten, mitten im Drama des imperialistischen Krieges das deutsche Kaiserreich zu Fall. Das Schicksal der Russischen Revolution ist für Lenin und Trotzki unauflöslich an den Ausgang gebunden, den die Schlacht der Klassen in einem der am weitesten entwickelten kapitalistischen Länder der Epoche nehmen wird.

Und trotzdem verdoppeln sie inmitten der dramatischen Situation, die den Horizont Sowjetrusslands verdunkelt und die Revolutionär*innen einen fast sicheren Rückfall hinter die von ihnen erkämpften Fortschritte fürchten lässt, ihre Anstrengungen: Im ersten Arbeiter*innenstaat der Geschichte wird eine besonders fortschrittliche Gesetzgebung beschlossen. »Das sowjetische Regime existierte noch nicht einmal einen Monat, als ein Dekret veröffentlicht wurde, zu dem die Provisorische Regierung in den acht Monaten an der Macht nicht fähig gewesen war: das neue Scheidungsrecht und vor allem die Scheidung in beiderseitigem Einvernehmen. (Fast zur gleichen Zeit ersetzte die Zivilehe die religiöse Ehe.)«[140]

Die Vision der Bolschewiki basiert auf einer Reihe grundlegender Prinzipien. Das erste Prinzip ist, dass die Emanzipation der Frauen eine zentrale Aufgabe der Revolution und keine Nebensache ist. Das zweite Prinzip besagt, dass die Frauen sich nur durch den Einbezug in die gesellschaftliche Produktion emanzipieren können und nicht durch eine rechtliche Anerkennung des Wertes der in der kapitalistischen Gesellschaft geringgeschätzten Hausarbeit. Und zuletzt, dass die Abschaffung der Hausarbeit die Voraussetzung dafür ist, dass die Frauen ins öffentliche Leben einbezogen werden können.

140 Marcel Liebman, *Leninism under Lenin*, London, Merlin Press, 1989, eigene Übersetzung.

Wie Wendy Goldman in ihrem Buch *Women, the State and Revolution*, schreibt: »Aus einer vergleichenden Perspektive war das Gesetzbuch von 1918 seiner Zeit außergewöhnlich weit voraus. In Amerika und vielen europäischen Ländern gab es keine vergleichbare Gesetzgebung in Bezug auf die Geschlechtergleichheit, die Scheidung, die Anerkennung unehelicher Kinder und das gemeinsame Eigentum in der Ehe. Trotz all der radikalen Innovationen des Gesetzbuches wiesen die Juristen bald darauf hin, dass ›diese Gesetzgebung nicht sozialistisch ist, sondern die Gesetzgebung einer Übergangsperiode‹. Denn im Gesetzbuch wurde das Eheregister beibehalten, ein Unterhaltsrecht für Frau und Kinder und andere Regelungen, die mit der immer noch bestehenden Notwendigkeit der Familieneinheit zusammenhingen, sei sie auch nur vorübergehend. Als Marxisten waren die Juristen in der seltsamen Position, Gesetze zu entwerfen, von denen sie dachten, dass sie schon bald überholt sein würden.«[141] Die Diskussion und die Erarbeitung neuer Gesetze zeigen den erweiterten Horizont auf, der durch die Revolution möglich geworden war. Dahinter steht aber stets die Überzeugung, dass die Existenz des Arbeiter*innenstaates vorübergehend sein würde und dass die rechtliche Gleichheit immer noch etwas anderes sei als die Gleichheit im Leben. Die Politik der Bolschewiki gründet sich auf die Idee, dass »die Emanzipation der Frauen von der Abschaffung des Privateigentums und der gemeinschaftlichen Organisation der Hausarbeit abhinge. Im Sozialismus basierten die Beziehungen zwischen den Geschlechtern auf wahrhaftiger gegenseitiger Zuneigung und nicht auf dem Eigentum. Die Beziehungen würden zu einer ›rein privaten Angelegenheit‹, die nur ›die beteiligten Personen anginge‹. […] Diese Verpflichtung auf die persönliche und sexuelle Freiheit des Individuums stellte ein starkes Befreiungsmotiv der sozialistischen Ideologie des 19. Jahrhunderts dar.«[142]

141 Wendy Goldman, a. a. O., eigene Übersetzung.

142 Ebenda, eigene Übersetzung.

Die ökonomische Situation ist schwierig. Sie ist sogar ein großes Hindernis dafür, die notwendigen Schritte zu vertiefen, angefangen mit der Vergesellschaftung der Hausarbeit durch Kindertagesstätten, Wäschereien, öffentliche Gaststätten und Gemeinschaftshäuser. Und trotzdem bringen einige der vom Arbeiter*innenstaat inmitten der Wirtschaftskrise eingeführten Neuerungen eine immense, nie dagewesene pädagogische Revolution mit sich: Alle, die lesen und schreiben können, werden für eine gigantische Alphabetisierungskampagne mobilisiert. Es werden Kollektionen literarischer Klassiker veröffentlicht, um sie zu niedrigen Kosten der Gesamtheit der Bevölkerung zugänglich zu machen. Die gemischtgeschlechtliche Schule wird eingeführt und die Ausbildung erhält einen kollektiven und polytechnischen Charakter. Mit beträchtlichem historischem Vorsprung schafft die proletarische Revolution die Abschlussprüfungen ab. Die Schulen werden von Räten geleitet, gewählt aus allen Arbeiter*innen der Einrichtung, Vertreter*innen der lokalen Arbeiter*innenorganisationen und den Schüler*innen über 12 Jahren. Die Errichtung von Kinderstädten, die sich mit der Hilfe von Erzieher*innen selbst organisieren sollen, wird breit diskutiert, allerdings nie umgesetzt. Nach nur wenigen Monaten der Arbeiter*innenmacht werden die Gebühren an den Universitäten abgeschafft. Hier kann man wirklich sagen, dass die Phantasie an der Macht war!

Erschütternde Widersprüche

Aber Revolutionen sind etwas sehr Reales. Sie müssen sich, um alles radikal zu verändern, mit den gegebenen materiellen Bedingungen herumschlagen. Und die materiellen Widersprüche im Russland jener Tage, gegen die sich die Revolution durchsetzen muss, sind erschütternd und gewaltig: Die billigen Bücher, die gedruckt wurden, um Millionen Russ*innen zu alphabetisieren, werden letztlich oft verbrannt, um sich vor der Kälte zu schützen. Denn es mangelt überall an Heizmaterial. Nicht nur die Revolution, sondern auch der Weltkrieg, der Bürger*innenkrieg und die Epidemien krempeln das alte Russland vollständig um. Die Kräfte aller sozialen Klassen, die gegeneinander gekämpft haben, sind ausgelöscht oder restlos versiegt. Es herrscht ständiger Hunger. Das schwächt und demoralisiert die Arbeiter*innenklasse. Hinzu kommen die Kälte und der Mangel an Heizmaterial. So können sich Krankheiten leicht ausbreiten: Zwischen 1918 und 1919 sterben eineinhalb Millionen Menschen an Typhus. Bis Ende 1920 haben allein Krankheit, Hunger und Kälte siebeneinhalb Millionen Russ*innen getötet. Dagegen hatte der Krieg vier Millionen Opfer gefordert.

Tausende Jungen und Mädchen leben auf der Straße und betteln um Brot. Sie sind Waisen des Kriegs, der Revolution und der Hungersnöte. Dieses soziale Phänomen stellt den entstehenden Arbeiter*innenstaat vor ein schwieriges Problem. Die *besprizornost'*, die Straßenkinder, durch die Umstände ans Herumlungern und Stehlen gewöhnt, an das harte Leben auf der Straße, werden mit der ersten Erholung der Landwirtschaft aufs Land geschickt.

1921 ist die Wirtschaft des jungen Sowjetstaates am Boden zerstört. »Uns mangelt es […] an Zivilisation, um unmittelbar zum Sozialismus überzugehen«[143], sagt Lenin in Bezug auf die Rückständigkeit der Industrie, die geringe Bevölkerungszahl in den Städten und das Übergewicht der Landwirtschaft. Deshalb schlägt er die Neue Ökonomische Politik (NEP) vor, unter der in einigen landwirtschaftlichen Sektoren das Privateigentum wiedereingeführt und die Beschränkungen für den Außenhandel gelockert werden. Mit der kontrollierten Einführung bestimmter Marktmechanismen soll die ruinierte Wirtschaft wiederbelebt werden. Zur gleichen Zeit schlägt die Regierung in Deutschland die Erhebung der Arbeiter*innen unter Führung der Kommunistischen Partei brutal nieder.

143 W. I. Lenin, »Lieber weniger, aber besser«, in: *Werke*, Bd. 33, Berlin/DDR, Dietz, 1977.

Die revolutionären Kräfte Europas sind dadurch empfindlich geschwächt und die Isolation Sowjetrusslands verstärkt sich.

Mit der NEP entsteht eine neue Mittelschicht, die aus der neuen Situation persönlichen Profit schlägt. 1922 liegt die Ernte um ein Viertel unter der normalen Vorkriegsproduktion. Während die »Nepmänner« ihre soziale und ökonomische Macht ausweiten, sieht sich die industrielle Arbeiter*innenklasse – die Hauptprotagonistin der siegreichen Revolution – in ihren Kräften beschränkt. Ihre mutige und politisierte Avantgarde ist teils im Bürger*innenkrieg ums Leben gekommen. Andere übernehmen als Funktionär*innen Verantwortung im entstehenden Sowjetstaat und passen sich der bürokratischen Umgebung an. Tausende Proletarier*innen verlassen während der Hungersnöte die Städte und kehren in die Dörfer zurück, aus denen sie ursprünglich stammen. Die Industrie erholt sich nicht im gleichen Rhythmus wie die Landwirtschaft. Die Schwerindustrie ist wie gelähmt und die Produktion der Leichtindustrie erreicht kaum ein Viertel des Vorkriegsniveaus.

Unter diesen Umständen ändert sich auch die soziale Zusammensetzung der bolschewistischen Partei. Vor der Revolution hat sie fast 20 000 Mitglieder. Diese Zahl vervierfacht sich nach dem Sieg im Oktober. Am Ende des Bürger*innenkriegs haben sich eine halbe Million Menschen der Partei angeschlossen und 1922 liegt die Mitgliederzahl bei 700 000. »Das war aber zum größten Teil bereits keine wirkliche Zunahme mehr. Mittlerweile war der Andrang zum Triumphwagen des Siegers voll in Gang gekommen. Die Partei hatte unzählige Posten in der Regierung, der Industrie, in den Gewerkschaften etc. zu besetzen; und es war vorteilhaft, sie mit Leuten zu besetzen, die sich der Parteidisziplin unterwarfen. In dieser Masse von Neuhinzugekommenen werden die echten Bolschewiki auf eine kleine Minderheit reduziert.«[144] Unterdessen muss sich Lenin aus gesundheitlichen Gründen aus dem poli-

144 Isaac Deutscher, *Der unbewaffnete Prophet*, Stuttgart, W. Kohlhammer, 1962.

tischen Leben zurückziehen und Stalin wird 1922 Generalsekretär der Partei. Lenin, entkräftet und ohne Stimme, stirbt am 21. Januar 1924. Aber am Ende seines Lebens, die Kräfte dezimiert durch mehrere Schlaganfälle und eine daraus resultierende Sprachstörung, führt er seinen letzten Kampf. Er setzt sich für die Wiedereinführung des 1922 abgeschafften Außenhandelsmonopols ein, kämpft gegen die Unterdrückung der nichtrussischen Nationalitäten und gegen die Bürokratisierung, die die Partei und den sowjetischen Staat zu durchsetzen beginnt. »Kolossale Kräfte hatten sich in Bewegung gesetzt: die der imperialistischen Belagerung; die einer Agrarbourgeoisie, die immer wieder neu entstand; die einer fein verästelten Bürokratie, die sich in allen Gefügen des Verwaltungsapparates immer mehr ausbreitete. Trotzdem setzt Lenin bis zu seinem letzten Atemzug auf das Bewusstsein der Avantgarde […]. Und als sich zeigt, dass die Partei selbst angesteckt ist vom bürokratischen Virus, verzichtet Lenin trotzdem nicht auf sein Vorhaben. Er richtet sich an die Avantgarde der Avantgarde, an die gesunden Elemente, die es in der Parteiführung noch geben kann. […] Das Jahr 1923 besiegelt das Ende der revolutionären Krise, die fünf Jahre lang ganz Europa erschüttert hat. Bis dahin hat die junge russische Revolution Widerstand geleistet und hartnäckig an der Hoffnung einer siegreichen Revolution in Deutschland festgehalten, ohne die ihre eigene Zukunft theoretisch undenkbar erscheint. Das Scheitern des deutschen Oktobers macht den Weg frei für den zukünftigen Aufstieg des Nazismus und ist das Vorspiel für die Niederlage der linken Opposition in Russland. Die Bürokratie erhebt diese dauerhafte Isolierung zu einer Theorie und macht sich daran, die Revolution in die Grenzen des ›Sozialismus in einem Land‹ einzusperren. Dies widerspricht ohne jeglichen Zweifel der gesamten Geschichte und Theorie der Partei. Aber was ist nach dem Bürgerkrieg von der Partei und ihren Beziehungen zu den Massen noch übrig? Die Hälfte des Industrieproletariats ist verschwunden. […] Lenin setzt sich diesen von der Geschichte entfesselten Kräften entgegen. Von seinem

Krankenbett aus schlägt er Trotzki einen Pakt vor, um eine letzte Schlacht gegen die Bürokratie zu schlagen.«[145] Aber die Wurzeln der Bürokratie liegen in der weltweiten Niederlage der Revolution wie in der sozialen, ökonomischen und kulturellen Rückständigkeit Russlands.

Für die Frauen bringt diese Periode eine Zunahme der Arbeitslosigkeit. Außerdem gerät eine sichtbar größere Zahl städtischer Arbeiterinnen in die Prostitution. In den 20er Jahren waren 86 Prozent der Frauen, die sich prostituieren müssen, zuvor Arbeiterinnen oder haben als Handwerkerinnen, vor allem als Schneiderinnen, auf eigene Rechnung gearbeitet.[146] Arbeiterinnen werden aus der Produktion entlassen und müssen miterleben, wie die kostenlosen Leistungen der Kindertagesstätten und der Heime für alleinstehende Mütter drastisch reduziert werden. Sie werden durch den Hunger und das herrschende Elend in die Prostitution getrieben.

Aber diese Schwierigkeiten hemmen nicht die Kühnheit des Denkens der bolschewistischen Führung. Ein Denken, das sich über die Bedrängnisse der Realität erhebt: »Es besteht allerdings nicht der geringste Zweifel darüber, dass wir selbst bei dem heutigen Wirtschaftsniveau bedeutend mehr Einfluss der Kritik, Initiative und Vernunft in unser Leben hineintragen könnten. Gerade hierin besteht eine der Aufgaben der Epoche. Noch klarer aber ist es, dass die radikale Umgestaltung des Lebens: die Emanzipation der Frau von ihrer Lage als Haussklavin, die öffentliche Erziehung der Kinder, die Befreiung der Ehe von den Elementen des wirtschaftlichen Zwanges usw. – sich nur der gesellschaftlichen Akkumulation und dem zunehmenden Übergewicht der sozialistischen Wirtschaftsformen über die kapitalistischen entsprechend verwirklichen lässt«[147], schreibt Trotzki 1923. Und er pocht

145 Zitiert aus dem Vorwort von Daniel Bensaïd für die französische Ausgabe von Moshe Lewin, *El último combate de Lenin*, Barcelona, Lumen, 1970, eigene Übersetzung.

146 Wendy Goldman, a. a. O., eigene Übersetzung.

147 Leo Trotzki, *Fragen des Alltagslebens*, Essen, Arbeiterpresse, 2001.

auf die revolutionäre Rolle der kollektiven Kreativität, um die Gewohnheiten zu verändern: »Alle neuen Formen, Keime solcher Formen und sogar Andeutungen derselben müssen in die Spalten der Presse kommen, zur allgemeinen Kenntnis gebracht werden, die Fantasie und das Interesse wecken und damit das kollektive Schöpfertum neuer Lebensform vorwärtstreiben. [...] Nicht jeder Einfall wird sich als gelungen erweisen, nicht jedes Unterfangen Fuß fassen. Was wäre da Schlimmes dran? Die notwendige Auslese wird von selbst kommen. Das neue Leben wird jene Formen adaptieren, die ihm geeignet erscheinen werden. Das Resultat davon wird sein, dass das Leben reicher, besser, geräumiger, bunter, klangvoller werden wird.«[148]

Die Generation, die die Revolution von 1917 angeführt hat, verfolgt zu den Fragen des Alltags eine Vision, die von folgender Idee geprägt ist: »die erste Aufgabe, die tiefste und drängendste, ist es, mit dem Schweigen, welches die Fragen des Alltagslebens umgibt, zu brechen«.[149] Gleichzeitig vertritt die Bürokratie, die sich nach Lenins Tod in der Staatsmacht ausbreitet, eine genau entgegengesetzte Position.

Philosophie des Pfaffen, Macht des Polizisten

Die wachsende Ungleichheit zwischen einer Schicht von Verwalter*innen des Staates und den Parteimitgliedern einerseits und der Gesamtheit der sowjetischen Arbeiter*innenklasse andererseits drückt sich auch unter den Frauen aus. »Die Lage einer Familienmutter, die eine geachtete Kommunistin ist, ihre Köchin hat, Bestellungen in den Kaufläden per Telefon erledigt, Auto fährt usw., hat wenig mit der Lage einer Arbeiterin gemein, die von Laden zu Laden laufen, selbst die Mahlzeiten zubereiten, die Kinder zu Fuß aus dem Kindergarten abholen muß – wenn überhaupt einer da ist. Keine sozialis-

148 Ebenda.

149 Ebenda.

tischen Etiketten können diesen sozialen Kontrast verdecken, der nicht geringer ist als der Kontrast zwischen einer bürgerlichen Dame und der Proletarierin in einem beliebigen Lande des Westens.«[150]

Ab 1926 wird unter dem bürokratischen Regime von Stalin die Zivilehe wieder als die einzige legale Form der Lebensgemeinschaft institutionalisiert. Später wird auch das Recht auf Abtreibung abgeschafft und die Frauensektion im Zentralkomitee der Partei aufgelöst, ebenso wie ihre Entsprechung auf den verschiedenen Parteiebenen. Ab 1934 wird Homosexualität wieder kriminalisiert und Prostitution strafrechtlich verfolgt. Die Familie nicht zu respektieren, fällt in den Augen dieser thermidorianischen[151] Bürokratie unter »bürgerliches« oder »linksradikales« Verhalten. Stalin erklärt 1936: »Die Abtreibung, die Leben vernichtet, ist in unserem Lande nicht erlaubt. Die sowjetische Frau hat dieselben Rechte wie der Mann, aber das entbindet sie nicht von der großen und edlen Pflicht, die die Natur ihr auferlegt hat: Sie ist Mutter, sie schenkt Leben.«[152] Das Abtreibungsverbot ist Teil einer breiteren Kampagne mit dem Ziel, die freiheitlichen Ideen zu diskreditieren und auszulöschen, die die Sozialpolitik der ersten Revolutionsjahre prägten. Trotzki bezeichnet die Wiedereinführung des Abtreibungsverbots als »Philosophie eines Pfaffen, der zudem die Macht des Polizisten ausübt«[153].

150 Leo Trotzki, *Verratene Revolution*, a. a. O.

151 A. d. Ü.: Thermidor ist der Name des elften Monats im französischen Revolutionskalender. Der Sturz des Jakobiners Maximilien de Robespierre am 27. Juli 1794 (9. Thermidor des Jahres 2) wird ebenfalls als »Thermidor« bezeichnet, die so an die Macht gekommene Fraktion »Thermidorianer«. Mit dem Sturz Robespierres endet die Offensive der Französische Revolution, die Phase der Reaktion wird allmählich eingeleitet. In seinem Werk *Verratene Revolution* verwendet Leo Trotzki den Begriff Thermidor analog für den Aufstieg der stalinistischen Bürokratie in der Sowjetunion.

152 Zitiert nach Françoise Navailh, »Das sowjetische Modell«, in: Georges Duby, Michelle Perrot (Hg.), *Geschichte der Frauen*, Bd. 5, a. a. O.

153 Leo Trotzki, *Verratene Revolution*, a. a. O.

Der Rückfall hinter die Errungenschaften der Revolution geht einher mit der Wiedereinführung der Todesstrafe ab dem Alter von zwölf Jahren, der Genehmigung der Folter und massenhaften und willkürlichen Erschießungen. Dadurch werden die Bolschewiki der alten Generation und alle, die es wagen, ihre Opposition zum stalinistischen Regime zum Ausdruck zu bringen, beseitigt. Jahre später, 1944, wird die Familienbeihilfe erhöht, der »Orden für Mutterruhm« für Frauen mit sieben bis neun Kindern eingeführt sowie der Titel der »Heldenmutter« für Frauen mit zehn oder mehr Kindern. Unehelichen Kindern werden die Rechte wieder entzogen, die sie durch die Revolution erlangt hatten, und die Scheidung wird zu einer teuren und komplizierten Angelegenheit gemacht.

Es ist offensichtlich, dass es keine Kontinuität gibt zwischen den ersten Dekreten, die im entstehenden Arbeiter*innenstaat 1917 gefeiert wurden – als die Gesetze als etwas ebenso Vorübergehendes gedacht wurden wie der Staat selbst und die gesamte revolutionierte Gesellschaft –, und diesen ungeheuerlichen Vorschriften, die von der Bürokratie erlassen werden. Um diesen Bruch durchzusetzen, werden unzählige Menschen deportiert, in Zwangsarbeitslager gesteckt, Tausende werden gefoltert, verhaftet und ermordet. Der Revolution muss eine Konterrevolution entgegengesetzt werden.

Die Bolschewiki sahen die Einführung der politischen Gleichheit zwischen Männern und Frauen im Sowjetstaat als die leichteste Aufgabe. Tatsächliche Gleichheit im Alltagsleben herzustellen, sei dagegen unendlich viel schwieriger, weil sie nicht allein von revolutionären Dekreten abhängt. Dafür ist eine große bewusste Anstrengung des gesamten Proletariats nötig, die einen mächtigen Wunsch nach Fortschritt und einer anderen Kultur voraussetzt. Nichts ist weiter entfernt von der Vorstellung eines »fast erreichten« Sozialismus – wie es Stalin später ausdrückt, während er die Abtreibung verbietet, die Rückkehr der Frauen an den Herd propagiert und dafür sorgt, dass sich ihr Leben wieder auf die Tätigkeiten im Haushalt reduziert.

Trotzki verurteilt dies ohne Umschweife oder Illusionen: »Die Oktoberrevolution hatte sich die Emanzipation der Frau auf ihre Fahne geschrieben und schuf die progressivste Ehe- und Familiengesetzgebung der Geschichte. Das heißt natürlich nicht, dass die sowjetische Frau sofort ein ›glückliches Leben‹ zu erwarten hatte. Die wahre Emanzipation der Frau ist unvorstellbar ohne eine generelle Hebung des wirtschaftlichen und kulturellen Niveaus, ohne die Zerstörung der wirtschaftlichen Einheit der kleinbürgerlichen Familie, ohne die Einführung von vergesellschafteter Nahrungszubereitung und ohne Erziehung. Und unterdessen sorgt sich die Bürokratie, geleitet von ihrem konservativen Instinkt, um den ›Zerfall‹ der Familie. Sie beginnt Loblieder zu singen auf das gemeinsame Abendessen und das Wäschewaschen für die Familie, das heißt auf die Haussklaverei der Frau.«[154] Und in seinem Buch *Verratene Revolution* schreibt er: »Leider erwies sich die Gesellschaft als zu arm und zu unkultiviert. Die realen Mittel des Staates entsprachen nicht den Plänen und Absichten der Kommunistischen Partei. Man kann die Familie nicht ›abschaffen‹, man muß sie ersetzen. Auf der Grundlage der ›verallgemeinerten Not‹ ist eine wirkliche Befreiung der Frau nicht zu verwirklichen. Die Erfahrung veranschaulichte bald diese bittere Wahrheit, die Marx 80 Jahre zuvor formuliert hatte.«[155]

Aber obwohl die realen Mittel schließlich nicht ausreichten, ist zu betonen, dass die ideologische Wende der 1930er Jahre unter der eisernen Herrschaft von Stalins bürokratischem Apparat einen »drastischen Bruch mit früheren Denkmustern, ja sogar mit einer jahrhundertelangen Tradition revolutionärer Ideen und Praxen«[156] darstellt.

154 Leo Trotzki, »Twenty Years of Stalinist Degeneration«, in: *Fourth International*, Bd. 6, Nr. 3, März 1945. Zuerst veröffentlicht im *Bulletin der Russischen Opposition*, Nr. 66–67, Mai–Juni 1938, eigene Übersetzung.

155 Leo Trotzki, *Verratene Revolution*, a. a. O.

156 Wendy Goldman, a. a. O., eigene Übersetzung.

Genossin Kollontai

Zu den herausragendsten Anführer*innen der Russischen Revolution gehört Alexandra Kollontai, die am 31. März 1872 in Sankt Petersburg in eine Familie reicher Großgrundbesitzer geboren wird. Aufgrund der Stellung ihrer Eltern erhält sie eine Erziehung durch Privatlehrer*innen, in einem Land, in dem nur eine von 300 Mädchen eine über die Grundschule hinausgehende Bildung genießt. Als junge Frau studiert sie Sozial- und Wirtschaftswissenschaften in der Schweiz und setzt sich vor allem mit der Geschichte der Arbeit auseinander. 1899 tritt sie der Sozialdemokratischen Arbeiterpartei Russlands (SDAPR) bei, wo sie sich der Fraktion der Menschewiki anschließt.

1905 wird sie Zeugin des Petersburger Blutsonntags, bei dem hunderte Arbeiter*innen von zaristischen Soldaten erschossen werden, als sie – angeführt von einem orthodoxen Priester – dem Zaren eine Petition überreichen wollen. Fasziniert stürzt sich Alexandra in den revolutionären Prozess, der Russland erschüttert. Ihre wichtigste Arbeit ist die Organisierung von Arbeiterinnen. Bald muss sie nach Westeuropa ins Exil gehen, wo sie Kontakt zu den sozialdemokratischen Parteien Deutschlands, Großbritanniens und Frankreichs aufnimmt. Durch ihre Erziehung und ihre Reisen spricht sie mehr als ein halbes Dutzend Sprachen fließend.

Im Ersten Weltkrieg schließt sie sich den Bolschewiki an, weil sie die Position Lenins unterstützt. Dieser vertritt die Auffassung, dass die Sozialist*innen ihre Zusammenarbeit mit den bürgerlichen Regierungen sofort beenden müssen, dass Massenmobilisierungen gegen den Sozialchauvinismus nötig sind und sich der Krieg in einen revolutionären Bürger*innenkrieg verwandeln muss. Noch ist er damit in der Minderheit. Als im Februar 1917 die Revolution ausbricht, kehrt Alexandra nach Russland zurück und wird ins Exekutivkomitee des Petrograder Sowjets gewählt.

Währenddessen vertritt Stalin die Position, dass die bürgerlich-demokratischen Errungenschaften verteidigt werden müssen. Er schlägt vor, dass die Partei der Bolschewiki die Provisorische Regierung von Kerenski unterstützt. Lenin ist zu dieser Zeit noch im Exil. Aber eine Minderheit von Metallarbeitern, unterstützt von Kollontai, widersetzt sich dieser Haltung Stalins. Sie sind im Einklang mit Lenins Sichtweise, der zufolge die Sowjets Organe zur Ausübung der Macht sind und es notwendig ist, die bürgerliche Revolution durch eine proletarische Revolution zu überwinden. Nach der Niederschlagung der Mobilisierungen, bei denen tausende Arbeiter*innen und Soldaten »Alle Macht den Sowjets« fordern, wird Alexandra im Juli gemeinsam mit hunderten Bolschewiki ins Gefängnis gesperrt.

»Bei meiner Ankunft in Rußland war Kollontai eingekerkert«, berichtet die nordamerikanische Journalistin Louise Bryant. »Sie hatte in der Zarenzeit für ihre politische Überzeugung ins Exil gehen müssen, nun wurde sie von der Provisorischen Regierung erneut verfolgt. Als bekannteste Bolschewikin wurde sie an der Front unter der Anschuldigung, ein deutscher Spion zu sein, festgenommen. Nach dem Juli-Aufstand wurde sie erneut verhaftet, auf direkte Veranlassung Kerenskis. Sie kämpfte weiterhin ohne Angst für eine Räte-Regierung.«[157] Sie sitzt noch im Gefängnis, als sie ins Zentralkomitee der Partei der Bolschewiki gewählt wird, das später den Oktoberaufstand anführen wird.

Nach der Eroberung der Macht wird Alexandra Volkskommissarin für soziale Fürsorge, ein Posten vergleichbar dem einer Ministerin. »Donnerstag, 8. November. Der hereinbrechende Tag fand die Stadt in wildester Aufregung und Verwirrung, die ganze Nation gepeitscht von dem sich zu immer wilderen Stößen erhebenden Sturm. […] In die verschiedenen Ministerien wurden provisorische Kommissare entsandt: Auswärtiges: Urizki und Trotzki, Inneres und Justiz: Rykow, Arbeit: Schljapnikow, Finanzen: Menschinski, Öffentliche Wohlfahrt: Frau

157 Louise Bryant, *Eine Amerikanerin in Rußland. Reportagen aus dem Roten Oktober*, Köln, Prometh, 1982.

Kollontai […] Und plötzlich, einem gemeinsamen Impulse folgend, hatten wir uns erhoben und sangen die Internationale. Ein alter graubärtiger Soldat schluchzte wie ein Kind. Alexandra Kollontai winkte die Tränen rasch zurück. Mächtig brauste der Gesang durch den Saal, durch Fenster und Türen zum stillen Nachthimmel empor. ›Der Krieg ist zu Ende, der Krieg ist zu Ende‹, jubelte leuchtenden Antlitzes ein junger Arbeiter neben mir.«[158]

Im Volkskommissariat für soziale Fürsorge wird Alexandra Kollontai zur Urheberin eines Großteils der Reformen, die die Frauen und die Familie betreffen. »Als ich Volkskommissarin für soziale Fürsorge war, habe ich als erstes die Verordnung über den Frauenschutz ausgearbeitet. Damals wurde beim Volkskommissariat für das Gesundheitswesen eine Abteilung für Mütter- und Säuglingsschutz, sowie ein ›Mutterschutzpalais‹ eingerichtet.«[159]

Wenige Tage nach der Eroberung der Macht organisiert die bolschewistische Partei die erste Frauenkonferenz, und im Folgejahr findet unter herausragender Beteiligung von Alexandra Kollontai der Erste Gesamtrussische Arbeiterinnenkongress statt. Dort werden Kommissionen für Agitation und Propaganda gegründet. Diese Kommissionen werden später zum Frauensekretariat der Partei, russisch *Schenotdel*. Der *Schenotdel* publiziert die Monatszeitschrift *Kommunistka* (Kommunistin), die 1921 eine Auflage von 30 000 Exemplaren erreicht. Aus demselben Jahr stammen Kollontais Vorträge vor den Arbeiterinnen der Partei, in denen sie die Geschichte der Frauenunterdrückung von ihren Ursprüngen bis zur Errichtung des revolutionären Arbeiter*innenstaates schildert. Ebenfalls aus dieser Zeit datieren ihre bekanntesten Artikel, in denen sie die Idee der Auflösung der Familie entwickelt und die neuen kommunistischen Beziehungen

158 John Reed, *Ten Days that Shook the World*, New York, Boni & Liveright, 1919; dt.: *Zehn Tage, die die Welt erschütterten*, Essen, Mehring, 2001.

159 Alexandra Kollontai, *Die Situation der Frau in der gesellschaftlichen Entwicklung*, a. a. O.

ankündigt: die freie Union, die allein auf Liebe und nicht mehr auf Notwendigkeit beruht.

»Wir können es nicht verleugnen: Die alte Form der Familie ist an ihr Ende gekommen. Die alte Familie verkümmert nicht etwa, weil sie gewaltsam vom Staat zerstört wird, sondern weil sie aufhört, eine Notwendigkeit zu sein. [...] Anstelle der früheren Beziehung zwischen Männern und Frauen entwickelt sich eine neue: eine Verbindung der Zuneigung und Kameradschaft, ein Bund von zwei gleichen Mitgliedern der kommunistischen Gesellschaft; beide frei, beide unabhängig, beide Arbeiter. Die Haussklaverei der Frau hat ein Ende. Die Ungleichheit in der Familie hat ein Ende. Frauen haben keinen Grund mehr zu befürchten, ohne Unterstützung und mit der Erziehung ihrer Kinder allein zu bleiben. [...] Die Ehe wird eine Verbindung zweier Personen sein, die sich lieben und einander vertrauen. Denjenigen arbeitenden Männern und Frauen, die sich ihrer selbst und der Welt um sie herum bewusst sind, verspricht solch eine Verbindung das vollständige Glück und ein Höchstmaß an Befriedigung. [...] Anstelle der individuellen und egoistischen Familie sehen wir die große universelle Familie der Arbeiter entstehen, in der alle Arbeiter, Männer und Frauen, vor allem Kameraden sind. Dies werden die Beziehungen zwischen Männern und Frauen in der kommunistischen Gesellschaft sein. Diese neuen Beziehungen werden der Menschheit all die Freuden einer Liebe sichern, die in der kommerziellen Gesellschaft bislang unbekannt waren. Eine Liebe, die frei ist und auf der wahren sozialen Gleichheit der Partner fußt.«[160]

Diese Vision Kollontais von der Auflösung der Familie wird innerhalb der bolschewistischen Partei breit geteilt. Der Jurist Goichbarg vertritt sie auch gegen konservativere Positionen. Sie streiten aber ebenso mit Sektoren, die noch radikalere Ideen wie die sofortige Abschaffung der Ehe vertreten. Diese lehnen es ab, dass der Staat auf irgendeine Weise die

160 Alexandra Kollontai, »Communism and the Family«, in: *Kommunistka*, Nr. 2, 1920, auf Englisch veröffentlicht in: *Selected Writings of Alexandra Kollontai*, Westport, Lawrence Hill, 1977, eigene Übersetzung.

Beziehungen zwischen Individuen regelt. Die Dokumente aus der Zeit lassen aber keinen Zweifel daran, dass die vom Staat vorangetriebenen Maßnahmen nicht dazu dienen, die staatliche Kontrolle zu Lasten der individuellen Freiheiten auszuweiten. Es geht vielmehr darum, bislang nicht existierende Rechte zu garantieren und so die Einmischung der Kirche in das Leben der Arbeiter*innenklasse und der breiten Massen zurückzudrängen. »Während die bolschewistische Ideologie unter Freiheit die Freiheit des Individuums verstand, baute sie gleichzeitig die soziale Rolle des Staates gewaltig aus, um so Übergangsinstitutionen wie die Familie abzuschaffen.«[161] In letzter Instanz, sagen die Bolschewiki, kann nur der Sozialismus die Widersprüche zwischen Familie und Arbeit grundlegend lösen, und zwar durch die vollständige Vergesellschaftung der Hausarbeit. Damit wären Institutionen wie die Ehe veraltet und unnütz angesichts von Beziehungen, die frei auf Liebe und Gleichheit beruhen. Dies wäre der endgültige Schritt hin zu einer Gesellschaft ohne Unterdrückung.

Trotz der Debatten, die er damit auslöst, verteidigt Goichbarg die Zivilehe gegen die Idee, sie mit einem Federstrich abzuschaffen. Um seine Position zu untermauern, argumentiert er beispielsweise, dass nicht etwa staatliche Kontrolle die »sexuelle Freiheit« beschneide, sondern die Realität in einer Gesellschaft, in der patriarchales Verhalten immer noch latent sei. Solange die Entwicklung der Produktivkräfte und die wirtschaftlichen Bedingungen im Arbeiter*innenstaat es nicht ermöglichen, die Verfügbarkeit von Verhütungsmitteln und die Versorgung ungewollter Kinder zu garantieren, solange sollten die Männer auch nicht von ihrer rechtlichen Verantwortung gegenüber Frauen »befreit« werden. Goichbarg ist überzeugt, dass, solange die starken Vorurteile der patriarchalen Kultur fortbestehen, die freie Verbindung ein ausschließlich männliches Privileg sei. Frauen seien weiterhin die Hauptleidtragenden bei Trennungen, ungewollten

161 Wendy Goldman, a. a. O., eigene Übersetzung.

Schwangerschaften usw. Deshalb wird im Familienrecht, neben dem Recht auf Abtreibung und der Abschaffung der rechtlichen Ungleichheit der Frauen, eine weitere Neuerung eingeführt: Mit der juristischen Einheit der »Ehe-Familie« wird gebrochen. Die familiären Pflichten bestehen nun unabhängig vom rechtlichen Status der Beziehung. Außerdem wird die männliche Verfügungsgewalt über das Eigentum und das Erbe sowie das juristische Konzept des »illegitimen Kindes« abgeschafft. Unter dem neuen Gesetz haben alle Kinder die gleichen Rechte, unabhängig davon, ob sie innerhalb oder außerhalb einer Ehe geboren wurden. Ihre Eltern haben ihnen gegenüber dieselben Verpflichtungen, unabhängig vom rechtlichen Status ihrer Beziehung. Ohne Zweifel ist dies eine der progressivsten Gesetzgebungen der Geschichte, die sogar die fortschrittlichsten europäischen Rechtsnormen bis zum heutigen Tag deutlich übertrifft.

Am 18. November 1920 stellt Alexandra Kollontai das Dekret, das die freie und kostenlose Abtreibung einführt, mit diesen Worten vor: »In den letzten Jahrzehnten ist die Zahl der Frauen, die sich zu einem Schwangerschaftsabbruch entschieden haben, sowohl im Westen als auch in unserem Land stetig gestiegen. Die Gesetzgebung aller anderen Länder betrachtet die Abtreibung als eine Straftat und verfolgt sie infolgedessen. [...] Weit davon entfernt, positive Resultate zu erbringen, hat diese Verfolgung lediglich zur Illegalisierung des Eingriffs geführt. Sie hat die Frauen den gewinnsüchtigen und häufig inkompetenten Abtreibern ausgeliefert. Bisher erkrankten 50 Prozent der Frauen an Infektionen und 4 Prozent von ihnen starben. Die Regierung der Arbeiter und Bauern betrachtet die Frage aus einem sozialen Blickwinkel. Sobald das sozialistische System sich gefestigt hat, wird es mit Agitations- und Informationskampagnen einen Kampf gegen diese Übel führen. Aber solange die aus der Vergangenheit ererbten moralischen Sitten und die schwierigen wirtschaftlichen Bedingungen einen Teil der Frauen zur Abtreibung zwingen, treffen das Volkskommissariat für Gesundheit und das Volkskommissariat für

Recht die folgenden Entscheidungen: 1.) Die Eingriffe zum Abbruch von Schwangerschaften sollen kostenlos und unter den besten hygienischen Bedingungen in den öffentlichen Krankenhäusern durchgeführt werden; 2.) sie dürfen nur von Ärzten durchgeführt werden; 3.) ein Arzt, der eine Abtreibung aus Gewinnsucht in seiner privaten Praxis durchführt, wird gesetzlich verfolgt.«[162] Die Russische Revolution verteidigt auf diese Weise ein demokratisches Grundrecht der Frauen. In den »fortgeschrittensten« Ländern der Welt hingegen erhalten sie es erst Jahrzehnte später und in der Mehrheit der halbkolonialen Länder ist dieses Recht erst noch zu erobern.

Mitte der 20er Jahre verbreitet sich in der Sowjetunion ein Gefühl von Lustlosigkeit und Apathie, insbesondere nach Lenins Tod am 21. Januar 1924. Einige Monate davor wird Alexandra Teil des diplomatischen Corps der Sowjetunion. Sie wird die erste weibliche Botschafterin der Geschichte und übt dieses Amt in Norwegen, Schweden und Mexiko aus. Dies entfernt sie vom Zentrum der politischen Aktivitäten in Moskau und Petrograd, schützt sie aber vor dem Risiko der Deportation und Hinrichtung – ein Schicksal, das ihre Genoss*innen gemeinsam mit anderen Oppositionellen unter dem eisernen stalinistischen Regime erleiden. Bis zu ihrem Tod in Moskau am 9. März 1952 bleibt Kollontai im Auslandsdienst. Die große Mehrheit ihrer Schriften behandelt Themen mit Bezug zu Frauen, Familie und Sexualität. Außerdem veröffentlicht sie ihre Autobiografie. Wie viel weiß sie darüber, was im Arbeiter*innenstaat unter dem Stiefel Stalins geschieht? Wie viel Unbehagen, Skepsis, Demoralisierung und Müdigkeit hindern sie daran, eine neuerliche Schlacht für ihre Überzeugungen zu schlagen? Alexandra Kollontai brachte bei zahlreichen Gelegenheiten Differenzen gegenüber der Führungslinie Lenins zum Ausdruck und hielt sich dennoch immer an die Mehrheitsbeschlüsse und Resolutionen der Partei. Dieses Mal schweigt sie. Trotzki, so wie tausende Linksoppositionelle, die

162 *Zeitschrift für Strafrecht*, UdSSR, 1922, eigene Übersetzung.

dem thermidorianischen Regime Stalins ablehnend gegenüberstanden, entgeht dem Schicksal von Verfolgung und Verbannung nicht. 1932 versagt ihm Schweden das Visum – auf Bitten der sowjetischen Botschafterin Alexandra Kollontai. Sie erfüllt damit die Weisungen des Kremls. »Die stalinistische Fraktion nahm in der Frage des Visums eine schändliche Position ein. Vermittels ihrer diplomatischen Agenten unternahm sie alles, um zu verhindern, dass Genosse Trotzki ein Visum erhält. Kobetski in Dänemark und Kollontai in Schweden drohten mit wirtschaftlichen Repressalien und allem Möglichen.«[163]

Alexandra Kollontai entscheidet sich dafür, den Rest ihres Lebens in Schweigen und unter einer falschen Disziplin zu verbringen, und rettet damit ihre Haut. Erkauft um den Preis, dass sie die Verbrechen gegen andere Revolutionär*innen, die paradoxerweise im Namen des Sozialismus begangen werden, nicht verurteilt. Aber ihr politisches Schwanken und ihr Schweigen angesichts der Verbrechen Stalins machen ihre mutigen Gedanken über neue, vom kapitalistischen Joch befreite Formen der menschlichen Beziehungen nicht weniger gültig. Es ist der Scharfsinn ihrer Darlegung, bis zu welchem Punkt Liebe und Sexualität in der Welt, in der wir leben, auch durch gesellschaftliche und wirtschaftliche Kräfte beeinflusst sind, der diese Schriften hat überdauern lassen. Aber vor allem wegen ihrer Fähigkeit, sich neue, auf Gleichheit fußende Verbindungen zwischen Menschen vorzustellen, bleiben sie aktuell. Alexandra weiß, dass die Träume, die die Bolschewiki 1917 entwerfen konnten, von der »Macht des Polizisten und der Philosophie des Pfaffen«, die die stalinistische Bürokratie durchsetzt, erwürgt werden. Und trotz ihrer Schwächen sind ihre Artikel und Reden Gemälde, die andere Formen und Farben der Liebe zeigen, entstanden aus ihrer revolutionären Leidenschaft und Überzeugung.

163 »Una declaración de los bolcheviques leninistas sobre el viaje del camarada Trotsky«, November 1932, in: *Escritos de León Trotsky (1929–1940)*, Buenos Aires, CEIP »León Trotsky«, 2000, eigene Übersetzung.

Oppositionelle Frauen

1938 benennt Leo Trotzki die Notwendigkeit, eine neue Internationale zu gründen. Denn zynischerweise spielt die Dritte Internationale, erdrosselt durch die Politik Stalins, mittlerweile eine konterrevolutionäre Rolle, indem sie die weltweite Arbeiter*innenklasse offen verrät. Marx und Engels hatten in der Ersten Internationale für die Aufrechterhaltung des revolutionären Geistes gekämpft. Rosa Luxemburg, Clara Zetkin, Lenin und Trotzki und andere haben versucht, die Fäden der Kontinuität mit diesen Erfahrungen nicht abreißen zu lassen. Sie verließen deshalb die Zweite Internationale, als die Mehrheit beschloss, sich am imperialistischen Krieg zu beteiligen. Nun verlässt einer der wichtigsten Anführer der Oktoberrevolution die Dritte Internationale, die angesichts der Prüfungen der Geschichte auf nicht wiedergutzumachende Weise versagte.

Es entsteht also die Vierte Internationale, die in ihrem Programm erklärt: »Eine korrekte Politik umfasst zwei Elemente: die Unerbittlichkeit gegenüber dem Imperialismus und seinen Kriegen und die Fähigkeit, sich auf die Erfahrung der Massen selbst zu stützen.«[164] Mit besonderer Aufmerksamkeit für die am meisten ausgebeuteten Sektoren schreibt sie sich folgende Losung auf die Fahne: »Macht den Weg frei für die Jugend! Macht den Weg frei für die werktätigen Frauen!« In ihrem Programm können wir lesen: »Alle opportunistischen Organisationen konzentrieren ihrer Natur nach ihre Aufmerksamkeit hauptsächlich auf die oberen Schichten der Arbeiterklasse und ignorieren demzufolge die Jugend genauso wie die werktätigen Frauen. Nun versetzt aber die Epoche des kapitalistischen Zerfalls der Frau die härtesten Schläge – als Arbeiterin wie als Hausfrau.«[165]

164 Leo Trotzki, *Der Todeskampf des Kapitalismus und die Aufgaben der 4. Internationale (Das Übergangsprogramm)*, 1938.

165 Ebenda.

Bereits vor der Gründung der Vierten Internationale wird die Opposition durch das Regime Stalins verfolgt, eingesperrt und ermordet. In der Epoche der Moskauer Prozesse, bei denen das stalinistische Regime mit Fälschungen gegen die wichtigsten Anführer*innen der Revolution von 1917 und gegen alle, die sich seiner Politik widersetzen, vorgeht, machen Frauen zwischen 12 und 14 Prozent der in Arbeitslagern inhaftierten Kommunist*innen aus. Ihnen wird Sabotage, Spionage und »Trotzkismus« vorgeworfen. Unter den tausenden deportierten, verbannten, inhaftierten und erschossenen Oppositionellen finden wir die Namen von Jewgenija Bosch, Nadeschda Joffe und Tatjana Miagkowa – neben all den anderen Frauen, die unter schlimmsten Bedingungen den Kampf gegen den Stalinismus mutig weiterführen.

Jewgenija Bosch wird 1879 geboren und tritt 1900 in die Sozialdemokratische Arbeiterpartei Russlands ein. Sie ist seit 1903 Teil des linken Flügels der Bolschewiki. 1913 wird sie aufgrund ihrer revolutionären Aktivitäten deportiert. Zwei Jahre später gelingt ihr die Flucht und sie rettet sich in die USA. Nach ihrer Rückkehr nach Russland nach der Februarrevolution von 1917 spielt sie eine führende Rolle im Kiewer Aufstand und im Bürger*innenkrieg. Später zählt sie zu den Unterzeichner*innen der »Erklärung der 46«, in der 46 Mitglieder der bolschewistischen Partei die Position der stalinistischen Führung kritisieren.[166] Als Geste des Protests gegen die Bürokratie nimmt sich Jewgenija 1924 im Alter von 45 Jahren das Leben.

Nadeschda ist die Tochter von Adolf Joffe, der bis zu seinem Tod ein Freund Trotzkis ist. Ihre frühe Kindheit erlebt sie in

166 Sie erklären, dass das Land vom wirtschaftlichen Ruin bedroht sei, denn die Mehrheit der Führung (das Politbüro) habe keine Antwort auf die Probleme und sehe nicht die Notwendigkeit einer Planung der Industrie. Sie protestieren außerdem gegen den Bürokratismus. Trotzki unterschreibt diese Erklärung nicht, auch wenn die Unterzeichner*innen einige seiner Positionen übernehmen. Die bekanntesten unter ihnen sind Preobraschenski, Smirnow, Beloborodow und Serebrjakow.

Wien, wo ihr Vater die Verbreitung der Zeitung *Prawda* in Russland vorbereitet. Sie ist mit Trotzkis gleichaltrigem Sohn Leo Sedow befreundet. 1917 gehen sie zurück nach Russland, wo ihr Vater einer der wichtigsten Diplomaten der jungen Sowjetrepublik wird[167]. Dort tritt sie der Kommunistischen Jugend bei und schließt sich 1924, gemeinsam mit Leo Sedow, der linken Opposition innerhalb dieser Organisation an. Nach dem Selbstmord ihres Vaters, einer Geste des Protests gegen das stalinistische Regime, und dem Verbot der linken Opposition im Jahr 1927 nimmt sie an Untergrundaktivitäten teil. 1928 wird sie verhaftet und deportiert. 1934 folgt sie dem Beispiel von Christian Rakowski[168]. Dieser beschließt vor dem stalinistischen Regime zu kapitulieren und nennt als Begründung die Bedrohung der Sowjetunion durch die Nazis – Nadeschda tut es ihm gleich. Bald bereut sie ihre Entscheidung und widerruft ihre Erklärung. Sie wird 1936 erneut verhaftet und erst 20 Jahre später endgültig entlassen. Ihr Ehemann Pawel Kossakowski wird 1938 in einem Arbeitslager in Kolyma[169] erschossen. Nach ihrer Haftentlassung 1956 widmet sie ihr Leben der Erinnerung an ihren Vater und ihre Genoss*innen und gründet den Verein *Memorial*.[170]

167 Adolf Joffe wird Botschafter in Deutschland am Vorabend der dortigen Novemberrevolution von 1918 und danach Botschafter in China.

168 Christian G. Rakowski (1837–1941) ist ein rumänisch-bulgarischer Sozialist, Mitglied des Zentralkomitees der Bolschewiki nach der Revolution von 1917 und Präsident der prosowjetischen »revolutionären Regierung der Arbeiter und Bauern der Ukraine«. Er ist von 1925 bis 1927 Botschafter der Sowjetunion in Frankreich. Nach der Verbannung Trotzkis wird er zum wichtigsten Anführer der linken Opposition in Russland. Er kapituliert 1934 nach Jahren der Verfolgung und der Haft unter unmenschlichen Bedingungen in den Deportationslagern des stalinistischen Regimes.

169 Region im äußersten Osten Sibiriens.

170 1988 leitet sie eine Sitzung in einer Moskauer Universität mit mehr als eintausend Teilnehmer*innen, die Leo Trotzki und seinen Mitstreiter*innen gewidmet ist. Dort lernt sie auch Pierre Broué kennen, den Leiter des Leo-Trotzki-Instituts in Frankreich, bekannter Historiker der bolschewistischen Partei und der trotzkistischen Bewegung. Nadeschda macht bei dieser Gelegenheit das Treffen von zwei Enkeln von Trotzki möglich, Bruder und

Die Geschichte von Tatjana Miagkowa (1897–1937) ist ein weiteres Beispiel dafür, was mit denen passiert, die den Ideen Trotzkis anhängen und sich der stalinistischen Bürokratie widersetzen. Tatjana ist eine der 6000 Trotzkist*innen, die 1937 allein im Lager von Magadan[171] ermordet werden. Als Studentin nimmt sie an revolutionären Aktionen teil und wird verhaftet. Die Februarrevolution 1917 bringt ihre Befreiung und sie wird 1919 Mitglied der Bolschewiki. Während der Besetzung der Stadt Kiew durch die Truppen des zaristischen Generals Denikin geht sie in den Untergrund, um den Kontakt mit den Einheiten der Roten Armee sicherzustellen, die sich gerade im Rückzug befinden. Ihre Erinnerungen an diese Zeit veröffentlicht sie im Februar 1926 in der Zeitschrift *Letopis' Revoluzii*. Nach dem Ende des Bürger*innenkriegs nimmt sie ihr Studium in Moskau wieder auf und lässt sich danach in der Ukraine nieder. 1926 schließt sie sich der »Vereinigten Opposition« von Trotzki, Sinowjew und Kamenew[172] an und wird 1927 als »Trotzkistin« aus der russischen Kommunistischen Partei ausgeschlossen. 1928 wird sie ins Exil nach Astrachan geschickt, im Süden Russlands am Kaspischen Meer. Hier setzt sie ihre oppositionellen Aktivitäten fort: Mit anderen exilierten Mitgliedern der Opposition organisiert sie eine Gruppe, die sich in ihrer Wohnung trifft; sie wirbt Jugendliche aus der Umgebung für die Opposition an; sie ver-

Schwester, die für fast ein halbes Jahrhundert getrennt waren, Alexandra und Esteban oder »Sieva« genannt. Sie ist ungemein aktiv und nimmt an zahlreichen Kongressen und Konferenzen teil. Mit »Sieva« Volkov und Pierre Broué unternimmt sie eine Vortragstour über Trotzki in den USA. Sie ist eine große Rednerin, voller Leidenschaft und Humor – geformt im Wind der Tundra, wie über sie gesagt wird.

171 Magadan ist ein Verwaltungsbezirk und eine Hafenstadt in Ostsibirien, eine industrielle Zone mit Werften und Goldminen.

172 Sinowjew, Kamenew und Trotzki formieren im Juni 1926 die Vereinigte Opposition. Sie sprechen sich gegen Stalins Theorie des »Sozialismus in einem Land«, gegen Bucharins Politik gegenüber den Bauern und Bäuerinnen und gegen dessen Vorstellung aus, den Sozialismus »im Schneckentempo« zu errichten. Außerdem fordern sie innerparteilich die Rückkehr zur Arbeiter*innendemokratie. Sinowjew und Kamenew kapitulieren schließlich.

vielfältigt und verbreitet die Dokumente der Opposition unter den Mitgliedern der Kommunistischen Partei und der Kommunistischen Jugend in Astrachan; sie schlägt die Einrichtung eines Solidaritätsfonds für Exilierte vor. Sie wird zur Sekretärin von Christian Rakowski, dem wichtigsten Anführer der Opposition in der Sowjetunion nach der Ausweisung Trotzkis im Februar 1929. Angeklagt, eine Broschüre der Opposition herausgegeben und verteilt zu haben, wird sie zu drei Jahren Exil in Kasachstan verurteilt. Bei einem Besuch versucht ihr Ehemann, der Volkskommissar für Finanzen in der Ukrainischen Republik, sie davon zu überzeugen, ihre oppositionellen Meinungen und Aktivitäten aufzugeben.

Tatjana Miagkowa ist mit zwei anderen Oppositionellen exiliert: Sonja Smirnowa und Maria Warschawskaja. Letztere, die bis zum Ende an der Gesamtheit ihrer politischen Positionen festhält, berichtet später, dass Tatjana Miagkowa sich nach langen und schwierigen Diskussionen mit ihrem Ehemann schließlich von seinen Argumenten überzeugen lässt. Sie schwört ihren politischen Aktivitäten öffentlich ab. 1931 zieht sie mit ihrem Mann, der Funktionär im Apparat des Zentralen Exekutivkomitees der Kommunistischen Partei wird, nach Moskau. Aber auch wenn Tatjana Miagkowa ihre politische Aktivität beendet, äußert sie weiterhin ihre Ansichten, die sich nicht geändert haben. Am 12. Januar 1933 wird sie erneut festgenommen und zu drei Jahren Gefängnis und Isolation verurteilt. Am 28. Mai 1936 verurteilt eine spezielle Abteilung des NKWD – der stalinistischen Geheimpolizei, später GPU und noch später KGB genannt – Tatjana Miagkowa zu fünf Jahren Arbeitslager in der Region von Magadan, einem Ort, den die Insassen »das weiße Krematorium« nennen. Zum gleichen Zeitpunkt kommen auch zwei alte trotzkistische Freundinnen von Tatjana nach Magadan, Smirnowa und Warschawskaja. Tatjanas Tochter schreibt über diese Ereignisse: »Sie kamen in Magadan zusammen, alle Trotzkisten, alle Oppositionellen, alle Menschen, die fähig waren, ihre Meinung zu vertreten und ihre Meinung gegen die oberste Führung des Landes zu richten.« Von dort aus werden sie in ein anderes Lager weiter im Norden geschickt. An einem Tag im Herbst 1937 macht ein Konvoi in der Nähe des Lagers halt und unter den Gefangenen, die verlegt werden sollen, erkennt Tatjana einen trotzkistischen Freund. Sie will durch die Gitter mit ihm reden, aber ein Wachmann stößt sie zurück. Sie protestiert. Laut dem Zeugnis einer ihrer Mitinhaftierten beschimpft sie die Wächter lauthals: »Faschisten, faschistische Söldner, ich weiß, dass eure Gewalt weder vor den Frauen noch vor den Kindern haltmacht, aber bald kommt das Ende eurer Willkür!« Daraufhin wirft man ihr vor, eine »entwaffnete Trotzkistin« zu sein und »systematische Verbindungen zu den Trotzkisten zu unterhalten«. Außerdem wird ihr vorgeworfen, einen sechsmonatigen Hungerstreik durchgeführt zu haben. Eine Sondereinheit des NKWD verurteilt sie zum Tod durch Erschießen. Das Urteil wird sofort vollstreckt. Einige Tage zuvor hat die Sondereinheit auch ihren Freund zum Tode verurteilt – als Nummer 49 auf einer Liste von Trotzkist*innen, die an einer Protestdemonstration gegen die schlechte Behandlung der Deportierten teilgenommen, sich an einem Hungerstreik beteiligt und »trotzkistische« Aktivitäten durchgeführt haben sollen. Das Urteil lautet: »Poljakow Benjamin Moissejewitsch wird vorgeworfen, Mitglied des konterrevolutionären trotzkistischen Komitees zu sein und an der konterrevolutionären Demonstration in Wladiwostok teilgenommen zu haben. Er ist der Organisator eines Aufstands im Verlauf seiner Verlegung nach Nagajewo. Er hat die Rekrutierung von Teilnehmern für den Hungerstreik organisiert und selbst daran teilgenommen. Er hat konterrevolutionäre Petitionen und Erklärungen verfasst und unterzeichnet. Er verweigert die Arbeit.«

Der Historiker Birjukow, der 1990 nach Magadan reist und über den Fall von Tatjana Miagkowa und ihren Genoss*innen forscht, schreibt deren Tochter: »Die Geschichte, wie sechstausend trotzkistische Gefangene nach Kolyma geschickt wurden (und nicht zweihundert, wie ich vorher schrieb) und wie diese versuchten, Gerechtigkeit für sich zu erreichen (indem sie den Status von politischen Gefangenen einforderten); wie sie versucht haben, ihren Kampf gegen den Stalinismus weiterzuführen und wie sie schließlich in diesen Jahren ausgelöscht wurden, ist eine Geschichte voller Größe, die sich vor dem Hintergrund der nationalen Tragödie der Epoche abhebt. Und das Schicksal Ihrer Mutter ist ein kleines Glied in dieser schrecklichen Geschichte.«

Diese schreckliche Geschichte kann jedoch nicht ewig dauern. Die Bürokratie, die die Fahne der Oktoberrevolution an sich gerissen hat, endet schließlich auf dem Müllhaufen der Geschichte. In einem Prozess voller Widersprüche stürzt sie Ende der 80er Jahre angesichts von Massenmobilisierungen und einer tiefgreifenden wirtschaftlichen Krise. Während ihres Bestehens wurden jedoch Millionen Menschen geboren und lebten und leben mit der Vorstellung, dass dieser historische Auswuchs des Stalinismus der Sozialismus sei. Die revolutionären Fahnen wurden ein halbes Jahrhundert lang befleckt von den monströsen Verbrechen der thermidorianischen Bürokratie. Vor diesem Hintergrund scheinen die Ideen der Revolution und die Ideen der Freiheit verschiedene Wege zu gehen, ja sie scheinen sogar unvereinbar. Aber mit der kapitalistischen Restauration kommt für die arbeitende Bevölkerung der ehemaligen Sowjetunion zum bereits bestehenden Elend neues hinzu, insbesondere für die Frauen. Arbeitslosigkeit, Hunger und Inflation führen dazu, dass es mehr Alkoholismus, Gewalt, kriminelle Mafias und anderes Elend gibt als jemals zuvor in Russland. Millionen Frauen landen mit ihren Kindern auf der Straße und leben dort unter der Armutsgrenze. Die Prostitution nimmt signifikant zu, ebenso der Frauenhandel in Richtung Westen. Es zeigt sich, dass der Kapitalismus nicht das Paradies ist, als das die pro-westliche Werbung ihn zeigt. Die Errungenschaften der Revolution von 1917 wurden von der stalinistischen Bürokratie zur Unkenntlichkeit verfälscht; aber selbst der thermidorianische Terror unter Stalin konnte sie nicht endgültig ausmerzen. Dies soll nun die kapitalistische Restauration erledigen. Aber mögen die direkten

Auswirkungen dieser Restauration auch verheerend sein – der Sturz des größten konterrevolutionären Apparates des 20. Jahrhunderts kann nur zur Freisetzung der Energie von Millionen Ausgebeuteten und Unterdrückten führen – in der ehemaligen UdSSR und weltweit –, die bis dahin von dieser verräterischen Führung gefesselt waren. Die Erfahrungen der sowjetischen Frauen sind ein Quell an historischen Traditionen, aus dem Millionen Frauen auf der ganzen Welt trinken können, die vom Kapitalismus nur Unterdrückung und Elend erfahren.

Kapitel VI. Zwischen Vietnam und Paris brennen die BHs

Das Private ist politisch.
Losung der Zweiten Welle der feministischen Bewegung

Wirtschaftsboom und Babyboom

Der Ausgang des Zweiten Weltkriegs führt zu einer Neuordnung der Weltwirtschaft und der internationalen Politik.[173] Imperialismus und Stalinismus einigen sich auf eine friedliche Koexistenz. Diese verhindert, dass die in den zentralen Ländern[174], die am Krieg beteiligt waren, entstehenden revolutionären Prozesse die etablierte Ordnung infrage stellen. Die massive Zerstörung von Produktivkräften im imperialistischen Krieg, die Niederlage der Revolution in den zentralen Ländern Europas in der unmittelbaren Nachkriegszeit und die

173 »Der Höhepunkt der US-amerikanischen Hegemonie fand sich in der Ordnung, die nach dem Zweiten Weltkrieg entstand und als Ordnung von Jalta oder Potsdam bekannt wurde. Sie beruhte auf der wirtschaftlichen und militärischen Überlegenheit der USA nach der militärischen Niederlage der Imperialismen der Achsenmächte [Nazi-Deutschlands und seiner Verbündeten, A. d. Ü.] und dem enormen Bedeutungsverlust der ehemaligen Alliierten der USA, England und Frankreich. Aber zusätzlich verfügte sie noch über ein grundlegendes Instrument, und zwar die konterrevolutionäre Kollaboration Moskaus und des weltweiten stalinistischen Apparats. Diese diente zur Eindämmung des Proletariats und der nationalen Befreiungsbewegungen. Dieses Übereinkommen ermöglichte die Errichtung der US-Hegemonie in der Nachkriegszeit.« – Juan Chingo, Eduardo Molina, »La guerra de los Balcanes y la situación internacional«, in: *Estrategia Internacional*, Nr. 13, 1999, eigene Übersetzung.

174 Als zentrale Länder werden hier die Länder des kapitalistischen Zentrums bezeichnet, also vor allem in Nordamerika und Europa, im Gegensatz zu denen der kapitalistischen Peripherie, die von diesen Ländern ökonomisch (und z. T. politisch) abhängig sind.

Rolle, die der Stalinismus dabei spielt, sind die Voraussetzungen für den »Boom«, der nun folgt. Der Imperialismus erfreut sich in diesen Jahren eines nie dagewesenen Wirtschaftswachstums. Und das, obwohl sich eine Reihe von osteuropäischen Ländern in das Einflussgebiet der Sowjetunion eingliedern und sich damit die Einflusssphäre des Imperialismus auf ein Drittel des Planeten beschränkt.[175] Dieses Wirtschaftswachstum erlaubt die Vereinnahmung des Proletariats in den zentralen Ländern, indem große Teile von ihm neue Möglichkeiten des Konsums erhalten, finanziert durch Sozialleistungen und Verschuldung. Im Gegenzug passen sie sich an das System an.

Und so erhalten die Frauen – vor allem in den zentralen Ländern – unter dem sogenannten »Wohlfahrtsstaat« neue Rechte in Bezug auf die Mutterschaft mit einer entsprechenden Sozialgesetzgebung. Alleinstehende Mütter, Mütter aus der Arbeiter*innenklasse, Witwen und geschiedene Ehefrauen werden zu den Begünstigten einer Mütterpolitik, der einige Reformen zu verdanken sind, beispielsweise im Arbeitsrecht, in der Krankenversicherung, in der Sozialhilfe, im Familien- oder im Steuerrecht. Das Frauenwahlrecht wird in den meisten Verfassungen der Welt verankert. Auf der anderen Seite

175 »Nicht nur führten die Kriege zu einer niedrigeren organischen Zusammensetzung des Kapitals. Auch die Disziplinierung der Arbeiter*innenklasse, die durch den Stalinismus und seine spätere Zusammenarbeit mit den US-amerikanischen Besatzungstruppen ermöglicht wurde, erlaubte eine enorme Steigerung der Mehrwertrate. Diese zwei Faktoren – der Fall der organischen Zusammensetzung des Kapitals und hohe Mehrwertraten – bildeten unserem Verständnis nach die Basis für den erheblichen Anstieg der Profitrate, der den Boom ermöglichte. Desgleichen war die Etablierung der fast vollständigen Hegemonie des US-Imperialismus nach Ende des Zweiten Weltkriegs – anders als noch nach dem Ersten Weltkrieg – ein stabilisierender Faktor. Sie wurde zu in einem wesentlichen Element der gesamtwirtschaftlichen Stabilisierung. Außerdem darf nicht außer Acht gelassen werden, dass der Wiederaufbau und die spätere Entwicklung von Deutschland und Japan (seine zukünftigen Wettbewerber) vom US-Imperialismus vorangetrieben wurden. Er antwortete so vor allem auf die politische Notwendigkeit, die Gefahr der Revolution zu bannen.« – Paula Bach, »Robert Brenner y la economía de la turbulencia global: algunos elementos para la crítica«, in: *Estrategia Internacional*, Nr. 13, 1999, eigene Übersetzung.

erlaubt das Wirtschaftswachstum dieser Zeit die zunehmende Teilnahme von Frauen am Arbeitsmarkt. Daraus folgt auch eine stärkere Einbindung in kulturelle und politische Räume. Die Frauen erhalten eine bessere Ausbildung und treten in Scharen in die Produktion ein. Dies führt zu einer Neuordnung der Familienverhältnisse, der Geschlechterverhältnisse und der Rolle der Hausfrauen.

Dieselben Staaten führen auch eine neue geburtenfreundliche Familienpolitik ein. Das Mutterschaftsgeld und Lohnerhöhungen, die den Familien zugute kommen, sind Teil einer Umverteilungspolitik, die durch das Wirtschaftswachstum möglich wird.

Nach Kriegsende steigt die Geburtenrate in den zentralen Ländern Europas merklich an. Medizinische Fortschritte einerseits und Verbesserungen bei der Ernährung und Hygiene andererseits erlauben eine Senkung der Sterblichkeitsrate von Müttern und Neugeborenen. Dies führt zum sogenannten Babyboom. Gegen Ende der 50er Jahre kehrt sich diese Tendenz um: Die neuen Möglichkeiten der Säuglingsernährung verkürzen die Stillzeiten und bewirken, dass diese Aufgabe auch von anderen Personen übernommen werden kann. Dadurch können die Mütter schneller wieder Beschäftigungen außerhalb des Haushaltes nachgehen, sei es in Lohnarbeit oder in Ausbildung und Studium. Hinzu kommen weitere wissenschaftliche Fortschritte, die ein Angebot an hormonellen Verhütungsmitteln schaffen. Dies verleiht den Frauen größere Entscheidungsmacht über ihre eigene Reproduktion. Gleichzeitig findet in den Haushalten der Mittelschicht und der besser gestellten Sektoren des Proletariats eine wichtige strukturelle Veränderung statt: Die neuen Wohnungen haben separate Küchen, gut ausgestattete Bäder sowie Gas-, Wasser- und Stromanschluss. Dies erleichtert einige der bislang mühsamsten Aufgaben der täglichen Hausarbeit. Auch die Einführung von Elektrohaushaltsgeräten erleichtert die tägliche Last vieler Frauen erheblich. All dies erlaubt es, die Frauen materiell und ideologisch freizusetzen, um sie in die Produktion von Gütern und Dienstleistungen einzubeziehen. Und dies wird auch immer öfter notwendig, um das Familieneinkommen zu vergrößern. Die weibliche Lohnarbeit bedeutet ein zusätzliches Einkommen für die Familie und ermöglicht sozialen Aufstieg, den Konsum von mehr Waren und damit eine höhere Lebensqualität und mehr Wohlstand. Dieser Prozess schließt auch die Frauen der Mittelschicht als bezahlte Arbeitskraft mit ein, insbesondere im Dienstleistungssektor und in der Verwaltung.

Die Transformation der traditionellen Frauenrolle im Heim führt letztlich zu einer »funktionale[n] Abwertung der Ehe und Familie als Lebensziel«, die durch die De-Institutionalisierung und die zunehmende Instabilität der Ehegemeinschaft gekennzeichnet ist[176]. Dieser tiefgreifende Wandel im Geschlechterverhältnis führt zu einer Veränderung der weiblichen Subjektivität, die als »Unbehagen der Frauen« bekannt wird. Dies wird von einigen Autorinnen als das »subjektive« Motiv beschrieben, das die feministische Bewegung der Zweiten Welle auslöst.

Der Wirtschaftsboom und das daraus resultierende niedrige Niveau des Klassenkampfs dauern nicht ewig. »Gegen Ende der 60er Jahre, mit dem Ende des kapitalistischen Booms und dem steigenden Klassenkampfniveau in den Jahren 1968–76, eröffnet sich erneut die Perspektive, dass mit dem Kampf des Proletariats im Westen gegen die imperialistischen Regierungen, im Osten gegen die stalinistische Bürokratie und in den Halbkolonien gegen die pro-imperialistische Bourgeoisie die Tendenzen zur Herausforderung der Jalta-Ordnung wieder erstarken. Als Konsequenz daraus entstehen Phänomene der Unabhängigkeit der Arbeiter*innenklasse, ausgedrückt in den chilenischen *Cordones Industriales*[177], der bolivianischen

176 Nadine Lefaucheur, »Mutterschaft, Familie und Staat«, in: Georges Duby, Michelle Perrot (Hg.), *Geschichte der Frauen*, Bd. 5, a. a. O.

177 A. d. Ü.: Die *Cordones Industriales* (Industriegürtel) in Chile sind räteähnliche Strukturen der Arbeiter*innenklasse während der Regierung von Salvador Allende. 1972 wird der erste Cordón von Delegierten aus 30 Fabriken

Asamblea Popular[178], den Stadtteil- und Soldatenräten in der portugiesischen Revolution usw. Aber trotz ihrer Schwächung wurden die Ordnung von Jalta und die Führungen, die sie stützten, nicht gestürzt. Der revolutionäre Prozess wurde im Zentrum umgelenkt und in Lateinamerika konterrevolutionär zerschlagen.«[179] Während dieser Zeit, in der in beiden Hemisphären der Klassenkampf wieder erwacht, entsteht eine neue Frauenbefreiungsbewegung. In den zentralen Ländern hat sie einen gewissen Massencharakter. Sie beeinflusst auch kleinere Sektoren von Mittelschichtsfrauen in der Peripherie.

Freiheit, Gleichheit, Schwesterlichkeit

Die Frauen betreten die internationale politische Bühne inmitten von wirtschaftlichen und politischen Streiks, Kämpfen gegen nationale Unterdrückung, radikalisierten Studierendendemonstrationen, Kämpfen von Afroamerikaner*innen und Homosexuellen und einer machtvollen Bewegung gegen den imperialistischen Krieg in Vietnam. Eine immer größere Anzahl von Frauen nimmt an Kampagnen für das Recht auf Abtreibung und auf Verhütungsmittel teil. Sie kämpfen für ausreichend Kindergärten an den Arbeitsplätzen und greifen alle rechtlichen Einschränkungen ihrer Gleichheit an. Sie

gebildet – ein Jahr später gibt es 31 davon. Sie fordern die reformistische Regierung auf, die Fabriken zu verstaatlichen und die Arbeiter*innenklasse zu bewaffnen, um den drohenden Putsch abzuwenden. Doch Allende weigert sich. Am 11. September 1973 werden die Regierung und die Cordones gleichermaßen durch den Putsch unter General Pinochet zerschlagen.

178 A. d. Ü.: Die *Asamblea Popular* (Volksversammlung) in Bolivien wird am 1. Mai 1971 im Rahmen eines revolutionären Prozesses gebildet. Vertreten sind Delegierte aus allen Gewerkschaften, aber vor allem der Minenarbeiter*innen, sowie Bauern und Bäuerinnen. Doch die Versammlung hat eine reformistische Führung und tagt nicht regelmäßig. Sie wird nach kurzer Zeit durch einen rechten Militärputsch aufgelöst.

179 Emilio Albamonte, Jorge Sanmartino, »La historia del marxismo y su continuidad leninista-trotskista es la del álgebra de la revolución proletaria«, in: *Estrategia Internacional*, Nr. 10, 1998, eigene Übersetzung.

brandmarken den Sexismus in der Politik, am Arbeitsplatz, in der Erziehung, in den Medien und im Alltag.[180] Auch wenn die feministische Bewegung vor allem unter Studierenden und Hausfrauen aus der Mittelschicht entsteht, mobilisieren ihre Forderungen und die wachsenden Widersprüche des kapitalistischen Systems auch breitere Sektoren von Frauen. Zu den wichtigsten Losungen dieser starken Frauenbewegung gehören die Forderung nach »gleichem Lohn für gleiche Arbeit« und der Kampf gegen die doppelte Bürde, die die Frauen zusätzlich zur Lohnarbeit mit den Aufgaben der Hausarbeit belastet.

Seit 1945 waren in allen Ländern Gesetze, Regulierungen sowie nationale und internationale Dekrete entstanden, die das Recht auf gleichen Lohn für gleiche Arbeit festschrieben. Trotzdem bleibt so gut wie auf der ganzen Welt eine erhebliche Differenz zwischen den Löhnen von Männern und Frauen bestehen. Erst ab 1968 verringert sich die Differenz und erreicht 1975 je nach Land zwischen 25 und 35 Prozent. Zum gleichen Zeitpunkt leisten Frauen, die zusätzlich außer Haus arbeiten, dreimal so viel Hausarbeit wie Männer. Auf dem Arbeitsmarkt sind die Frauen vor allem im tertiären Sektor (Handel, Banken, Dienstleistung) präsent. In der Industrie, im Bau- und im Transportsektor sind sie weiterhin eine kleine Minderheit.

1966 gründet Betty Friedan in den USA die *National Organization for Women* (NOW), in der sich vor allem verheiratete Mittelschichtsfrauen mit Kindern organisieren. 1971 hat sie mehr als 10 000 Mitglieder, obwohl sie ein Jahr nach ihrer Gründung eine Spaltung erlebt, initiiert von jungen

180 1968 krönen US-amerikanische Frauen ein Schaf zur *Miss America* und werfen BHs, Hüfthalter und falsche Wimpern in eine sogenannte »Mülltonne der Freiheit«. 1970 legt eine Gruppe französischer Frauen in Gedenken an die unbekannte Ehefrau des unbekannten Soldaten am Arc de Triomphe einen Blumenkranz nieder. Auf einem weiteren Blumenkranz ist zu lesen: »Von zwei Menschen ist einer eine Frau« (»Un homme sur deux est une femme«), wobei im Französischen das Wort für Mensch und für Mann identisch ist.

und alleinstehenden Frauen, die mit dem *Women's Liberation Movement* (WLM) eine radikalere Bewegung aufbauen. Als eine der großen Errungenschaften der US-amerikanischen Frauenbewegung werden die Telegrafen- und Telefongesellschaften zur Nachzahlung der Lohndifferenz der Frauen gegenüber den Männern verpflichtet, und zwar rückwirkend bis zu ihrer Einstellung. Es geht um eine Gesamtsumme von mehreren Millionen Dollar, erkämpft durch eine gemeinsame Kampagne von NOW und WLM. Die Bewegung tritt außerdem für reproduktive Rechte ein, insbesondere für die Legalisierung der Abtreibung und gegen sexualisierte Gewalt. 1971 machen in Deutschland 375 bekannte und unbekannte Frauen in einer Zeitschrift öffentlich, dass sie abgetrieben haben, gefolgt von einer Unterstützungserklärung mit 86 500 Unterschriften von Frauen, die bekunden, das Gleiche getan zu haben. Sie wird dem Bundesjustizministerium vorgelegt. Schließlich wird 1974 eine Regelung geschaffen, nach der Abtreibung während der ersten drei Schwangerschaftsmonate unter bestimmten Bedingungen nicht mehr strafrechtlich verfolgt wird. Zur gleichen Zeit wie in Deutschland bekennen in Frankreich 343 berühmte Frauen öffentlich, dass sie freiwillig abgetrieben haben; im Jahr darauf erklären 331 Ärzt*innen, Abtreibungen durchgeführt zu haben. Die französische *Bewegung für freie Abtreibung und Verhütung* (*Mouvement pour la liberté de l'avortement et de la contraception*, MLAC) eröffnet zahlreiche illegale Abtreibungskliniken, bis 1975 das Recht auf Abtreibung eingeführt wird.

Neben dem Kampf für demokratische Rechte interessiert sich der Feminismus der Zweiten Welle (so genannt in Anspielung auf die »Erste Welle« des Feminismus in Gestalt der Suffragetten gegen Ende des 19. und Anfang des 20. Jahrhunderts) für die Rekonstruktion der Geschichte der Frauen, indem er die Ursachen der Unterdrückung untersucht und die Auswirkungen der Geschlechterdifferenz in allen Bereichen der Wissenschaft erforscht. Dies eröffnet ein weites Feld der universitären Forschung, und in den wissenschaftlichen

Disziplinen etablieren sich Geschlechterforschung, Frauenstudien oder feministische Studien.[181] Die Feministinnen an den Universitäten hinterfragen die Postulate der Anthropologie, der Psychoanalyse, der Soziologie, der Wirtschaftswissenschaft, der Geschichtswissenschaft usw. Diesen Disziplinen wird vorgeworfen, Träger traditioneller Vorurteile gegen Frauen zu sein. Und es entstehen wieder internationalistische Verbindungen: 1976 versammeln sich Feministinnen verschiedener Länder in Brüssel zu einem internationalen Tribunal über Gewalt gegen Frauen.

Viele Frauen in Lateinamerika, vor allem aus der Mittelschicht, werden durch diese Erfahrungen und den Kontakt mit feministischer Literatur aus den zentralen Ländern inspiriert. Sie gründen Reflexionsgruppen (»consciousness raising«, zur »Schärfung des Bewusstseins«) und aktivistische Gruppen für die Rechte der Frauen. Aber die Bewegung in ihrer Gesamtheit erreicht nie dieselbe Massenwirkung wie in den zentralen Ländern. Diese Gruppen entstehen im Rahmen einer radikalen Verschärfung des Klassenkampfs, die sich in Lateinamerika in der Zunahme von Kämpfen der Arbeiter*innen äußert. Ihr wichtigster Ausdruck sind die *Cordones Industriales* in Chile, der Cordobazo[182]-Aufstand in Argentinien, studentische Mobilisierungen – von denen die in Tlatelolco[183] (Mexiko) die einschneidendste Erfahrung ist – und der Aufstieg zahl-

181 Historikerinnen hinterfragen ihre Disziplin, weil Geschichte vor allem von Männern und über Männer geschrieben wurde (HIStory), und rufen die Notwendigkeit einer Frauengeschichtsschreibung (HERstory) aus. Auf Englisch klingt das Wort *history* (Geschichte) wie »his story« (seine Geschichte). Dagegen wird der Begriff *herstory* gesetzt, für »her story« (ihre Geschichte).

182 A. d. Ü.: Der Cordobazo ist ein Aufstand Ende Mai 1969 in der argentinischen Stadt Córdoba. Im Rahmen eines Generalstreiks besetzen Arbeiter*innen und Studierende das Stadtzentrum und errichten Barrikaden, um gegen die Militärdiktatur zu protestieren. Nach zwei Tagen wird die Stadt vom Militär besetzt.

183 A. d. Ü.: Beim Tlatelolco-Massaker am 2. Oktober 1968 auf dem Platz der Drei Kulturen im Stadtviertel Tlatelolco in Mexiko-Stadt werden 300 bis 400 Studierende ermordet. Zehn Tage vor dem Beginn der Olympischen Spiele in Mexiko versammelten sich dort rund 10 000 Studierende zu einer

reicher städtischer und ländlicher Guerilla-Bewegungen. Die feministischen Gruppen Lateinamerikas umgibt schnell eine Atmosphäre politischer Radikalisierung, die Klarheit und Verbindlichkeit verlangt. Wie Leonor Calvera in ihrer Geschichte des argentinischen Feminismus schreibt: »Die Zusammenstöße und die Flut der Parteilichkeit, die über uns hereinbrach, erschütterten uns auch stark im Inneren der Gruppe: Wir reproduzierten althergebrachte Antagonismen und erfanden neue. Der Dreh- und Angelpunkt unserer Analysen war immer weniger die Frau, sondern verschob sich zunehmend Richtung Klassenschemata.«[184]

Mitte der 70er Jahre wird diese Welle des Klassenkampfs in Lateinamerika mittels blutiger Konterrevolutionen zerschlagen. Es beginnt eine neue imperialistische Offensive in der Region. Die diktatorischen Regime, die sich in weiten Teilen des Kontinents festsetzen, verhindern die Entwicklung der feministischen Bewegung. Und zwar nicht nur mittels Durchsetzung einer auf der Verteidigung von Tradition und Familie basierenden reaktionären Ideologie, sondern auch durch unmittelbare politische Verfolgung und Staatsterrorismus. Soziale, gewerkschaftliche und politische Aktivist*innen werden gefoltert, ins Exil gezwungen, ins Gefängnis geworfen, verschwinden und werden ermordet. Die gesellschaftliche Polarisierung übersetzt sich in die Vorstellungen davon, was der Feminismus ist: Die Rechte hält die Feministinnen für subversiv und zersetzend; die Linke wiederum bezeichnet sie als »kleinbürgerlich«. Manche Gruppen schaffen es auch unter der Diktatur Aktionen zu organisieren, und einige Frauen treffen sich trotz des feindlichen Klimas weiter zu Reflexionsgruppen und gemeinsamem Studium. Doch erst mit dem Sturz der Diktaturen und der Errichtung neuer bürgerlich-demokratischer Regime in Argentinien, Chile und Brasilien

friedlichen Kundgebung. In den Monaten zuvor erschütterten zahlreiche Streiks und Besetzungen das Land.

184 Leonor Calvera, *Mujeres y Feminismo en Argentina*, Buenos Aires, Grupo Editor Latinoamericano, 1990, eigene Übersetzung.

zu Beginn der 80er Jahre, und noch später in den Ländern Zentralamerikas, spielt die feministische Bewegung in Lateinamerika wieder eine wichtigere Rolle.

Die Diktaturen haben die Fäden der Kontinuität mit der vorherigen Etappe großteils gekappt. Viele der ursprünglichen Forderungen des Feminismus der 70er Jahre werden wieder diskutiert. In gewisser Weise zwingen die Jahre des Terrors die lateinamerikanischen Feministinnen dazu, von Neuem zu beginnen, als die demokratischen Regime sich durchgesetzt haben.

Radikale und sozialistische Feministinnen gegen das Patriarchat

Die generelle Perspektive der feministischen Bewegung der 70er Jahre ist anti-institutionell. Deshalb ist sie nur im Rahmen der weltweiten aufständischen Bewegungen zu verstehen, dem französischen Mai '68, dem italienischen Heißen Herbst, den studentischen und pazifistischen Mobilisierungen gegen den Vietnamkrieg in den USA, dem Prager Frühling, dem Cordobazo in Argentinien, den nationalen Befreiungsbewegungen in Angola und Mosambik, der Revolution in Portugal, im Iran, in Nicaragua usw. Erst in den 80er Jahren beginnt die feministische Bewegung, sich mit Institutionen wie den politischen Parteien und dem Staat zu versöhnen, und bewegt sich von den Straßenmobilisierungen weg auf anderes Terrain.

Die verschiedenen Strömungen innerhalb der feministischen Bewegung lassen sich durch ihre unterschiedlichen Analysen der Unterdrückung voneinander abgrenzen und damit auch durch ihre Vorstellung davon, wie gegen die Unterdrückung gekämpft werden muss. Die radikalsten Strömungen werden von Frauen angetrieben, die aus anderen Organisationen oder Emanzipationsbewegungen stammen und politische und aktivistische Erfahrungen in der Linken mitbringen. Viele von ihnen sind Marxistinnen, aber sie lehnen die Diskriminierung ab, der sie in ihren politischen Organisationen ausgesetzt sind. Sie begründen unabhängige und radikale Bewegungen, überzeugt davon, dass sich ihr Kampf gegen ein patriarchales System richten muss, das von Grund auf zu verändern sei und das die linken Parteien nur reproduzieren würden. Bestätigt sehen sie dies im Alltag und in der Politik des sogenannten »Realsozialismus« (in der Sowjetunion und den anderen Ländern Osteuropas unter der eisernen Herrschaft des Stalinismus) und ebenso in den persönlichen Erfahrungen, die sie in den Guerilla-Bewegungen und anderen linken Organisationen und Parteien gemacht haben.[185]

Die Feministinnen konzeptualisieren Geschlecht als ein soziales Konstrukt, nicht festgelegt durch die Anatomie. Sie weisen so den biologischen Determinismus des Geschlechts oder der sexuellen Differenz zurück, der so oft benutzt wird, um die Diskriminierung der Frauen zu rechtfertigen. Es gibt für sie keine Entschuldigung für die rechtliche Ungleichheit und die ungleiche Behandlung, die sich in allen Bereichen des Lebens ausdrückt. Anders gesagt: Für diese Gleichheitsfeministinnen ist die Biologie kein Schicksal. Es geht darum, die Hierarchien aufzuheben, die in Bezug auf die sozial konstruierten Geschlechterdifferenzen etabliert wurden und die den

185 Der Stalinismus und die Guerilla-Bewegungen reproduzieren unkritisch die kleinbürgerlichen moralischen Werte der kulturell und politisch konservativen bäuerlichen Massen, die unter dem Einfluss von Religion, Vorurteilen und Traditionen stehen. Im Gegensatz dazu hat die Tradition des revolutionären Marxismus immer für die Emanzipation der Frauen gekämpft und schon zu Beginn des 20. Jahrhunderts nach der Russischen Revolution die Homosexualität von der Liste der »Perversionen« und »Verbrechen« gestrichen. Die Verstetigung der historischen Unterdrückung im Namen des Sozialismus stärkt letztlich das beschönigende Bild der imperialistischen Demokratien als »Reich der Freiheit«. Dabei ist einer der wesentlichen Aspekte einer sozialistischen Revolution die Veränderung, die nach der Machteroberung und mittels einer permanenten inneren Anstrengung die Gesamtheit der gesellschaftlichen Verhältnisse (Wirtschaft, Technik, Wissenschaft, Familie, Gebräuche) erfasst, ohne dass die Gesellschaft ein Gleichgewicht erreicht. Die herrschende Klasse im Kapitalismus dagegen zieht die Stabilität der gesellschaftlichen Verhältnisse vor, genau wie der parasitäre stalinistische Klüngel, der im Namen der Revolution die Führungsrolle der Massen an sich reißt.

Ausschluss und die Unterdrückung der Frauen sichern. Die Wurzeln des Gleichheitsfeminismus sind in den Ideen der Aufklärung und im Konzept der Universalität zu suchen. Diese Strömung legt den Akzent auf die Fähigkeit zum rationalen Denken, die allen Subjekten gemein ist, und fordert, dass jede Norm universalisiert, also verallgemeinert werden kann. Der Gleichheitsfeminismus ist in letzter Instanz eine Kritik, die versucht, die Losungen der revolutionären Bourgeoisie vom Ende des 18. Jahrhunderts auf die Spitze zu treiben. Diese Bourgeoisie forderte Freiheit, Gleichheit und Brüderlichkeit, während sie gleichzeitig die *Erklärung der Menschen- und Bürgerrechte* schrieb und die Macht im Staat ergriff. Die Frauen der Französischen Revolution, die zu hinterfragen wagten, warum unter der bürgerlichen Fahne nicht auch ihre Rechte als Staatsbürgerinnen erobert wurden, sind die »Großmütter« dieser Gleichheitsfeministinnen der Zweiten Welle.

Wenngleich mit unterschiedlichen Ideologien und ausgehend von ihren jeweils eigenen Konzeptionen, kämpft die Mehrheit der Feministinnen der Zeit für die Gleichheit. Manche Autorinnen schlagen folgende grobe Einteilung der unterschiedlichen Strömungen vor: Auf der einen Seite vertreten Liberale und Sozialistinnen einen Feminismus, der Forderungen aufstellt. Ihre Analysen der untergeordneten Stellung der Frauen in der Gesellschaft und ihre spezifischen Forderungen binden sie in ein umfassenderes Verständnis von der Funktionsweise der Gesellschaft ein. Die Liberalen sprechen von der Notwendigkeit, den Kapitalismus zu reformieren, um die Lage der Frauen zu verbessern. Die Sozialistinnen schlagen die sozialistische Revolution und die Zerstörung des kapitalistischen Systems vor, um ein anderes Gesellschaftssystem zu errichten, das auf der Abschaffung des Privateigentums und damit dem Ende der Ausbeutung basiert. Auf der anderen Seite vertreten die radikalen Feministinnen eine entgegengesetzte Position: Sie betonen die Notwendigkeit, das Patriarchat abzuschaffen, und verwandeln den Feminismus in eine politische Theorie, mit der die Gesamtheit des gesellschaftlichen Systems verstanden werden kann.[186] Die radikalen Feministinnen adaptieren auch einige Elemente der marxistischen Theorie für eine neue Konzeption der Frauenunterdrückung, basierend auf der Idee, dass Frauen eine eigene soziale Klasse bilden.

Die wichtigsten Vertreterinnen dieser letzten Strömung sind Kate Millett und Shulamith Firestone. Kate Millett arbeitet zur Frage der Sexualpolitik und zeigt auf, dass das Patriarchat eine politische Struktur ist, die die herrschende gesellschaftliche Ordnung legitimiert. Trotz seiner verschiedenen historischen Transformationen ist das Patriarchat für sie das Rückgrat aller westlichen Gesellschaften. Millett definiert Politik als die machtstrukturellen Beziehungen, aufgrund deren eine Gruppe von Menschen von einer anderen Gruppe regiert wird. Sie unterscheidet zwischen *sex* (biologisches Geschlecht) und *gender* (soziales Geschlecht) und legt dar, dass Sexualität durch Kultur geformt wird. Sie will zeigen, dass zwischen dem ersten und dem zweiten Begriff keine unvermeidliche »Korrespondenz« beruhend auf biologischen Notwendigkeiten besteht, sondern es verschiedene kulturelle Formen gibt, beide miteinander in Beziehung zu setzen. Die Gesellschaft organisiert die Unterschiede zwischen Männern und Frauen nicht nur anhand rechtlicher Formen, sondern auch durch sozialisierende Aktivitäten, die subtiler und umfassender sind. Millett definiert das Patriarchat als eine Sexualpolitik, die im Wesentlichen von der Gesamtheit der Männer über die Gesamtheit der Frauen ausgeübt wird. Die Klassenzugehörigkeit der Frauen ist für Millett daher nur von untergeordneter Bedeutung: »Wirtschaftliche Abhängigkeit macht aus ihrer Verbindung mit der Klasse eine flüchtige und vorübergehende Angelegenheit.«[187] Shulamith Firestone, Autorin von *Frauenbefreiung und sexuelle Revolution*, sagt ihrerseits: »Die materialistische Anschauung der Geschichte geht von dem Satz aus, daß die Dialektik der Geschlechter die Grundlage aller

186 Vgl. z. B. Amalia Valcárcel, *Sexo y filosofía. Sobre »mujer« y »poder«*, Bogotá, Anthropos, 1994.

187 Kate Millett, *Sexus und Herrschaft*, München, Kurt Desch, 1971.

Gesellschaftsordnung ist: Die Gliederung der Gesellschaft in zwei biologisch unterschiedliche Klassen, und die Kämpfe dieser Klassen gegeneinander; die Veränderungen in den Bedingungen von Ehe, Fortpflanzung und Kinderaufzucht; und die erste Arbeitsteilung auf der Grundlage der Geschlechter, die sich dann zu dem ökonomischen und kulturellen Klassensystem weiterentwickelt, sind die Triebkräfte aller historischen Ereignisse.«[188] Dies führt sie zu der Hypothese, dass die Befreiung der Frau von der Unterdrückung, die ihr durch ihren Körper aufgezwungen wird, durch Technologie ermöglicht werde – und zwar dank der Entwicklung von Verhütungsmitteln und der Reproduktion außerhalb der Gebärmutter. Aber indem sie darauf beharrt, dass die zentrale gesellschaftliche Trennung die Trennung zwischen den Geschlechtern ist (die sie Klassen nennt), versteht sie die spezifische Unterdrückung der Frauen als direkte Folge ihrer Anatomie und ihrer reproduktiven Fähigkeiten. Damit scheint die Ungleichheit wieder in biologischen Begriffen gefasst zu werden. Das Patriarchat wiederum wird somit als eine generalisierte und ahistorische Machtstruktur beschrieben.

Andere Autorinnen des Radikalfeminismus, die auch materialistische Feministinnen genannt werden, nehmen zum Ausgangspunkt, dass die Frauen keine natürliche Gruppe sind, deren Unterdrückung auf ihrer biologischen Natur beruht, sondern dass sie eine soziale Kategorie bilden. Für sie sind die Frauen ebenfalls eine soziale Klasse, nun aber mit gemeinsamen Interessen, die auf den spezifischen Bedingungen ihrer Ausbeutung beruhen. Ihre gemeinsame Unterdrückung ist also Produkt eines ökonomischen Verhältnisses, und zwar der Ausbeutung der von den Frauen geleisteten reproduktiven Arbeit oder Hausarbeit durch die Männer.

Der sozialistische Feminismus wiederum versucht die marxistische Klassenanalyse mit der Analyse der Unterdrückung

188 Shulamith Firestone, *Frauenbefreiung und sexuelle Revolution*, Frankfurt/Main, Fischer, 1987.

der Frauen zu verbinden. Er setzt den Schwerpunkt auf das Konzept des Patriarchats und auf die historische Entwicklung der Art und Weise, wie Familienverhältnisse in den verschiedenen Produktionsweisen organisiert werden. Die sozialistischen Feministinnen verstehen die Ungleichheit als eine ganz und gar gesellschaftliche Frage: Sie beschäftigen sich vor allem mit dem Konzept der geschlechtlichen Arbeitsteilung – eine Teilung, die für sie die Ursache für die soziale Ungleichheit zwischen den Geschlechtern ist. Sie definieren das Patriarchat als die Gesamtheit der gesellschaftlichen Verhältnisse der menschlichen Reproduktion, die von der männlichen Dominanz über Frauen und Kinder strukturiert sind. Nach ihrem Verständnis übersetzt sich die Unterordnung der Frauen in der Sphäre der Reproduktion auch in die Welt der Produktion – mit der Konsequenz, dass die Teilnahme der Frauen am Produktionsprozess unter Bedingungen der Unterlegenheit stattfindet. Viele von ihnen vertreten die Ansicht, dass diese Unterdrückung die ursprüngliche gewesen ist und das Modell für alle folgenden Situationen von Ungleichheit und Herrschaft, wie die der Klasse. Andere folgen den Ausarbeitungen von Engels und gehen davon aus, dass vor der Entstehung von Klassengesellschaften ein Matriarchat existierte. Sie nehmen an, dass Unterdrückung als gesellschaftliches Verhältnis erst zusammen mit dem grundlegenden Antagonismus der Klassengesellschaft entstanden ist, der wiederum selbst durch die Möglichkeit der Produktion von Überschüssen entsteht.[189]

189 Die Hypothese, die Engels in seinem Werk *Der Ursprung der Familie, des Privateigentums und des Staats* vertritt, schlägt eine organische Verbindung zwischen der Entstehung der ersten Klassengesellschaften (und damit verbunden der Entstehung des Privateigentums und des Staates) und der Transformation der familiären Gruppen (Horden, Klans, Stämme) zur klassischen monogamen Familie vor. Letztere ist eine Weise, die Reproduktion zu organisieren, die die Frauen auf die Zurückgezogenheit im (privaten) Heim festlegt, um die Legitimität der Nachkommen zu garantieren. Das Patriarchat erscheint also historisch verbunden mit der Notwendigkeit der herrschenden Klassen, die Weiterexistenz ihrer Vorherrschaft zu sichern. Im Zusammenhang mit dieser Hypothese stellt Engels Vermutungen über die Existenz eines »matriarcha-

Diese verschiedenen Konzeptionen dessen, woher Ungleichheit und Unterdrückung stammen, bringen verschiedene politische Strategien im Kampf für die Gleichheit mit sich. Die liberalen Feministinnen wählen die Eingliederung in den Staatsapparat, in Orte der Macht, Institutionen des Regimes und der Regierungen, um Reformen durchzusetzen, die zu mehr Gleichheit führen sollen. Dagegen bestehen die sozialistischen Feministinnen – strategisch und mit verschiedenen Nuancen – auf der Notwendigkeit einer antikapitalistischen Revolution. Ein roter Faden verbindet die verschiedenen Herangehensweisen: Sei es auf reformistischem oder revolutionärem Weg – sie alle sind sich darin einig, dass die hierarchischen Differenzen zwischen den Geschlechtern beseitigt werden müssen, um Gleichheit zu erreichen. Dieses Anliegen wird jedoch kurze Zeit später zurückgewiesen, als Mitte der 70er Jahre eine neue Strömung, bekannt als Differenzfeminismus, die Bühne betritt.

len« Systems an, das in der gesellschaftlichen Organisation vor der Trennung in Klassen geherrscht haben soll (Urkommunismus). Diese Hypothese wird aber von neuen Erkenntnissen in der Anthropologie und feministischen Studien infrage gestellt. Heute wird eher von »matrilinearen« Gesellschaften gesprochen, also von Gesellschaften, in denen die Abstammungsstrukturen von der mütterlichen Blutlinie abgeleitet werden, da die genaue Rolle der Männer bei der Fortpflanzung unbekannt war. Kritisiert wird außerdem die Romantisierung der Gesellschaften ohne Klassen, die bei Engels zu finden ist. Dieser neigt dazu, ein idealisiertes Bild dieser Gesellschaften zu zeichnen, denn er versucht zu belegen, wie gegensätzlich die Situation vor und nach der Entstehung der Klassen war. Er will zudem zeigen, dass die untergeordnete Stellung der Frauen in den Klassengesellschaften ein historisches Produkt ist und keine Rolle, die ihnen natürlicherweise zukommt.

Kapitel VII. Differenz der Frauen, Differenz unter Frauen

Es genügte nicht, zusammen Frauen zu sein.
Wir waren anders.
Es genügte nicht, zusammen lesbische Frauen zu sein.
Wir waren anders.
Es genügte nicht, zusammen Schwarz zu sein.
Wir waren anders.
Es genügte nicht, zusammen Schwarze Frauen zu sein.
Wir waren anders.
Es genügte nicht, zusammen Schwarze lesbische Frauen zu sein.
Wir waren anders.
Jede von uns hatte eigene Bedürfnisse und Ziele und schloß viele verschiedene Bündnisse. Der Selbsterhaltungstrieb warnte einige von uns davor, uns auf einer einfachen Definition, einer Schmalspur-Bestimmung unseres Selbst auszuruhen. […] Es dauerte eine Weile, bevor uns klar wurde, daß unser Ort das Haus des Andersseins selbst war, und nicht die Sicherheit eines einzelnen Unterschieds.
Audre Lorde

Die imperialistische Offensive räumt auf

Im ausgedehnten Prozess der Radikalisierung, den wir in Kapitel VI beschrieben haben, wird auch das alltägliche Leben radikal in Frage gestellt: Die feministische Bewegung erschafft sich in dieser Zweiten Welle neu, unter neuen Prämissen. Die Bewegung für die sexuelle Befreiung tritt aus dem Hintergrund, in den die Repression sie gezwungen hat, und wird mit den Barrikaden von Stonewall[190] und der *Gay*

190 A. d. Ü.: Die Stonewall Riots sind ein Aufstand von LGBTI*-Menschen gegen Polizeirepression in New York City. In der Nacht des 28. Juni 1969 kommt es zu einer Razzia in der Kneipe Stonewall Inn in der Christopher Street in Greenwich Village. Anschließend wehren sich Tausende in Straßen-

Pride-Bewegung weltweit sichtbar. Die Schwarze Bewegung zeigt ihre Widerstandskraft und hisst die Fahne der *Black Power*. Die Universitäten verwandeln sich in Orte der politischen und philosophischen Debatte, der musikalischen Experimente und des LSD. Unterdessen werden die traditionelle Familie, die monogame und heterosexuelle Paarbeziehung und alle zwischenmenschlichen Beziehungen durch Vorstellungen von freier Liebe und gemeinschaftlichem Leben in Kommunen auf den Prüfstand gestellt.

Diese Periode der sozialen und politischen Radikalisierung zwischen dem Ende der 1960er und dem Anfang der 80er Jahre erschüttert gleichzeitig den Westen und den Osten. In den zentralen Ländern wird sie schließlich durch Reformen und Zugeständnisse an die Massen beendet. In einigen Ländern der Peripherie dagegen wird ihr mit blutigen konterrevolutionären Staatsstreichen ein Ende gesetzt. Die darauf folgende imperialistische Gegenoffensive – die als »Neoliberalismus« bekannt werden sollte – versetzt den Massen nicht nur eine politische, sondern auch eine kulturelle Niederlage. In dieser Periode, der Zeit des Reaganismus-Thatcherismus[191], versucht die Bourgeoisie, eine immer heftigere strukturelle Krise zu überwinden. Aber die partielle Erholung, die dem Kapitalismus nun gelingt, basiert – anders als nach den Weltkriegen 1914–1918 und 1939–1945 – nicht auf der Zerstörung von Produktivkräften durch die Kriegsmaschinerie. Auch wenn eine begrenzte physische Zerstörung stattfindet, ist die Basis dieser »neuen Ordnung« im Grunde die ungeheure Fragmentierung, also Zersplitterung, der Arbeiter*innenklasse. Die Niederlage Argentiniens im Falklandkrieg[192] von 1982 wirkt

schlachten gegen die Polizei. Diese Unruhen markieren einen Wendepunkt für die LGBTI*-Bewegung, weshalb der Christopher Street Day auch heute noch gefeiert wird.

191 Der Republikaner Ronald Reagan ist zu dieser Zeit US-Präsident. Die Konservative Margaret Thatcher ist gleichzeitig Premierministerin des Vereinigten Königreichs.

192 A.d.Ü.: Der Falklandkrieg ist ein Krieg des Vereinigten Königreichs

disziplinierend auf den lateinamerikanischen Kontinent und auf die gesamte halbkoloniale Welt, ebenso wie die Niederlage des Irak im Golfkrieg von 1991. Die Lektion scheint zu sein, dass sich niemand dem Imperialismus entgegenstellen kann, dass er unbesiegbar ist. Hinzu kommt der schmutzige Krieg der Contra-Rebellen[193], die, von den USA bewaffnet, in Nicaragua eingreifen. Noch später kapitulieren die Führungen der Guerilla-Gruppen der Region oder werden mit Abkommen und Verträgen kooptiert. So wird die Revolution in Zentralamerika zerschlagen. All dies ist Teil der imperialistischen Offensive, die die Arbeiter*innen- und Massenbewegungen fragmentiert und in die Defensive drängt.

Im Europa der 80er Jahre werden die gerade gewählten »sozialdemokratischen« Regierungen, wie unter François Mitterrand in Frankreich oder Felipe González im Spanischen Staat, zu fanatischen Agent*innen des Kapitals. Sie starten Angriffe auf die Errungenschaften der Arbeiter*innen- und Massenbewegungen, was sich in den 90er Jahren fortsetzt und noch verschärft. Die Bürokratie in der Sowjetunion und den

gegen Argentinien im Jahr 1982. Die Falkland-Inseln (spanisch Islas Malvinas) vor der Küste Argentiniens sind eine britische Kolonie mit einigen tausend Bewohner*innen und einer großen Militärbasis, auf die auch Argentinien Anspruch erhebt. Im April 1982 erobert die argentinische Militärdiktatur unter Leopoldo Galtieri überraschend die Inseln. Der britische Imperialismus unter der Regierung von Margaret Thatcher kann sie mit Hilfe des US-Imperialismus rasch zurückerobern, was ihr auch Rückhalt für neue Angriffe auf die britische Arbeiter*innenklasse verschafft. Die argentinische Linke erhebt die antiimperialistische Forderung nach dem Rauswurf der britischen Besatzer*innen, ohne dabei die Diktatur zu unterstützen. Im Rahmen der breiten Mobilisierungen zur Unterstützung des Krieges kann die argentinische Linke auch erstmals seit Beginn der Diktatur öffentlich auftreten. Unmittelbar danach bricht die Diktatur zusammen.

193 A. d. Ü.: Die Contra-Rebellen sind rechtsradikale Paramilitärs in Nicaragua, die von 1981 bis 1990 einen Guerilla-Krieg gegen die linke Regierung der Sandinist*innen führen. Obwohl der US-Kongress jegliche Unterstützung für die Contras verboten hat, liefert die Reagan-Regierung weiterhin heimlich Waffen. Von ihren Stützpunkten in Honduras aus ermorden die Contras zehntausende Zivilist*innen. 1990 verlieren die Sandinist*innen die Wahlen, womit der Krieg allmählich zu Ende geht.

Ländern Osteuropas wiederum verschreibt sich nun mit Haut und Haar dem Imperialismus. Angesichts der katastrophalen Wirtschaftslage, Resultat des erdrückenden Gewichts der Auslandsschulden, fördert sie die Öffnung der Märkte und die kapitalistische Restauration. In den 90er Jahren nimmt die Übertragung der Reichtümer Lateinamerikas an die USA und Europa skandalöse Ausmaße an.[194]

Das Modell des freien Weltmarkts und der Gedanke der Alternativlosigkeit des Kapitalismus prägen diese Periode der bürgerlichen Restauration. Sie zeichnet sich durch die Umlenkung und Kanalisierung der Massenbewegung mittels Ausweitung der demokratischen kapitalistischen Regime aus. Es werden wirtschaftliche, soziale und politische Maßnahmen durchgesetzt, die einen Großteil der Errungenschaften zunichte machen, die in der vorangegangenen Periode erreicht wurden. Dieser Prozess breitet sich zeitlich und räumlich in noch nie dagewesener Art und Weise aus. »Geografisch weiter ausgedehnt, konstituierten sich degradierte Demokratien, die sich wesentlich auf die städtischen Mittelschichten und auch auf privilegierte Sektoren der ArbeiterInnenklasse (insbesondere in den zentralen Ländern) stützten, was einen wachsenden Konsum ermöglichte. Die Ent-Ideologisierung des politischen Diskurses durch die Verknüpfung der Überhöhung des Individuums mit seiner Verwirklichung im Konsum (›Konsumismus‹) war die Basis dieses ›neuen Paktes‹. Er war sehr viel elitärer als der der Nachkriegszeit und ging mit der Vergrößerung der Ausbeutung und dem sozialen Abstieg des Großteils der ArbeiterInnenklasse einher sowie mit hohen

194 Fast eine Billion Dollar an Gewinnen, Zinszahlungen auf Schulden, Handelsüberschüssen und Patentgebühren verlassen in dieser Zeit die Region. Hinzu kommen der Verkauf der profitabelsten Unternehmen und die Übertragung der Kontrolle über wichtige Teile des Binnenmarkts. Heute vereinen die 200 größten multinationalen Unternehmen nicht weniger als ein Viertel der weltweiten Produktion auf sich. Und allein die 200 mächtigsten Magnat*innen besitzen einen persönlichen Reichtum, der das Jahreseinkommen der zweieinhalb Milliarden ärmsten Menschen auf dem Planeten übersteigt.

Arbeitslosenraten und der exponentiellen Ausbreitung der Armut.«[195] Während die am besten gestellten Sektoren der Arbeiter*innenklasse und der Mittelschicht in das Konsumfest integriert werden, ist die Mehrheit zu chronischer Arbeitslosigkeit, zum Leben in überfüllten Vororten und zur sozialen, politischen und kulturellen Marginalität verurteilt. Der Individualismus durchdringt nun auch die Massenkultur.

Um dies durchzusetzen, nutzt die herrschende Klasse die Zusammenarbeit mit den stalinistischen, sozialdemokratischen und bürgerlich-nationalistischen politischen Führungen. Diese erzwingen die Umlenkung der Prozesse der Radikalisierung, führen sie in die Niederlage und verraten die Massenmobilisierungen. Angesichts der imperialistischen Angriffe auf die Massen und ihre Errungenschaften agieren die von der Arbeiter*innenklasse geschaffenen Organisationen (von den sozialdemokratischen und kommunistischen Parteien bis hin zu den Gewerkschaften und den bürokratisierten Arbeiter*innenstaaten) als Agent*innen der Durchsetzung ebenjener Maßnahmen, die der Herrschaft des Kapitals eine neue Gestalt geben.

Diese »Integration« etabliert einen »neuen Pakt« zwischen den Klassen. Er wird möglich, indem viele demokratische Forderungen der sozialen Bewegungen, inklusive des Feminismus, auf die politische Agenda gesetzt und mittels staatlicher Programme umgesetzt werden, wenn auch in abgeschwächter Form. Zudem bildet sich eine neue ideologische Offensive heraus, die in der Idee vom »Ende der Geschichte und der Ideologien« zusammengefasst werden kann. In diesem Rahmen verändert sich der Feminismus – weg von der Rebellion und hin zur Institutionalisierung. Nach einer langen Geschichte gemeinsamer Barrikaden findet nun eine Trennung statt: Auf der einen Seite steht die Arbeiter*innenklasse, deren verräterische Führung bereitwillig Errungenschaften preisgibt oder

195 Emilio Albamonte, Matías Maiello, »An den Grenzen der bürgerlichen Restauration«, online abrufbar unter klassegegenklasse.org, zuerst erschienen in: *Estrategia Internacional*, Nr. 27, 2011.

bestenfalls halbherzigen Widerstand gegen die neoliberalen Attacken organisiert. Auf der anderen Seite stehen die sozialen Bewegungen, die angesichts der ihnen aufgezwungenen historischen Niederlage die Perspektive einer radikalen Veränderung des Weltsystems aufgeben.

Auch der Feminismus verzichtet nun auf den Kampf gegen die soziale und moralische Ordnung des Kapitals, die für Frauen großes Elend und Unrecht bedeutet. Stattdessen führt er in den Institutionen des bürgerlich-demokratischen Staates einen Kampf für mehr »Anerkennung« oder zieht sich in die selbstgewählte Isolation zurück. Der Feminismus findet in diesen Jahrzehnten der tiefgreifenden bürgerlichen Restauration auch kein Vorbild in den Ländern des sogenannten »Realsozialismus« wie noch zu Beginn des 20. Jahrhunderts. Sie finden dort nur den vermeintlichen Beweis, dass jeglicher Versuch, sich existierenden Herrschaftssystemen entgegenzustellen, lediglich neue und monströsere Formen der Herrschaft und des Ausschlusses erschafft. Denn der Stalinismus hat die freiheitlichen Ideale des Bolschewismus und den Kampf für die Befreiung der Frauen verraten und in ihr Gegenteil verkehrt. Er hat eine familiäre Ordnung reinstalliert, in der Frauen nur Ehefrauen, Mütter und Hausfrauen sein konnten. Er hat das Recht auf Abtreibung abgeschafft und die Prostitution wie zu Zeiten des Zarismus kriminalisiert. Er hat die Politik der Einrichtung von öffentlichen Wäschereien, Kantinen und Gemeinschaftshäusern drastisch zurückgefahren und schließlich alle Frauenorgane der Partei aufgelöst.

Die Radikalität des Feminismus wird also schließlich vom System verschlungen. Durch den »Marsch durch die Institutionen« verschwindet die vormals subversive Haltung des Feminismus und verschiebt sich vom Einsatz für die radikale gesellschaftliche Umwälzung zu einem rein symbolischen Widerstand. Zwischen der Ausdehnung des Massenkonsums und der Verherrlichung des Individualismus verliert der Feminismus seinen kritischen Charakter. Die sozialen Bewegungen verwandeln sich in technokratische Kaderschmieden, aus denen sich das Personal für die neue »Entwicklungshilfe« rekrutiert. Später werden wir sehen, dass sich nun die Vorstellung einer individuellen Emanzipation durchsetzt, ausgerichtet auf die Möglichkeiten des Konsums und der Aneignung und Transformation des eigenen Körpers. Wie weit entfernt ist dies von der radikalen Kritik, mit der es dem Feminismus einst gelang, die Allianz von Kapital und Patriarchat anzugreifen.

Unabhängige und institutionalisierte Feministinnen in Lateinamerika

In Lateinamerika beginnen 1981 die *Encuentros Feministas de Latinoamérica y el Caribe* (Feministische Treffen Lateinamerikas und der Karibik), auf denen sich alle zwei oder drei Jahre Feministinnen zu politischen Diskussionen über die Situation der Bewegung und mögliche gemeinsame Aktionen versammeln. Trotzdem sind Akademisierung, Einbindung in die Institutionen des politischen Regimes und »NGOisierung« die wichtigsten Tendenzen im Feminismus dieser Zeit. Sie beginnen die feministische Bewegung von Grund auf zu verändern. Dies führt zwar zu einer Menge an neuen Erfahrungen, Aktionen und Erkenntnissen, aber auch zur Fragmentierung und wachsenden Vereinnahmung durch die politischen Regime. Die Differenzen in den theoretischen Konzeptionen, politischen Grundlagen und in der Praxis brechen bald im Inneren der Bewegung auf. Mit am deutlichsten zeigt sich das in der Spaltung in »Unabhängige« und »Institutionalisierte«.[196]

196 Zu Beginn dreht sich eine der grundlegenden Debatten um die Frage der »Doppelten Militanz«, verstanden als die Militanz im Feminismus einerseits und in den Organisationen und politischen Bewegungen, die nicht spezifisch feministisch sind, andererseits. Die Treffen der 80er Jahre sind von diesen Diskussionen geprägt. Neben der Doppelten Militanz wird über die Zugehörigkeit zu verschiedenen Strömungen innerhalb des Feminismus diskutiert, die in unterschiedlichen ideologischen und politischen Traditionen stehen. Außerdem geht es um die Praxis in den »consciousness raising«-Gruppen (Gruppen zur »Schärfung des Bewusstseins«) oder um die Idee,

Die Debatten der 80er Jahre gipfeln für die Feministinnen aus Lateinamerika und der Karibik im vierten Treffen in Taxco, Mexiko. Dort erarbeitet eine Gruppe ein kritisches Dokument, das in aller Schärfe die »Mythen der feministischen Bewegung« beschreibt. Diese verhindern den Unterzeichnerinnen zufolge die Weiterentwicklung der Bewegung. Das Dokument erhält viel Aufmerksamkeit. Es hält fest, dass »der Feminismus einen langen Weg vor sich hat, denn was er wirklich erreichen will, ist die radikale Umwälzung der Gesellschaft, der Politik und der Kultur. Die aktuelle Entwicklung der feministischen Bewegung bringt uns dazu, bestimmte Analysekategorien zu überdenken, ebenso wie unsere bisherigen politischen Praxen«. Im gleichen Text zählen sie die »Mythen« auf, die ihrer Ansicht nach eine Anerkennung der Differenzen im Inneren der Bewegung verhindern und den Aufbau eines feministischen politischen Projekts erschweren. Diese sind: »1. Wir Feministinnen interessieren uns nicht für die Macht. 2. Wir Feministinnen machen auf andere Weise Politik. 3. Alle Feministinnen sind gleich. 4. Es existiert eine natürliche Einheit durch den bloßen Umstand, Frau zu sein. 5. Der Feminismus existiert nur als Politik von Frauen für Frauen. 6. Die kleine Gruppe ist die Bewegung. 7. Räume für Frauen garantieren per se positive Prozesse. 8. Weil ich als Frau es fühle, ist es wahr. 9. Das Persönliche ist automatisch politisch. 10. Konsens ist Demokratie.« Sie folgern: »Diese zehn Mythen haben Frustration, Selbstgenügsamkeit, Erschöpfung, Ineffizienz und Verwirrung erzeugt. Viele Feministinnen nehmen dies wahr und sind sich bewusst, dass dies auf die große Mehrheit der Gruppen zutrifft, die heute in Lateinamerika feministische Politik machen.« Schließlich schlagen sie den lateinamerikanischen Feministinnen vor: »Lasst uns die Konflikte, Widersprüche und Differenzen nicht negieren. Lasst uns eine Ethik der Spielregeln des Femi-

Bewusstsein zu anderen Gruppen von Frauen, zum Beispiel aus ärmeren Schichten, zu »bringen«.

nismus etablieren und eine Übereinkunft erreichen, damit wir in unserer Utopie voranschreiten können, die inhaltliche Tiefe und die Reichweite des Feminismus in Lateinamerika weiter auszubauen.«[197] Die Mythen, die in dem Dokument von Taxco verurteilt werden, verhindern die Intensivierung von politischen Diskussionen. Unterdessen formiert sich die Bewegung auf eine Weise neu, die nicht alle mit einschließt, ohne dass dies aber kritisiert werden darf. Obwohl das Dokument weite Verbreitung findet, halten sich diese Mythen in großen Teilen der Bewegung, sogar bis zum heutigen Tag. Gleichzeitig werden die Bewegung, die internationalen Treffen, Foren und andere Zusammenkünfte aufgrund der weiter zunehmenden Verarmung der Massen auf dem Kontinent immer elitärer.

Gegen Ende der 80er Jahre sind diese Probleme, die aus Sicht einiger Aktivistinnen den Fortschritt der feministischen Bewegung im Sinne einer »radikalen Umwälzung der Gesellschaft, der Politik und der Kultur« verhindern, schon sichtbar geworden. Trotz der Versuche der Homogenisierung, des Verhinderns von Kritik und der »romantischen Schwesternschaft« werden die sich abzeichnenden Divergenzen unumgänglich – vor allem in einer Zeit der scheinbaren Unausweichlichkeit von Kündigungswellen, Privatisierungen und Angriffen auf den Lebensstandard der Massen auf dem Kontinent, die sich in den 90er Jahren noch verschärfen. Für viele Feministinnen ist der ausgeprägte Prozess der Institutio-

197 Das Dokument »Del Amor a la Necesidad« (»Von der Liebe zur Notwendigkeit«) wird während eines Workshops zu »Feministischer Politik in Lateinamerika heute« während des *4. Encuentro Feminista Latinoaméricano y del Caribe* am 21. Oktober 1987 in Taxco (Mexiko) von Haydée Birgin (Argentinien), Celeste Cambría (Peru), Fresia Carrasco (Peru), Viviana Erazo (Chile), Marta Lamas (Mexiko), Margarita Pisano (Chile), Adriana Santa Cruz (Chile), Estela Suárez (Mexiko), Virginia Vargas (Peru) und Victoria Villanueva (Peru) kollektiv erarbeitet. Es wird außerdem unterschrieben von: Elena Tapia (Mexiko), Virginia Haurie (Argentinien), Verónica Matus (Chile), Ximena Bedregal (Bolivien), Cecilia Torres (Ecuador) und Dolores Padilla (Ecuador). Eigene Übersetzung.

nalisierung, den der Feminismus in den zentralen Ländern und später auch in Lateinamerika durchmacht, gleichbedeutend mit der Vereinnahmung der Bewegung durch das Patriarchat. Dies wiederum zeige, dass der Kampf für die Gleichheit mitnichten die Grundlagen des Systems infrage stelle, welches die Frauen unterdrückt. Diese Kritik bringt viele Frauen zu Positionen, die später Differenzfeminismus genannt werden.

Da das Streben nach Gleichheit in der Vereinnahmung der feministischen Bewegung endete, nehmen sich die Differenzfeministinnen nun vor, eben nicht auf Gleichheit, sondern auf Differenz zu bestehen. Sie wollen also diejenigen Aspekte betonen und aufwerten, in denen sich die Frauen grundlegend von den Männern unterscheiden, die diese Welt der Unterdrückung und Ungerechtigkeit aufgebaut hätten. »So entsteht nach dem Bankrott der aufklärerischen Hoffnungen auf Frieden und moralischen Fortschritt die Vorstellung der Frau als das nun positiv konnotierte Andere. Diese Konzeptualisierung der Frau unterscheidet sich, je nachdem, ob sie auf essenzialistischen oder konstruktivistischen[198] Vorannahmen beruht: die Frau als das biologisch Andere, als sorgende Mutter und fruchtbare Natur im Gegensatz zum Mann, dessen Aggressivität genetisch veranlagt sei; das Weibliche als das jeder Logik Vorausgehende und in der Alltagssprache Unausdrückbare im Gegensatz zur männlichen Vernunft; die Frau als kulturelle Konstruktion des Patriarchats mit positiven, wenngleich aus der Marginalisierung abgeleiteten Werten, usw.«[199]

198 A. d. Ü.: Essenzialismus beschreibt hier die Vorstellung, dass Geschlechterunterschiede in einem (meist biologisch begründeten) »Wesenskern«, einer Essenz von Männern bzw. Frauen wurzeln. Welche Essenz das ist, unterscheidet sich je nach Interpretation. Konstruktivismus ist demgegenüber die Vorstellung, dass diese Unterschiede sozial konstruiert, also hergestellt werden. Wie diese Konstruktion geschieht, unterscheidet sich je nach Strömung des Konstruktivismus.

199 Alicia Puleo, »En torno a la polémica igualdad/diferencia«, Cátedra de Estudios de Género, Universidad de Valladolid, mimeo, eigene Übersetzung.

Die Aufwertung des Weiblichen

So kritisieren die Italienerin Carla Lonzi und das Kollektiv *Rivolta Femminile* schon in den 70er Jahren, dass »die Gleichheit ein ideologischer Versuch ist, die Frau auf einem höheren Niveau zu unterwerfen. [...] Für die Frau bedeutet sich zu befreien nicht, das gleiche Leben wie der Mann zu akzeptieren, denn es ist nicht lebbar, sondern ihren eigenen Lebenssinn auszudrücken.«[200] Dem Feminismus, der Forderungen an den Staat stellt, wie er in der Phase der Radikalisierung Ende der 60er Jahre und Anfang der 70er Jahre entstanden war, wird vorgeworfen, die Anpassung an eine soziale und symbolische Ordnung voranzutreiben, welche die Frauen unsichtbar macht. Stattdessen wird vorgeschlagen, eine andere symbolische Ordnung zu schaffen, ausgehend vom Gedanken der sexuellen Differenz und der Materialität der »Bedingungen des Frauseins«. Hinter dieser Kontroverse steckt letztlich die Frage nach der Einbindung der feministischen Agenda in die Politik der Staaten, Regierungen und internationalen (Finanz-)Organisationen. Wie wir gesehen haben, hat sich der Feminismus im Austausch gegen seine Anerkennung ins System integriert. Er hörte auf, die Grundlagen des kapitalistischen Systems zu hinterfragen, und begann die bürgerliche Demokratie zu legitimieren. Denn er sah sie als das einzige Regime, in dem allmählich eine größere Gleichheit der Geschlechter realisierbar sei – mit Hilfe einiger Teilreformen, die das System als solches unangetastet lassen.

Der neue Differenzfeminismus versucht zu zeigen, dass in der Gesellschaft die morphologischen[201] Geschlechterunterschiede symbolisch aufgeladen werden. Das geschieht mit einem hierarchischen Blick, der den männlichen gegenüber dem weiblichen Körper aufwertet. Aus dieser Perspektive ist jeder Kampf für Gleichheit ein Versuch der Anpassung an

200 »Manifesto de Rivolta Femminile«, Rom, Juli 1970, eigene Übersetzung.
201 A. d. Ü.: Unterschiede in der körperlichen Gestalt.

eine androzentrische[202] Ordnung, die nur das als wertvoll und respektabel ansieht, was symbolisch als männlich gilt. Damit reproduziere der Gleichheitsfeminismus die Abwertung des Weiblichen in seinem Wunsch nach gleichen Rechten, die das Patriarchat aber exklusiv den Männern vorbehält. Der Differenzfeminismus wirft dem Gleichheitsfeminismus vor, im Diskurs vom Selbst und dem Anderen des phallogozentrischen[203] Denkens gefangen zu sein. Denn wenn im patriarchalen System der Mann das Modell des Universellen (Mensch = Mann) ist, bedeutet Frausein das »Andere« sein – also etwas anderes und Minderwertigeres als das Selbst, das als Norm fungiert. Die spezifische Kritik am Gleichheitsfeminismus zielt auf sein Streben danach, dass sich die Frau als das Gleiche (wie das Selbst) konstituiert. Dieser Wunsch allerdings sei bereits ein funktionaler Teil der Unterdrückung. Der Gleichheitsfeminismus bemühe sich also um ein Zugeständnis des patriarchalen Systems an die Frauen. Er stelle damit eine Falle derselben phallogozentrischen Logik dar, denn das patriarchale System konstituiere sich ja gerade durch das Selbst, das Herrschaft ausübt, und ein minderwertiges Anderes, das ewig darum kämpft, das Gleiche wie das Selbst zu sein, ohne dies je zu erreichen.

In Anlehnung an den Slogan *Black is Beautiful* der US-amerikanischen antirassistischen Bewegung oder an den schwul-lesbischen Begriff »Pride« treten die Differenzfeministinnen für eine neue, positive und aufwertende Interpretation des Weiblichen ein. Der Differenzfeminismus will die sexuelle Differenz neu denken, als verborgene Grundlage in den

202 A. d. Ü.: Androzentrismus bezeichnet eine Ordnung, die den Mann oder das Männliche ins Zentrum setzt und Gesellschaft nach dem Bild, den Interessen oder den Machtbeziehungen von Männern strukturiert. Eine androzentrische Sichtweise versteht das Männliche als die Norm, von der das Weibliche als das »Andere« abweicht.

203 A. d. Ü.: Phallogozentrismus ist ein aus der poststrukturalistischen Sprachwissenschaft abgeleitetes Konzept, dem zufolge Sprache, Denkweisen usw. männlich strukturiert sind und alle Vorstellungen von Weiblichkeit von Männlichkeit abgeleitet werden. In dieser Sichtweise ist das Weibliche »das Männliche, das lediglich im Gewande seiner Andersheit auftritt« (Luce Irigaray).

Diskursen von Philosophie, Naturwissenschaft, Psychoanalyse und Religion, allesamt Diskurse des phallogozentrischen Denkens. Dass alle Menschen von Frauen geboren werden und das Weibliche damit das negierte Ursprüngliche ist, werde vom verborgenen Phallogozentrismus unsichtbar gemacht. Aus dieser Negation heraus konstituiert sich das Subjekt, eingeschränkt durch die Gesetze der Sprache. Die daraus abgeleitete politische Konsequenz ist die Notwendigkeit, die Differenz zu verherrlichen, statt dafür zu kämpfen, die »Selbigkeit« zu erlangen. Denn Letzteres bringe die Frauen dazu, den Männern immer nur »hinterherzulaufen«. Zusammenfassend können wir sagen, dass – auch wenn es viele Unterschiede zwischen Autorinnen und Tendenzen gibt – der Differenzfeminismus von der Existenz einer idealen und wertvollen Weiblichkeit ausgeht, die intrinsisch zum Frausein dazugehört. Er hebt die Mutterschaft als etwas eigentümlich Weibliches hervor und verbindet sie mit positiven Eigenschaften wie Gewaltfreiheit. Er betont so die Beziehung der Frau zur Natur im Gegensatz zur Welt der männlichen Kultur und kommt zu der Schlussfolgerung, dass eine Welt der Frauen notwendig ist, die nicht durch das Männliche verdorben ist. Diese Auffassung führt zu politischem und sexuellem Separatismus. Den Differenzfeministinnen gemeinsam ist die Überzeugung, dass die Befreiung der Frauen von der Schaffung und Entwicklung einer weiblichen Gegenkultur abhängt.[204]

204 Celia Amorós, eine herausragende Philosophin der Gleichheit, nennt diese voluntaristische Aufwertung auch »stoische Aufwertung«. Sie sieht sie als eine Falle der Naivität seitens der Unterdrückten. Bei einem Vortrag in Buenos Aires sagt sie deutlich ironisch: »Es wird das als wertvoll anerkannt, was historisch als wertvoll anerkannt wurde, auch wenn die Frauen heute entscheiden, dass wertvoll zu sein bedeutet, Töpfe und Teller zu spülen.« Später fügt sie hinzu: »Wenn ihr euch über all die Frustration, die wir im gesellschaftlichen Leben erfahren, damit hinwegtrösten wollt, dass ihr denkt, Brathuhn zu machen sei die Essenz von Selbstverwirklichung und Kreativität, wie es einige Magazine und einige Feministinnen sagen, habt ihr dazu natürlich jedes Recht; ihr müsst aber wissen, dass wir die Dinge so nicht ändern werden.« – Celia Amorós, *Mujer: Participación, cultura política y estado*, Buenos Aires, De la Flor, 1990, eigene Übersetzung.

Eine der grundlegenden Kritiken am Differenzfeminismus von Seiten des Gleichheitsfeminismus ist, dass er zu einem unauflösbaren ontologischen Dualismus[205] führt, wenn er die Existenz von etwas »allgemein Menschlichem« zurückweist: Wenn es nichts Menschliches ohne geschlechtliche Differenzierung gibt, folgt daraus die logische und ontologische Unmöglichkeit »des Menschlichen« selbst, das heißt die Negation des Universellen, das über die Geschlechterdifferenz hinausweisen könnte. Die wichtigste theoretische Konsequenz dieser Negation ist die Rückkehr zu einem biologischen Essenzialismus, den die Gleichheitsfeministinnen so vehement bekämpft haben. Der Differenzfeminismus tue nichts anderes, als die sozial konstruierte Differenz, aufgrund deren die Frauen überhaupt erst der Unterdrückung als Frauen unterworfen sind, ins »Wesen« der Frauen zurückzuverlegen. Von einer anderen Seite wird dem Differenzfeminismus vorgeworfen, die Frauen auf unentschuldbare Weise zur Marginalität zu verdammen.

Integriert oder marginalisiert?

Die Herrschaftssysteme stellen die Unterdrückten vor ein Dilemma: Sie können einerseits die Integration ins System durch Anerkennung ihrer Forderungen nach Gleichheit oder andererseits – in der Betonung der Differenz – die Marginalisierung in Subkulturen oder Ghettos wählen. Der Gleichheitsfeminismus führt unausweichlich zu Ersterem, während der Differenzfeminismus die Frauen unerbittlich zu Letzterem verurteilt. Und so kommt es tatsächlich dazu, dass dieser neue Feminismus, der als Gegenreaktion auf die Anpassung

205 A. d. Ü.: Ontologie ist die philosophische Lehre des Seins, deren Ziel es ist, die grundlegende Natur der Dinge in der Welt sowie ihr Verhältnis zueinander zu erfassen und zu beschreiben. Zum Beispiel beschäftigt sie sich mit der Frage nach der Entstehung von Subjekten und der Beziehung zwischen ihnen. Als ontologischer Dualismus wird hier die Festschreibung von Männern und Frauen auf entgegengesetzte, nicht miteinander vereinbare Seins-Kategorien bezeichnet.

ans System durch den Gleichheitsfeminismus entstanden war, den politischen Kampf unterschätzt. Er beschränkt sich auf die Schaffung einer Gegenkultur, basierend auf neuen Werten, die aus der sexuellen Differenz erwachsen. Und mit der Ablehnung des Feminismus, der nach Gleichheit strebt, beerdigt er gleichzeitig das Projekt einer Gesellschaft der Gleichheit, die befreit ist von Ausbeutung und Unterdrückung.

Der Gleichheitsfeminismus hat das Verdienst, Geschlecht als soziale Kategorie zu begreifen, die von Machtverhältnissen durchzogen ist. Er macht sichtbar, dass die Unterdrückung der Frauen einen historischen Charakter hat und keine »natürliche« Konsequenz aus anatomischen Unterschieden ist. Der Differenzfeminismus wiederum widersteht der Anpassung an ein System, das auf der Unterordnung, Diskriminierung und Unterdrückung all dessen basiert, was vom »universellen« Modell abweicht, welches unter patriarchaler Herrschaft geschaffen wurde. Aber die Fortschritte in der politischen Gleichheit, die in den kapitalistischen Demokratien erreicht werden, heben die soziale Ungleichheit nicht auf. Genauso wenig hebt das geteilte Leiden in derselben sozialen Klasse – der Klasse der Ausgebeuteten – die Ungleichheit auf, die durch die Frauenunterdrückung entsteht.

Wie können wir uns eine Gleichheit vorstellen, die nicht der Herrschaft des Identischen und Gleichförmigen entspricht? Und wie eine Differenz, die sich nicht als Identität und Hierarchie konstituiert? Weit davon entfernt, unumwunden Stellung für die Gleichheit zu beziehen, schlägt der Marxismus eine materialistische und dialektische Lesart der Differenzen vor: Er hinterfragt die metaphysische Abstraktion der formellen Gleichheit, die die konkreten Differenzen an einen leeren Universalismus fesselt. Anders gesagt: Im Kapitalismus kann Gleichheit nur auf eine formelle Weise existieren, in der von den spezifischen Elementen der sozialen Existenz abstrahiert wird. Dem kapitalistischen Staat gelingt diese fetischisierte Trennung des Politischen und des Ökonomischen und er präsentiert uns im Ergebnis einen gespaltenen Menschen:

einerseits Besitzer*innen oder Enteignete, das heißt, mit Differenzen; aber zugleich Staatsbürger*innen, formell gleichgestellt. Dem Marxismus geht es um die gleichberechtigte Befriedigung unterschiedlicher Bedürfnisse: Dies ist die einzige Weise, wie Differenz nicht Hierarchie ist und Gleichheit nicht Uniformität. Dieses Ziel kann nicht durch eine »Ausweitung der Staatsbürger*innenschaft« seitens der kapitalistischen Demokratien erreicht werden. Nur eine Gesellschaft von freien Produzent*innen kann eine Gesellschaft sein, in der Gleichheit nicht auf der Errichtung einer despotischen Norm basiert, die Differenzen überdeckt, sondern auf einer egalitären Anerkennung der Differenzen, die die einzelnen Bestandteile des sozialen Lebens ausmachen.

Während die bürgerliche Restauration voranschreitet, kann weder die Integration in die kapitalistische Demokratie des Gleichheitsfeminismus noch die widerspenstige Gegenkultur des Differenzfeminismus verhindern, dass sich Gewalt und Unterdrückung von Millionen Frauen auf der ganzen Welt fortwährend reproduzieren und auf ein ungekanntes Niveau steigern. Der Kampf für die Frauenbefreiung als bloßes Streben nach Gleichheit innerhalb des Systems führt zu einem sterilen Reformismus: Diese Herangehensweise geht von der Existenz eines Systems aus, das für die Frauen nur noch zu perfektionieren wäre. Das Herz dieses Systems – das nach wie vor zutiefst hierarchisch ist – bleibt dabei unangetastet. Doch die Differenzfeministinnen bieten keine Alternative an: Dem Staat den Rücken zu kehren und sich allein an den Beziehungen zwischen Frauen und der Schaffung einer neuen, den traditionellen Werten des Patriarchats entgegengesetzten weiblichen Kultur zu erfreuen, trägt zur Entpolitisierung der feministischen Bewegung und zu ihrer Abtrennung von sozialen Kämpfen bei. Zu sagen, dass wir uns nicht in den kapitalistischen und patriarchalen Staat integrieren wollen, genügt nicht, um ihn hinwegzufegen. Dafür müssen wir ihm entgegentreten und ihn zerschlagen. Auf dem Weg dahin ist die Suche nach besseren, gleichberechtigteren Formen der

Existenz für Millionen von Frauen weltweit auch innerhalb der engen Grenzen dieser Gesellschaft der Ausbeutung wichtig. Aber sie reicht eben nicht aus, denn unsere Körper, unser Begehren und unsere Leben sind der Ausbeutung, Diskriminierung und Unterdrückung ausgeliefert, die aus den Eigentumsverhältnissen entstehen und durch den Staat abgesichert werden. Dem können wir durch unseren Willen allein nicht entfliehen.

Die Differenzfeministinnen werfen den Gleichheitsfeministinnen vor, sie hätten sich im Austausch gegen einige eingeschränkte Privilegien vom Patriarchat vereinnahmen lassen, indem einige wenige von ihnen Zugang zu klar abgegrenzten Orten der Macht erhielten. Aber die Differenzfeministinnen stützen – durch Auslassung – ebenfalls das kapitalistische System: indem sie ein autonomes Leben wählen, an den Rändern, mit Fokus auf Solidaritätsnetze und persönliche Erfahrungen, statt sich für eine aktive Politik gegen das System zu entscheiden. Denn mag die Solidarität zwischen einigen Frauen auch als ein geschützter Ort erscheinen, an dem das Leben fast so sein kann, wie wir es uns erträumen, das System bleibt doch bestehen. Es unterwirft Millionen Geschlechtsgenossinnen der Überausbeutung und stößt sie in ein Leben voller Widrigkeiten und Ungerechtigkeit. Es bewirkt, dass – nicht zufällig – die Ärmsten der Armen auf dem gesamten Planeten Frauen sind.

Intersektionen der Differenz

Bereits kurze Zeit später hinterfragen lesbische Frauen, Schwarze Frauen und Frauen aus der sogenannten »Dritten Welt« dieses »Feiern« der weiblichen Werte. Denn dadurch werden die zwischen den Frauen selbst existierenden Differenzen unsichtbar gemacht, die ebenfalls herrschaftlich und hierarchisch strukturiert sind. Sie prangern an, dass diese angeblichen weiblichen Werte nichts anderes sind als die universalistische und damit normative Form, in der sich die

Erfahrungen der weißen, angelsächsischen, heterosexuellen Frauen aus der Mittelschicht und den zentralen Ländern ausdrücken. Die Geschlechterdifferenz explodiert nun also in verschiedene, sich überkreuzende Differenzen zwischen den Frauen. Dies eröffnet den Weg zu vielfältigen Identitäten und zu einem fragmentierten politischen Subjekt. Die Schwarzen und lesbischen Frauen kritisieren den Feminismus als imperialistischen Diskurs, der die Interessen aller Frauen zu vertreten vorgibt, aber eine ausschließende und partikulare Position einnimmt: Die beschriebenen Erfahrungen entsprechen nicht denen *aller* Frauen, ihre eigene Situation der Unterdrückung ist nicht identisch und ihre eigene Beziehung zu den Männern ist ebenfalls eine andere. Oftmals sind diese Beziehungen für sie sogar wichtiger als die Beziehungen zu Frauen anderer Ethnien, Klassen oder Nationen. Der feministische Diskurs wird für seinen Essenzialismus kritisiert: Unter der einseitigen Definition »Frau« wird eine einheitliche Erfahrung für alle Frauen vorgegeben. Die Diskussion verschiebt sich also von der Geschlechterdifferenz zur Differenz zwischen den Frauen selbst. Dadurch kommen verschiedene Themen innerhalb der feministischen Bewegung auf den Prüfstand: Heterosexismus, Rassismus, Kolonialismus, politische Allianzen mit anderen sozialen Bewegungen usw.

Mit der Explosion in verschiedene Differenzen werden nun Studien bevorzugt, die sich auf spezifische Orte und Situationen beziehen, während umfassende Gesellschaftstheorien vernachlässigt werden. Der Multikulturalismus mit seinem Respekt vor der Diversität, aber auch mit dem Verzicht auf jeglichen »Horizont der Universalität« kommt in den Geschlechterstudien und in der feministischen Bewegung an. Die Differenzen werden in den neuen »Cultural Studies« nicht mehr in ihrem Eingebundensein in gesellschaftliche Strukturen und historische und ökonomische Bestimmungen verstanden und damit nicht mehr anhand einer Theorie begriffen, die die Unterdrückung der Träger*innen »missachteter Identitäten« als Ergebnis einer repressiven Ideologie entlarvt, der sie unterworfen sind. Der Multikulturalismus will dem ökonomischen Reduktionismus entkommen und raubt den Identitäten zugleich ihre Verwurzelung in bestimmten gesellschaftlichen Verhältnissen: Er verwandelt die kulturellen »Produzent*innen« in kulturelle »Konsument*innen«; er macht die Identitäten zu bloßen textuellen, diskursiven Differenzen; er überhöht die Werte, Erfahrungen und Meinungen der unterdrückten Gruppen und nimmt an, sie seien per se progressiv und entsprängen direkt aus der Erfahrung des Unterworfenseins. Die nun entstehenden Studien über das Alltagsleben sind der akademische Ausdruck dieser Idee, den Unterdrückten »eine Stimme zu geben«. Diese Stimmen, stumm gemacht durch die Mechanismen der Unterdrückung, der Unterordnung und des Ausschlusses von den herrschenden Diskursen, seien per Definition authentisch.

Wir sehen also, wie sich im Verlauf der Zweiten Welle der feministischen Bewegung die Vorstellung von Differenz verschiebt: Zu Beginn wird sie als soziale Konstruktion begriffen, gegen die es sich zu wehren gilt. Dann verwandelt sie sich und wird zur betrachtenswerten biologischen Natur. Später – mit dem Ausbruch der Differenz im Inneren der feministischen Bewegung – wird Differenz neu kategorisiert und als Identität verabsolutiert. Die Kritik an den Produktionsverhältnissen und am patriarchalen System wird abgelöst durch die Kritik am Rechtssystem, die Diskussion über Ausbeutung durch die Diskussion über verallgemeinerte Entfremdung.[206] Im Zentrum steht jetzt die Forderung nach steigender Akzeptanz der im Prozess der gesellschaftlichen Ausgrenzung entfremdeten Differenzen, als handelte es sich um einen schrittweisen, reibungslosen und damit friedlichen Prozess, der zur Befreiung jedes einzelnen Individuums der Gesellschaft führt. Wie Slavoj Žižek es ausdrückt: »So kämp-

206 Ausbeutung erscheint nur noch als eine weitere Form der Entfremdung im kapitalistischen System. Deshalb steht die Frage der sozialen Wiederaneignung nicht mehr im Zentrum der emanzipatorischen politischen Programme. Siehe Daniel Bensaïd, *Les irréductibles*, Paris, Textuel, 2001.

fen wir ›politisch korrekt‹ für die Rechte von ethnischen Minderheiten, Schwulen und Lesben, verschiedenen Lebensstilen und dergleichen, während der Kapitalismus seinen Siegeszug fortsetzt.«[207]

Durch das Phänomen der Explosion in verschiedene Differenzen innerhalb des Feminismus taucht auch das Konzept der sozialen Klasse wieder auf. Jetzt aber als eine unter vielen Variablen (Geschlecht, »Rasse« usw.), die Identität definieren. Indem der Multikulturalismus die Geschlechterdifferenz, die Differenz in der sexuellen Orientierung, ethnische Differenzen usw. auf die gleiche Ebene stellt wie die Klassendifferenz, übernimmt er eine Aufgabe, die – laut eben genanntem Autor – letztlich dazu dient, die nachhaltige Präsenz des Kapitalismus unsichtbar zu machen. Die Klassendifferenz auf der gleichen Ebene anzusiedeln wie alle sonstigen Differenzen, bedeutet, die Schlüsselrolle zu verbergen, die die Ökonomie in der Strukturierung der Gesellschaft spielt. Damit verschwimmt die Erkenntnis, dass der Kapitalismus aus den Differenzen (also aus der geschlechtlichen Unterdrückung und der Unterordnung verschiedener Gruppen aufgrund von Kultur, Ethnie, sexueller Orientierung usw.) einen wesentlichen Nutzen zieht, um den Status quo seiner systematischen Herrschaft aufrechtzuerhalten. »Die vielfältigen partikularen Kämpfe mit ihren kontinuierlichen Verschiebungen und Kondensaten werden durch die ›Unterdrückung‹ der Schlüsselrolle des ökonomischen Kampfes gestützt – die linke Politik der ›Äquivalenzketten‹ zwischen den verschiedenen Kämpfen geht vollständig damit einher, die Analyse des Kapitalismus als globalem ökonomischem System stillschweigend aufzugeben und die kapitalistischen ökonomischen Verhältnisse als nicht hinterfragbaren Rahmen zu akzeptieren.«[208]

207 Slavoj Žižek, »Multiculturalism, or, the Cultural Logic of Multinational Capitalism«, in: *New Left Review* I/225, September–Oktober 1997, eigene Übersetzung.

208 Ebenda, eigene Übersetzung.

Für den Marxismus lässt sich die Klassenzugehörigkeit nicht einfach zu den anderen multiplen und diversen Identitäten hinzufügen, denn sie bildet den Kern, um den herum sich die anderen konkreten Zugehörigkeiten artikulieren und durch den sie ihre konkrete Definition erhalten. Die Identitäten, die das System als untergeordnet betrachtet (Frau, Schwarz, homosexuell usw.), erhalten ihre konkrete soziale Bedeutung erst durch ihre Verknüpfung mit einer sozialen Klasse, durch die sich bestimmt, wie jedes Subjekt die Unterordnung seiner Identität erlebt. Die Artikulation der verschiedenen Identitäten von Geschlecht, Sexualität, Ethnie usw. basiert auf der engen Verbindung, die unter der Herrschaft des Kapitals zwischen Ausbeutung und Unterdrückung existiert. Es stimmt, dass jedes Subjekt als eine spezifische Kombination von multiplen Zugehörigkeiten zu diversen Orten der Identität existiert. Aber nur eine liberale Lesart könnte uns zu der Interpretation verleiten, dass die bestehende Gesellschaft das Resultat einer einfachen Aufsummierung von Identitäten mit multiplen Zugehörigkeiten ist. Sich zu weigern, die Totalität des kapitalistischen Systems als Struktur zu verstehen, bringt notwendigerweise die Unmöglichkeit mit sich, es grundlegend zu hinterfragen und umzustürzen.[209] Als Marxist*innen hinterfragen wir nicht das Konzept der Differenz selbst. Wir hinterfragen seine biologische Naturalisierung und seine Verabsolutierung. Ebenso hinterfragen wir den Relativismus, mit dem die verschiedenen Identitäten betrachtet und als gleichwertig anerkannt werden. Um es mit dem englischen Marxisten Terry Eagleton zu sagen: Niemand hat eine bestimmte Haut-

209 Beispielsweise ist die Ehe zwar eine Institution, die durch den Geschlechtervertrag die Frauen den Männern unterordnet. Jedoch schützt die Ehe einer Frau mit einem Mann aus der Kapitalist*innenklasse sie davor, in der Lohnarbeit ausgebeutet zu werden. Im Gegensatz dazu leiden die Frauen, die ihre Arbeitskraft verkaufen müssen, unter der doppelten Belastung, die das kapitalistische System ihnen als Frauen und als Arbeiterinnen aufbürdet. In diesem letzten Fall spielen Ausbeutung und Unterdrückung dramatisch zusammen. Im ersten Fall befreit die unterdrückerische Beziehung dagegen von Ausbeutung in der Lohnarbeit.

pigmentierung, weil andere eine andere haben, und niemand hat ein bestimmtes Geschlecht, weil andere ein anderes haben. Aber Millionen von Menschen befinden sich in der »Position« des Lohnarbeiters oder der Lohnarbeiterin, weil es auf der Welt ein paar Familien gibt, die in ihren Händen die Produktionsmittel konzentrieren. Beide Kategorien (bürgerlich/proletarisch oder Ausbeuter*in/Ausgebeutete*r) stehen auf eine Weise im Verhältnis zueinander, dass – im Unterschied zu anderen Identitäten – nur durch Abschaffung dieses spezifischen Verhältnisses (Kapital/Arbeit) auch die untergeordnete »Identität« abgeschafft werden kann.[210] In einer Gesellschaft ohne jegliche Unterdrückung können wir uns vorstellen, dass Frauen auf der gleichen Hierarchieebene stehen wie Männer, ebenso wie Schwarze und Weiße oder Heterosexuelle und Homosexuelle. Aber es wird weiterhin verschiedenste Geschlechter geben, unterschiedliche Hautfarben und die diversesten sexuellen Orientierungen, die dann harmonisch miteinander leben können. Das heißt, die Abschaffung der einen oder der anderen Identität ist nicht die notwendige Voraussetzung für die Abschaffung der Unterdrückung (und genau darum geht es!). Eine analoge Gleichheit der »Anerkennung« für Bürgerliche und Proletarier*innen ist dagegen nicht denkbar. Dies sind Identitätskategorien, die sich gegenseitig bedingen und ausschließen. Die Menschheit von der Lohnsklaverei zu befreien, bedeutet unausweichlich, dieses System an seinen Wurzeln zu bekämpfen und es zu revolutionieren. In diesem Sinne zielt die Emanzipation der Arbeiter*innenklasse auf die Abschaffung aller Klassen. Die »Anerkennung« der ausgebeuteten Klasse anzustreben, muss bedeuten, das Privateigentum abzuschaffen, das heißt, die Ausbeuter*innenklasse selbst als solche abzuschaffen.

210 »… niemand hat eine bestimmte Art der Hautpigmentierung, weil jemand anders eine andere hat, oder ist männlich, weil jemand anders weiblich ist, so wie einige Menschen lediglich deshalb landlose Arbeiter sind, weil andere Großgrundbesitzer sind«. – Terry Eagleton, *Die Illusionen der Postmoderne*, Stuttgart/Weimar, Metzler, 1997.

Nur die soziale Revolution, die dieses Verhältnis infrage stellt, kann die Voraussetzungen dafür zu schaffen, dass alle Hierarchien und Bewertungen überwunden werden, mit denen die Differenzen aufgeladen sind. Erst so können diese ihr wahres Potenzial verwirklichen und aus dem metaphysischen Gefängnis des bürgerlichen Rechts auf Gleichheit und den dunklen Kerkern der verfaulten Ausbeutungsverhältnisse ausbrechen, die dem Großteil der Menschheit von einer parasitären Minderheit aufgezwungen werden.

Kapitel VIII. Postmodernismus, Postmarxismus, Postfeminismus

Gibt es einen anderen normativen Ausgangspunkt für feministische Theorie, der nicht der Rekonstruktion oder der Beleuchtung eines weiblichen Subjekts bedarf, welches daran scheitert, die Gesamtheit der verkörperten Wesen (embodied beings), die sich in der kulturellen Position »Frau« befinden, zu repräsentieren – und mehr noch, sie zu befreien?
Judith Butler

Die 1990er Jahre: NGOisierung und Geschlechtertechnokratie

Zu Beginn der 90er Jahre unterliegt der Irak im Golfkrieg einer riesigen imperialistischen Militärkoalition. In der Folge verstärken sich die Angriffe auf den Rest der halbkolonialen Welt, um die Öffnung ihrer Volkswirtschaften für die internationalen Monopole zu beschleunigen. Angesichts des Ausmaßes imperialistischer Ausplünderung machen sich die internationalen Finanzorganisationen Sorgen um das Unausweichliche: Die Angriffe werden höchstwahrscheinlich eine Antwort bei denen auslösen, die alles verlieren. »Governance« (»Regierbarkeit«) ist das Lösungswort, das die Technokrat*innen für dieses aufkommende Problem finden. Es bezeichnet die Gesamtheit der Bedingungen, die notwendig sind, um den »Reform«-Prozess aufrechtzuerhalten und gleichzeitig einen Ausbruch der Massen zu verhindern. Dafür sollen nun Allianzen mit den sozialen Bewegungen und ihren Organisationen aufgebaut werden, um sie besser ins System zu integrieren. Während also die Privatisierung öffentlicher Dienstleistungen voranschreitet und Arbeitslosigkeit und Prekarisierung immer weiter zunehmen, fassen die Weltbank und andere internationale Organisationen auch eine Reform ihrer Finanzierungsziele und ihres Verhältnisses zu den sozialen Organisationen ins Auge: Als der größte Teil des »neoliberalen« Programms bereits durchgesetzt ist, priorisiert die Weltbank nun die Finanzierung von Sozialprogrammen unter den Schlagwörtern Partizipation und Transparenz. Sie eignet sich so kritische Diskurse an, die ursprünglich gegen sie selbst gerichtet waren. Nicht-Regierungs-Organisationen (NGOs) sind die Hauptakteurinnen dieser Hilfsprogramme.[211] Die Vereinnahmung erreicht unerhörte Ausmaße: Nach Informationen der OECD erhalten die NGOs in Lateinamerika 1970 noch 914 Millionen Dollar, 1980 schon mehr als 2,3 Milliarden Dollar und 1992 sogar 5,2 Milliarden Dollar. Der Geldbetrag, der an NGOs in Lateinamerika fließt, vergrößert sich also in 20 Jahren um 500 Prozent. Hinzu kommt die Unterstützung durch die Regierungen »des Nordens«, die sich von 270 Millionen Dollar Mitte der 70er Jahre auf 2,5 Milliarden Dollar Anfang der 90er Jahre erhöht. Die Statistiken der OECD sprechen insgesamt von einer staatlichen und privaten Unterstützung der NGOs im Bereich von 10 Milliarden Dollar, einem Viertel der weltweiten bilateralen Hilfsgelder.[212]

Viele Feministinnen mit einer gewissen Akzeptanz in der Frauenbewegung, einem spezifischen Wissen und einer politischen Vergangenheit im Kampf für Frauenrechte werden nun Teil einer Technokratie innerhalb der internationalen Organisationen, der Finanzinstitutionen, der Weltbank oder der tausenden von NGOs. Diese verwandeln sich wiederum in berufliche Karriereleitern. Andere Feministinnen distanzieren sich von ihnen und kritisieren diese Tendenzen heftig. Doch ihre Stimmen bleiben in der Minderheit und ihr Kampf – auch

211 Die Weltbank und andere Finanzorganisationen erfüllen in dieser Periode eine wichtige politische und ideologische Funktion der sozialen Kontrolle. Ehemals linke Intellektuelle werden zu progressiven Technokrat*innen, die diese Projekte zu »Governance«, zu »nachhaltiger Entwicklung« usw. mitverwalten. Diese »Postmarxist*innen« reduzieren letztlich die ökonomischen Auswirkungen solcher Projekte nicht, aber sie helfen enorm dabei, die Bevölkerung vom Kampf für ihre Rechte abzuhalten.

212 Zahlen aus dem Jahr 1992.

wenn wir uns heute noch auf ihn beziehen können – verhallt in der Leere, die sie umgibt. Die unabhängigen Feministinnen von ATEM[213] in Argentinien verurteilen den Prozess der NGOisierung, der in der Frauenbewegung um sich greift, mit folgenden Worten: »Die Mehrheit dieser NGOs aus Technokratinnen und Expertinnen arbeiten mit Frauen aus den armen Vierteln. Sie präsentieren sich als Vermittlerinnen zwischen den Finanzinstitutionen und der Frauenbewegung und formulieren für sie Programme. Sie bieten Dienste an, die von allen möglichen Workshops und Kursen bis hin zur Verteilung von Essen, der Organisation von Gemeinschaftsküchen und der Familienplanung (Kontrolle der Geburtenrate) usw. reichen. Dieses Verhältnis, das Klassenunterschiede, Machtunterschiede und Unterschiede im Zugang zu Ressourcen einschließt, schafft hierarchische Beziehungen und Spannungen zwischen den Frauen der NGOs und denen der Bewegungen, mit denen sie arbeiten. Ebenso schafft es Wettbewerb zwischen den Technokratinnen um Gelder.«[214]

Wie viele unabhängige Feministinnen betonen: Die NGOs werden schließlich mit der Bewegung selbst verwechselt, ihre finanzierten Projekte und ihre bezahlte Arbeit erscheinen den institutionalisierten Feministinnen nun als »Aktionen«. Zusammenfassend lässt sich sagen: Die neoliberale Politik zersplittert und privatisiert auch die feministische Bewegung. Die Herrschaft des Individualismus beginnt: Die Wirtschaftspolitik stößt Millionen in die Arbeitslosigkeit, fragmentiert die Arbeiter*innenklasse und zwingt sie zur Migration. Gleichzeitig entfernt sich der Feminismus zunehmend vom Ziel der kollektiven Befreiung und entwickelt einen immer stärker selbstbezogenen Diskurs, der sich auf eine Elite beschränkt, die die Anerkennung ihrer Diversität und die Integration in die Konsumkultur einfordert. Das nun herrschende Paradigma

213 ATEM steht für »Asociación de Trabajo y Estudio de la Mujer« (dt. Arbeits- und Studiengemeinschaft der Frau), gegründet 1982 in Buenos Aires.

214 Marta Fontenla, Magui Bellotti, »ONGs, financiamiento y feminismo«, in: *Hojas de Warmi*, Nr. 10, Barcelona, 1999, eigene Übersetzung.

des selbsternannten »Postfeminismus« präsentiert die Utopie einer individuellen Befreiung durch die Dekonstruktion hegemonialer Diskurse und die Hinterfragung vergeschlechtlichter Darstellungen der Heteronormativität. Damit verbunden ist eine Vorstellung der Wiederaneignung des Begehrens und der Transformation des eigenen Körpers.

Performativität, Parodie und radikale Demokratie

Die Gegenoffensive des Kapitals in den 90er Jahren wird vom wachsenden Einfluss poststrukturalistischer und postmoderner Tendenzen begleitet. Im Feminismus betritt der Postfeminismus die Bühne. Judith Butler[215] ist eine der scharfsinnigsten und kontroversesten Vertreterinnen dieser Richtung. Sie kritisiert die heterosexuellen Vorannahmen des Feminismus aus einer poststrukturalistischen Sicht, das heißt mittels der Dekonstruktion der Kategorien *sex* (biologisches Geschlecht), *gender* (soziales Geschlecht), *desire* (Begehren) usw. Sie fragt, inwiefern nicht-normative sexuelle Praktiken die Stabilität von Geschlecht als Analysekategorie infrage stellen. Laut Butler werden Minderheiten respektiert, sobald sich die kulturellen Wertestrukturen ändern, die der normativen Dichotomie homosexuell-heterosexuell zugrunde liegen. Die Auflösung dieser Binarität – in der Homosexualität das abgewertete Gegenstück der Konstruktion von Heterosexualität ist – entsteht hier aus der negativen Praxis der Dekonstruktion. Damit soll die zugrunde liegende und ausschließende Repression entlarvt werden, die die Basis jeglicher Identität bildet. Das Postulat ihrer *Theorie der Performativität von Geschlecht*: Nur die Praktiken der Parodie können die Kategorien des Körpers, des biologischen Geschlechts, des

215 Judith Butler ist Professorin für Vergleichende Literaturwissenschaft und Kritische Theorie an der Universität Berkeley. Die größte Debatte löst sie mit ihrem Buch *Gender Trouble: feminism and the subversion of identity* (dt. *Das Unbehagen der Geschlechter*) aus, das 1990 (dt. 1991) erscheint. Ins Spanische wird es erst fast ein Jahrzehnt später übersetzt.

sozialen Geschlechts und des sexuellen Begehrens in Unordnung bringen.

Butlers Theorie stützt sich auf den zeitgenössischen philosophischen Irrationalismus, wie er ausgehend von Nietzsche und Heidegger als Kritik der Metaphysik der Substanz entwickelt und von Derridas dekonstruktivistischem Poststrukturalismus weitergeführt wurde. Außerdem greift sie verschiedene Aspekte des »linguistic turn«[216] nach Wittgenstein und Austin auf. Inspiriert von Foucault umreißt sie in ihrer Arbeit eine genealogische[217] Kritik der Identitätskategorien. Dabei erforscht sie, welche politischen Interessen dahinterstecken, Identitäten als »ursprünglich« zu benennen, während sie selbst sie als das Resultat von Institutionen, Praktiken und Diskursen versteht. Ihr Ziel ist die Beantwortung folgender Frage: »Welche Konfiguration der Macht konstruiert das Subjekt und den Anderen, bzw. die binäre Beziehung zwischen ›Männern‹ und ›Frauen‹ und die innere Stabilität dieser Termini?«[218] Butler sucht nach einer Strategie der Dekonstruktion des binären Prinzips der Intelligibilität[219] der Geschlechtsidentitäten. Sie will so eine Antwort auf die Notwendigkeit multipler Achsen im Kampf gegen Unterdrückung geben.

Der Multikulturalismus vertrat noch ein positives Verständnis von der Verschiedenheit der Identitäten, um deren

216 A. d. Ü.: Die »linguistische Wende« bezeichnet die Übernahme sprachwissenschaftlicher Paradigmen in der Philosophie und den Geistes- und Sozialwissenschaften, nach denen menschliche Erkenntnis grundsätzlich durch Sprache strukturiert sei.

217 A. d. Ü.: Genealogie bezeichnet in den Sozial- und Geisteswissenschaften die Praxis der historischen Nachverfolgung der Entstehung und Entwicklung sozialer Strukturen und Denkweisen. Butler nimmt eine Untersuchung der historischen Entwicklung und Veränderung von Geschlechteridentitäten vor, womit sie deren soziale Konstruktion und damit Unnatürlichkeit zeigt.

218 Judith Butler, *Das Unbehagen der Geschlechter*, Frankfurt/Main, Suhrkamp, 1991.

219 A. d. Ü.: »›Intelligible‹ Geschlechtsidentitäten sind solche, die in bestimmtem Sinne Beziehungen der Kohärenz und Kontinuität zwischen dem anatomischen Geschlecht, der Geschlechtsidentität, der sexuellen Praxis und dem Begehren stiften und aufrechterhalten.« – Judith Butler, ebenda.

Inklusion voranzutreiben. Die neue Konzeptualisierung von Butler definiert Identitäten dagegen als diskursive Konstruktionen, die repressiv und ausschließend wirken. Für Butler ist die Kategorie »Frau« als Repräsentation bestimmter Werte und Charakteristika normativ und damit ausschließend. Sie erklärt, dass jegliche Identität absolut entbehrlich ist. In ihrem Artikel »Gender trouble, feminist theory, and psychoanalytic discourse« schreibt sie: »Gibt es einen anderen normativen Ausgangspunkt für feministische Theorie, der nicht der Rekonstruktion oder der Beleuchtung eines weiblichen Subjekts bedarf, welches daran scheitert, die Gesamtheit der verkörperten Wesen (*embodied beings*), die sich in der kulturellen Position ›Frau‹ befinden, zu repräsentieren – und mehr noch, sie zu befreien?«[220] Butlers Antwort auf diese rhetorische Frage lautet, dass die Kritik des Subjekts – so wie sie vom Poststrukturalismus formuliert wird – sich nicht auf die Rehabilitierung eines multiplen, pluralistischen Subjekts beschränken kann, wie es der Multikulturalismus vorschlägt. Denn: Identität ist eine Fiktion. Der geschlechtlich bestimmte Körper hat keinen ontologischen Status über die verschiedenen Akte hinaus, die seine Realität bilden. Es sind die gesellschaftlichen Diskurse über den Körper, die im Nachhinein die falsche Überzeugung einer Identität, einer inneren Essenz herstellen. Die ständige Wiederholung erweckt schließlich den Anschein einer Substanz, die das Geschlecht in einen scheinbar natürlichen Ausdruck der Körper verwandelt. Diese Wiederholung institutionalisiert das Geschlecht und macht es starr. Für Butler gilt: »Akte, Gesten, artikulierte und inszenierte Begehren schaffen die Illusion eines inneren Organisationskern der Geschlechteridentität (*organizing gender core*), eine Illusion, die diskursiv aufrechterhalten wird, um die Sexualität innerhalb des obligatorischen Rahmens der reproduktiven Heterosexualität zu

220 Judith Butler, »Gender Trouble, Feminist Theory, and Psychoanalytic Discourse«, in: Linda Nicholson (Hg.): *Feminism/Postmodernism*, New York/London, Routledge, 1990. Eigene Übersetzung.

regulieren.«[221] Die soziale Existenz wird als eine symbolische Ordnung verstanden, die sich in ständig wiederholten, ritualisierten Gesten reproduziert. Ausgehend von diesen Gesten, nehmen die Subjekte ihren Platz in der Ordnung ein. Deshalb bleibt aber auch die Möglichkeit offen, den symbolischen Rahmen der Existenz zu verändern, und zwar durch die Performativität parodistisch verschobener Handlungen. Wenn Butler von »Parodie« spricht, geht sie natürlich nicht von der Existenz eines Originals aus, das imitiert werden soll. Im Gegenteil: Die Parodie ist selbst Ausdruck davon, dass dieses Original nicht existiert; es ist die Parodie auf die Vorstellung einer ursprünglichen Identität. Die Figuren der *Drag Queen*, der Travestie usw. sind Nachahmungen einer Geschlechtsidentität, die nie existiert hat. Die Verschiebung von Bedeutungen ermöglicht laut Butler die Re-Signifizierung (also die Schaffung neuer Bedeutungen) und die Re-Kontextualisierung der Geschlechteridentitäten.[222] In den Worten der feministischen Theoretikerin Rosi Braidotti: »Indem sie die normative Fiktion der heterosexuellen Kohärenz angreift, verlangt Butler, dass Feministinnen eine Menge neuer Geschlechter der Nicht-Kohärenz erschaffen.«[223]

Um es zusammenzufassen: Für den Postfeminismus ist jegliche Identität normativ und ausschließend. Denn in demselben Akt, in dem eine Identität ihre Grenzen etabliert – indem

221 Judith Butler, *Das Unbehagen der Geschlechter*, a. a. O., Hervorhebung i. O.

222 In einem Interview mit Regina Michalik in der feministischen Zeitschrift *Lola Press* sagt die US-amerikanische Philosophin: »Für mich ist *queer* ein Ausdruck des Wunsches, dass wir keinen Ausweis über die eigene Identität mehr vorzeigen müssen, bevor wir einen Raum betreten. Heterosexuelle können sich *queeren* Bewegungen anschließen. Bisexuelle können sich *queeren* Bewegungen anschließen. *Queer* sein heißt nicht lesbisch sein. *Queer* sein heißt nicht schwul sein. Es ist ein Argument gegen die lesbische Spezifität: dass ich, wenn ich lesbisch bin, auf eine bestimmte Weise begehren muss, oder wenn ich schwul bin, auf eine bestimmte Weise begehren muss. *Queer* ist ein Argument gegen die Normierung dessen, was eine adäquate lesbische oder schwule Identität ist.« Eigene Übersetzung.

223 Rosi Braidotti, *Sujetos nómades*, Buenos Aires, Paidós, 2000, eigene Übersetzung

sie ausspricht, was sie definiert –, führt sie das Ausgeschlossene ein. Geschlecht hat keine Essenz; es ist nicht »natürlich« und kann nicht den Anspruch erheben, eine universell anwendbare Klassifizierung zu sein. Unser Verhalten hat eine konstitutive Macht über unsere Körper; das Geschlecht ist eine instabile »Position«, ein Sprechakt, eine selbstproduzierte *Performance*, eine performative Sprechhandlung. Das kulturelle »Skript« nicht zu erfüllen, das uns über die Sprache aufgezwungen wird, nehme uns den Subjektstatus, schließe uns von den hegemonialen Konventionen aus, die die Macht etablieren. Wir würden so entmenschlicht und in »das Verworfene« verwandelt werden. Die normative Heterosexualität könne deshalb durch die verschiedenen Formen der Parodie von Geschlecht und Sexualität herausgefordert werden. Die »Imitationen« des Weiblichen und des Männlichen würden in ihrem Scheitern und ihrer Instabilität die Geschlechternormen und -stereotypen überschreiten und damit zur subversiven politischen Praxis werden. Dem normativen Diskurs durch die Parodie eine neue Bedeutung zu geben, sei eine Form der Politik, welche die Hegemonie untergrabe und neue Bedeutungshorizonte eröffne. In den Worten Judith Butlers: »Die parodistische Vervielfältigung der Identitäten nimmt der hegemonialen Kultur und ihren Kritiken den Anspruch auf naturalisierte oder wesenshafte geschlechtlich bestimmte Identitäten. Obgleich die Bedeutungen der Geschlechtsidentität (*gender meanings*), die diese parodistischen Stile aufgreifen, eindeutig zur hegemonialen frauenverachtenden Kultur gehören, werden sie durch ihre parodistische Re-Kontextualisierung entnaturalisiert und in Bewegung gebracht. Als Imitationen, die die Bedeutung des Originals verschieben, imitieren sie den Mythos der Ursprünglichkeit selbst.«[224]

Der dekonstruktivistische Anti-Essenzialismus von Butler setzt in seinem Streben, Identitäten zu überwinden, ein Gleichheitszeichen zwischen die Identitäten: Sie fragt nicht,

224 Judith Butler, ebenda.

welche Identitäten in der Aufrechterhaltung einer bestimmten Herrschaftsordnung wurzeln und welche sich den sozialen Beziehungen der existierenden Unterdrückung entgegenstellen. Denn Butler argumentiert in Anschluss an Foucault, dass die Subjekte sich durch Ausschluss konstituieren. Das heißt, Politiken der Subjektivierung schließen notwendigerweise Praktiken der Unterwerfung mit ein: Immer wenn ein Subjekt konstituiert wird, wird auch das Verworfene als das normativ Ausgeschlossene konstituiert, das für die Existenz des Subjekts notwendig ist. Ganz im Sinne Foucaults wird jeder Widerstand gegen Macht immer unausweichlich zu einem neuen Diskurs der Macht. In dieser neuen postmodernen Theorie wird die Befreiung der Frauen also interpretiert als Befreiung von der Identität selbst, welche die wahrhafte Unterdrückung sei. Wenn wir Frauen uns von etwas befreien müssen, dann Butler zufolge von dieser erdrückenden, repressiven und ausschließenden ontologischen Definition der Identität »Frau«.[225]

Mit ihren Thesen löst Butler tiefgreifende Kontroversen in der feministischen Bewegung und in anderen gesellschaftlichen Bereichen aus. Verantwortlich dafür sind ihre radikalen Schlussfolgerungen und ihr ungewöhnlicher Vorschlag zur politischen Subversion. Für Judith Butler existiert etwas, das sie »subversives Gelächter« nennt, als Ergebnis der parodistischen Praktiken. Die Autorin überschätzt das subversive Potenzial

225 Für Butler ist der politische Signifikant (Bezeichnendes, im Gegensatz zum Signifikat als Bezeichnetem) gerade deshalb politisch wirksam, weil es ihm nicht möglich ist, vollständig zu beschreiben oder zu repräsentieren, was er benennt. Den Ausarbeitungen der Postmarxist*innen Ernesto Laclau und Chantal Mouffe folgend, sagt sie, dass diese Signifikanten immer in sich unvollständig sind und daher ständig untereinander reartikuliert werden können und müssen. Dies erlaube die Produktion von neuen Subjektpositionen und neuen Signifikanten. Hier liege das politische und theoretische Potenzial der »radikalen Demokratie«. Wenn die Kategorie »Frau« offen gelassen wird, ohne feste oder bestimmte Referenzpunkte, sieht die US-amerikanische Philosophin darin eine Chance für den Feminismus, und zwar in der permanenten Transformation und Umdeutung dieser Kategorie.

der *Performance* für die Konstitution geschlechtlich bestimmter Subjekte oder der Geschlechtsidentitäten insofern, als dass sie sich nicht mehr die vollständige Neustrukturierung dieser hegemonialen symbolischen Ordnung vornimmt – einer symbolischen Ordnung, die auf einer historisch bestimmten sozialen Ordnung von materiellen Ausschlüssen, Aneignungen und Unterdrückungen basiert. Hier trifft das Butler'sche Denken auf die Politik einer pluralistischen Demokratie, deren Ziel es Chantal Mouffe zufolge ist, »nicht die Macht abzuschaffen, sondern jene Bereiche zu erweitern, in denen die Machtbeziehungen offen für demokratische Infragestellung sind«.[226] Die Unklarheit, die Nichtakzeptanz festgelegter Identitäten, der »Nomadismus« der Identitäten zwingen laut Mouffe die Macht zu immer neuen und beweglichen ausschließenden Definitionen – wodurch sie destabilisiert werde. Dieses Modell der »radikalen Demokratie« besteht also nicht in der vollständigen Inklusion der Differenzen – denn das sei unmöglich. Auch wenn es diskriminierte Identitäten und Gruppen immer geben wird, sei es das politische Ziel, nicht zu erlauben, dass diese Diskriminierung strukturell festgeschrieben werde oder *a priori* ein diskursiver Ort der Diskriminierung festgelegt sei. Das größte Ideal, das die demokratische Gesellschaft anstreben könne, bestehe darin, dass sich kein sozialer Akteur das Recht der Repräsentation der Gesamtheit anmaßt. Im Gegenteil soll jede*r bereit sein, den partikularen und beschränkten Charakter seiner eigenen Forderungen anzuerkennen. Politik würde dann in der Prekarität und der permanenten Verschiebung der Identitäten bestehen, dabei die heute begrenzte demokratische Inklusion infrage stellen und ein radikales und pluralistisches System schaffen. Um diese radikale und pluralistische Demokratie, zu der sich Butler bekennt, jedoch zu verwirklichen, muss sie zuerst jeglichen Anspruch aufgeben, radikal die Macht abzuschaffen.

226 Chantal Mouffe, *The Return of the Political*, London, Verso, 1993, eigene Übersetzung.

Konsumismus, Individualismus und Skeptizismus

Für Judith Butler besteht Hegemonie »in den demokratischen Möglichkeiten, die Schlüsselbegriffe des Liberalismus auszuweiten und sie inklusiver, dynamischer und konkreter zu machen«.[227] Die grenzenlose Semiose[228], die Butler als Ideal postuliert, das mit der pluralen und radikalen Demokratie erreicht werden soll, existiert bereits. Sie ist nichts anderes als das fetischisierte[229] Bild, das die Zivilgesellschaft uns anbietet: der Markt, diese Erscheinungsform der menschlichen Praxis; der freie Markt, auf dem freie Menschen Waren austauschen, die ununterbrochen – unbegrenzt? – zirkulieren. Sein Erscheinungsbild verschleiert die Mechanismen der Abschöpfung von Mehrwert.[230] Butlers politische Überlegungen finden im von ihr nicht benannten Rahmen des kapitalistischen Systems statt. Bei ihr ist Ausbeutung das Unaussprechliche und Produktion lediglich symbolisch. Dieser unaussprechliche

227 Judith Butler, Ernesto Laclau, Slavoj Žižek, *Kontingenz, Hegemonie, Universalität*, Wien, Turia + Kant, 2013.

228 A. d. Ü.: Der Prozess der Bezeichnung und Neubezeichnung.

229 A. d. Ü.: Fetischisierung bedeutet die Zuschreibung menschlicher Eigenschaften auf nicht-menschliche Dinge. Klassisches Beispiel eines Fetisches ist ein Götzenbild mit magischen Kräften. Karl Marx analysiert einen Warenfetisch, mit dem die zwischenmenschlichen Beziehungen des Warentausches für dingliche Eigenschaften der Waren selbst gehalten werden.

230 Die freie und unbegrenzte Zirkulation der Waren ist die Kehrseite der Medaille der Ausbeutung. Die Demokratie der freien, gleichen, brüderlichen Staatsbürger*innen muss als Gegenstück seiner Umsetzung notwendig die Existenz einer Klasse beinhalten, deren historische Rolle die Enteignung der Menschheit von den Produktionsmitteln ist. Der Arbeitsvertrag zwischen freien und gleichen Menschen verschleiert die Ausbeutung. Gleichzeitig ist dies die notwendige Form, welche die kapitalistische Produktionsweise in den »modernen« bürgerlichen Staaten annimmt. Aber die Richter*innen und die Polizist*innen heben die endlose Semiose der bürgerlichen Gleichheit auf, sobald das Privateigentum und die Freiheit des Arbeitsvertrags durch die Aktionen der ausgebeuteten Klassen bedroht werden. Die Erscheinung der Freiwilligkeit des Vertrags verdeckt die Gewalt der ursprünglichen Enteignung; die Demokratie mit ihrer scheinbar freien Wahl der Repräsentant*innen maskiert ihrerseits die Herrschaft als freiwillige Akzeptanz.

Kapitalismus ist die unhinterfragbare Grenze von Butlers politischer Vorstellungskraft, das »nicht Gesagte« und damit das nicht Dekonstruierbare. Ein System, in dem außerdem jeglicher Versuch einer Opposition wieder nur die Perspektive hat, in das System eingeschlossen zu werden – und im gleichen Zuge dazu gezwungen ist, zu einem neuen regulierenden Diskurs zu werden.

Wir teilen den Kampf gegen die hegemoniale universalistische Konzeption des abstrakten Menschen, gegen die abstrakten Werte und die Metaphysik des Staatsbürgers. Aber dies ist nur ein Aspekt. Im Kapitalismus ist jede Einzigartigkeit der Gebrauchswerte subsumiert unter die allgemeine Abstraktion des Tauschwerts; jede Besonderheit der Subjekte – ob sie ausgebeutet werden oder im Gegenteil selbst ausbeuten – wird der formellen Rechtsgleichheit in der Figur des freien Staatsbürgers untergeordnet. Die Willkür der Universalisierung auf juristischem und politischem Gebiet ist die Kehrseite einer in Klassen geteilten Gesellschaft. Erstere zu hinterfragen, ohne gleichzeitig Letzteres zu verurteilen, erhält die materielle Basis der Klassengesellschaft aufrecht, die in den ökonomischen Strukturen der gesellschaftlichen Produktionsbeziehungen verankert ist. Deshalb sagt Terry Eagleton, der Postmodernismus sei »politisch oppositionell [...], [kooperiere] aber ökonomisch mit dem System«.[231] Die postmoderne Kulturkritik macht bei ihrem Versuch, nicht in Essenzialismen zu verfallen, die Existenz des kapitalistischen Systems unsichtbar.

Während der Differenzfeminismus letztlich einem biologistischen Essenzialismus verfiel, haben diese postfeministischen Theorien das Verdienst, die Idee zurückzuweisen, dass die Differenz zu einer festen, unbeweglichen Identität werden muss. Sie eröffnen damit einen machtvollen Pfad in der Kultur und der Konstruktion von Subjektivitäten. Trotzdem ist die postfeministische Theorie politisch absolut unfähig, eine

231 Terry Eagleton, a. a. O.

kämpfende Bewegung für die Befreiung all jener aufzubauen, die von der Zwangs-Heteronormativität unterdrückt werden. Die postmodernen Theorien, die dafür sorgen wollen, dass sich die Differenzen als identitäre Kategorien auflösen (oder dass wir sie nicht mehr brauchen), beziehen sich auf das Ausgeschlossene. Aber da sie die kapitalistischen Produktionsverhältnisse, die zu Ausschluss führen, nicht in den Blick nehmen, enden sie bei einem Kampf für »Inklusion« (ermöglicht in einer radikalen und pluralen Demokratie). Statt die Verhältnisse umzuwälzen, führt diese Politik zu einer neuen marktförmigen »Toleranz« der Diversität. Denn wenn nicht gleichzeitig aufgezeigt wird, welche unentwirrbare Beziehung zwischen der kapitalistischen Produktionsweise und den verschiedenen Spaltungen besteht, die zur Herrschaft beitragen, dann verliert das radikale Hinterfragen der Stabilität von Geschlechteridentitäten und Heteronormativität sein subversives Potenzial. Denn dann integriert, absorbiert und neutralisiert das Kapital die Differenzen und bezieht sie in die Logik der Waren ein, indem es sich neue und diverse Konsument*innen schafft. Anstatt die etablierten Konventionen zu unterlaufen, wird der »Nomadismus« zur Grundlage einer permanenten Unersättlichkeit, die den Konsum der Einbezogenen immer wieder aufs Neue befeuert. Statt Werkzeug zur Störung des hegemonialen Diskurses zu sein, schaffen die *Performance* und die permanente Verschiebung der Identitätspositionen dann vor allem Kund*innen für neue Nischenmärkte; Diversität wird zu einem Merkmal von fetischisierten Singularitäten und Besonderheiten.

Die postmodernen Theorien erhalten ein abstraktes politisches Modell von radikaler, liberaler Demokratie aufrecht. So wie sie die Klassenherrschaft nicht betrachten, bedenken sie auch nicht die »kulturelle« Unmöglichkeit, mit ihren Ideen unter den Unterdrückten hegemonial zu werden. Dies betrifft insbesondere die geschlechtliche Unterdrückung und Unterwerfung, die so fest im Bewusstsein der Massen verankert sind. Letztendlich besteht die wesentliche Grenze des Postfeminismus darin, dass er nicht den Versuch unternimmt, eine Politik für die Massen zu entwickeln. Der Aufruf, alle binären Identitäten abzuschaffen, in einer Welt, in der diese Differenzen grundlegendes Motiv für brutale Benachteiligung und Ungerechtigkeit sind, wirkt letztlich mehr wie der selbstzufriedene Diskurs einer kleinen, aufgeklärten, progressiven Minderheit als wie die Kritik einer machtvollen Bewegung, die radikale Änderungen erkämpft.

Ein Schlusswort

Ich merke, dass die Frau zu etwas fähig ist.
Sie kann mehr als waschen und bügeln
und den Kindern zu Hause etwas kochen.
Ich glaube, es ist real, ich spüre es jetzt
und ich lebe es. Ich habe meine schlafende
Seite entdeckt – und jetzt, wo sie wach ist,
denke ich nicht daran aufzuhören.[232]
Celia Martínez

Die globale wirtschaftliche, soziale und politische Krise ist Ausdruck des einzigen Rezepts, das der Kapitalismus für sein Überleben kennt: immer größeres Elend für die Massen, Beschneidung und politische Aushöhlung der bürgerlichen Demokratien. Die Epoche der bürgerlichen Restauration, die in die aktuelle kapitalistische Krise mündete, präsentiert uns ein widersprüchliches Bild: auf der einen Seite Vereinnahmung und Integration von breiten Sektoren der Mittelschichten und bestimmter Sektoren der Arbeiter*innenklasse – und gleichzeitig Ausschluss und extremste Marginalisierung der breiten Massen auf der anderen Seite; auf der einen Seite eine nie dagewesene Fragmentierung der Arbeiter*innenklasse – auf der anderen Seite die Einbeziehung von Millionen Menschen in die Lohnarbeit in den städtischen Zentren und die Integration ganzer Länder in den Weltmarkt.

Diese globale Situation drängt die Frauen und die am meisten unterdrückten Sektoren dazu, ihr subversives Potenzial zu entwickeln – wie es sich in allen historischen Momenten großer Krisen oder sozialer, politischer und wirtschaftlicher

232 Aus einem Interview mit Celia Martínez, Arbeiterin in der Fabrik Brukman in Buenos Aires, die von den Arbeiter*innen besetzt wurde und seit dem 18. Dezember 2001 in Selbstverwaltung von ihnen weiterbetrieben wird. Eigene Übersetzung.

Katastrophen und Umstürze gezeigt hat. Aber gleichzeitig ist der Feminismus noch immer von den Massen abgetrennt und nimmt sich in seiner Mehrheit kein Projekt der kollektiven Emanzipation mehr vor. Der Feminismus muss sich heute mehr denn je zum Ziel setzen, die Lebensrealität von Millionen von Frauen zu verändern, die sich täglich Hunger, Ausbeutung, Gewalt, Belästigung und Demütigung ausgesetzt sehen, meist ohne die Gründe dafür zu kennen. Andernfalls bleibt der Feminismus auf akademische Ausarbeitungen, politischen Lobbyismus und die Ausbildung von Expert*innen für Regierungsinstitutionen und internationale Organisationen beschränkt.

Der Feminismus braucht erneut eine widerständige Perspektive. Dafür müssen wir angesichts der aktuellen Zusammensetzung der weltweiten Arbeiter*innenklasse, der so viele Frauen angehören wie nie zuvor, den Kapitalismus selbst bekämpfen, der uns in die Barbarei drängt. Die herrschende Klasse hat uns den Krieg erklärt; deshalb ist es lebensnotwendig, ein Programm zur Befreiung der Frauen aufzustellen, das den Kampfeswillen der breiten Massen weckt. Denn diese Massen werden in ein elendes Leben gezwungen, ausgebeutet vom Großkapital, das die patriarchale Unterdrückung vor sich her trägt. Aber auch wenn die Arbeiter*innenklasse die (potenzielle) Macht hat, die Hebel der kapitalistischen Ökonomie an sich zu reißen, reicht diese strategische Position alleine nicht aus, um die herrschende Ordnung umzuwälzen. Die Arbeiter*innenklasse muss auch versuchen, eine Allianz mit anderen Klassen und Sektoren zu schmieden und anzuführen. Sie muss eine Politik für all jene formulieren, die vom Kapital zugrunde gerichtet werden und die unter Diskriminierung und Marginalisierung leiden; für all jene, die dazu verurteilt sind, das »Verworfene« einer dominanten Kultur zu sein, die ihnen die Anerkennung verweigert.[233] Wir unterstüt-

233 Leider hat sich ein Großteil der linken Strömungen an den Status quo der letzten Jahrzehnte bürgerlicher Restauration angepasst. Sie stehen der Möglichkeit, die Niederlage gegen die imperialistische neoliberale Gegen-

zen alle Kämpfe, die dem kapitalistischen System Verbesserungen des Lebensstandards von Millionen von Menschen abringen wollen, die heute in unvorstellbarem Elend leben. Aber unser Ziel bleibt die Errichtung einer Gesellschaft ohne Staat, ohne soziale Klassen; einer Gesellschaft, die von den Ketten der Ausbeutung und von all den Formen der Unterdrückung befreit ist, die heute den Menschen zum »Wolf« seiner Mitmenschen machen.

Wir wissen, dass der Kommunismus nicht dadurch entsteht, indem wir uns nach ihm sehnen, selbst dann nicht, wenn es sich um die Sehnsucht von Millionen Ausgebeuteten handelt. Um ihn zu erreichen, müssen wir uns nicht bloß nach einer anderen Ordnung der Welt sehnen, sondern die existierende Ordnung tatsächlich zerschlagen. Deshalb müssen wir alle kleinen Siege und Verbesserungen, die wir heute im schmalen Rahmen der abgenutzten bürgerlichen Demokratien erlangen, in den Dienst dieser Strategie stellen. Das ist das einzige realistische Gegenmittel sowohl gegen die postfeministische Utopie der »radikalen Demokratie« als auch gegen die Dystopie des bürokratischen Totalitarismus, mit der

offensive umzukehren, skeptisch gegenüber. Daraus haben sie eine Strategie abgeleitet, die auf der Erweiterung von Rechten innerhalb der bürgerlichen Demokratie beruht. Die herrschenden Klassen sehen sich ihrerseits gezwungen, diese Forderungen teilweise aufzunehmen. So verhindern sie die Radikalisierung und integrieren breite Sektoren in das Regime. Diese linken Strömungen aber sehen diese Errungenschaften nicht als Ausgangspunkt für weitere Kämpfe, sondern machen sie zum alleinigen Horizont linker Politik. Ihr antikapitalistisches Programm haben sie gegen ein anti-neoliberales Programm eingetauscht. Ihr rein defensives politisches Ziel: die schlimmsten Auswirkungen der bürgerlichen Restauration zu entschärfen. Das andere Extrem ist die Politik derjenigen linken Strömungen, die die Notwendigkeit eines Programms und einer Politik der weiblichen Emanzipation, die von den eroberten demokratischen Rechten ausgeht, geringschätzen. Dabei handelt es sich nur um eine andere Form der Anpassung: Indem sie totgeschwiegen werden, bleiben die Fragen der Unterdrückung in den Händen von klassenübergreifenden sozialen Bewegungen. Gleichzeitig vertieft sich so nur der Korporatismus und Syndikalismus innerhalb der Arbeiter*innenbewegung. Letztlich geben sie die Strategie der proletarischen Hegemonie auf dem Weg des sektiererischen Verzichts auf Politik auf.

die Revolution verraten und in ihr Gegenteil verkehrt wurde. Unsere alltäglichen Kämpfe haben letztlich dieses Ziel: die Emanzipation der Frauen, um gemeinsam mit allen anderen Unterdrückten und Ausgebeuteten unter gleichen Bedingungen für die soziale Revolution zu kämpfen; die soziale Revolution als Grundlage für die endgültige Befreiung der Frauen und der gesamten Menschheit von den Ketten, die uns heute fesseln.

Literaturverzeichnis

Albamonte, Emilio, Matías Maiello, »An den Grenzen der bürgerlichen Restauration«, online abrufbar unter klassegegenklasse.org, zuerst erschienen in: *Estrategia Internacional*, Nr. 27, 2011.

Albamonte, Emilio, Jorge Sanmartino, »La historia del marxismo y su continuidad leninista-trotskista es la del álgebra de la revolución proletaria«, in: *Estrategia Internacional*, Nr. 10, 1998.

Álvarez González, Ana, *As origens e a comemoraçao do Dia Inernacional das Mulheres*, São Paulo, Expressão Popular, 2010.

Amorós, Celia, *Mujer: Participación, cultura política y estado*, Buenos Aires, De la Flor, 1990.

Amorós, Celia, *Hacia una crítica de la razón patriarcal*, Barcelona, Anthropos, 1991.

Amorós, Celia, *La gran diferencia y sus pequeñas consecuencias … para las luchas de las mujeres*, Madrid, Cátedra, 2007.

Ankele, Gudrun (Hg.), *absolute Feminismus*, Freiburg, orange-press, 2010.

Astelarra, Judith, *¿Libres e iguales? Sociedad y política desde el feminismo*, Santiago de Chile, CEM, 2003.

Bach, Paula, »Robert Brenner y la economía de la turbulencia global: algunos elementos para la crítica«, in: *Estrategia Internacional*, Nr. 13, 1999.

Badia, Gilbert, *Clara Zetkin: vida e obra*, São Paulo, Expressão Popular, 2003.

Bartel, Walter, *Die Linke in der deutschen Sozialdemokratie im Kampf gegen Militarismus und Krieg*, Berlin/DDR, Dietz, 1958.

Beauvoir, Simone de, *Das andere Geschlecht. Sitte und Sexus der Frau*, Hamburg, Rowohlt, 2009.

Bebel, August, *Die Frau und der Sozialismus*, Berlin/DDR, Dietz, 1973.

Bensaïd, Daniel, *Les irréductibles: théorèmes de la résistance à l'air du temps*, Paris, Textuel, 2001.

Braidotti, Rosi, *Sujetos nómades*, Buenos Aires, Paidós, 2000.

Bryant, Louise, *Eine Amerikanerin in Russland. Reportagen aus dem Roten Oktober*, Köln, Prometh, 1982 [engl. Original: *Six Red Months in*

Russia: An Observer's Account of Russia Before and During the Proletarian Dictatorship, New York, George H. Doran, 1918].

Butler, Judith, *Das Unbehagen der Geschlechter*, Frankfurt/M., Suhrkamp, 1991 [engl. Original: *Gender Trouble: feminism and the subversion of identity*, New York, Routledge, 1990].

Butler, Judith, *Körper von Gewicht. Die diskursiven Grenzen des Geschlechts*, Frankfurt/M., Suhrkamp, 1997 [engl. Original: *Bodies that matter*, New York, Routledge, 1993].

Butler, Judith, Ernesto Laclau, Slavoj Žižek, *Kontingenz, Hegemonie, Universalität*, Wien, Turia + Kant, 2013.

Calvera, Leonor, *Mujeres y Feminismo en Argentina*, Buenos Aires, Grupo Editor Latinoamericano, 1990.

Casale, Rolando, Cecilia Chiachio, *Máscaras del deseo. Una lectura del deseo en Judith Butler*, Buenos Aires, Catálogos, 2009.

Chingo, Juan, Eduardo Molina, »La guerra de los Balcanes y la situación internacional«, in: *Estrategia Internacional*, Nr. 13, 1999.

Cornell, Drucilla, *En el corazón de la libertad. Feminismo, sexo e igualdad*, Madrid, Cátedra, 1998 [engl. Original: *At the Heart of Freedom: Feminism, sex, and equality*. Princeton, Princeton University Press, 1998].

Costa, Silvio, *Comuna de París: o proletariado toma o céu de assalto*, São Paulo, Anita Garibaldi, 1998.

Curiel, Ochy, Jules Falquet (Hg.), *El patriarcado al desnudo. Tres feministas materialistas: Colette Guillaumin – Paola Tabet – Nicole Claude Mathieu*, Buenos Aires, Brecha Lésbica, 2005.

D'Atri, Andrea (Hg.), *Luchadoras. Historias de mujeres que hicieron historia*, Buenos Aires, Ediciones IPS, 2006.

De Lauretis, Teresa, *Diferencias. Etapas de un camino a través del feminismo*, Barcelona, Ed. horas y Horas, 2000.

Delphy, Christine, *Por un feminismo materialista. El enemigo principal y otros textos*, Barcelona, Ed. horas y Horas, 1985.

Del Rosal, Amaro (Hg.), *Los Congresos Obreros Internacionales en el siglo XX*, Mexiko-Stadt, Grijalbo, 1963.

Deutscher, Isaac, *Der unbewaffnete Prophet*, Stuttgart, W. Kohlhammer, 1962.

Duby, Georges, Michelle Perrot (Hg.), *Geschichte der Frauen*, 5 Bde., Frankfurt/New York, Campus, 1993–1995.

Duhet, Paule-Marie, *Les femmes et la Révolution 1789–1794*, Paris, Julliard, 1971.

Dunayevskaya, Raya, *Rosa Luxemburg. Frauenbefreiung und Marx' Philosophie der Revolution*, Berlin/Hamburg, Argument, 1998.

Durany Vives, Carlota, »El doble papel de la mujer«, *Emancipación*, 29. Mai 1937.

Eagleton, Terry, *Die Illusionen der Postmoderne*, Stuttgart/Weimar, Metzler, 1997 [engl. Original: *The Illusions of Postmodernism*, Oxford, Blackwell, 1996].

»El marxismo y la emancipación de la mujer«, Dokument der Organisation El Militante, online abrufbar unter rebelion.org.

Engels, Friedrich, *Der Ursprung der Familie, des Privateigentums und des Staats*, in: Karl Marx, Friedrich Engels, *Werke*, Bd. 21, Berlin/DDR, Dietz, 1962.

Engels, Friedrich, *Die Situation der arbeitenden Klasse in England*, in: Karl Marx, Friedrich Engels, *Werke*, Bd. 2, Berlin/DDR, Dietz, 1972.

Engels, Friedrich, *Die Entwicklung des Sozialismus von der Utopie zur Wissenschaft*, in: Karl Marx, Friedrich Engels, *Werke*, Bd. 19, Berlin/DDR, Dietz, 1973.

Espinosa Miñoso, Yuderkis, *Escritos de una lesbiana oscura. Reflexiones criticas sobre feminismo y politica de identidad en América Latina*, Buenos Aires, En la Frontera, 2007.

Etchebéhère, Mika, *Mi guerra de España*, Barcelona, Plaza & Janés, 1987 [frz. Original: *Ma guerre d'Espagne à moi*, Paris, Denoël, 1975].

Evans, Richard J., *Sozialdemokratie und Frauenemanzipation im deutschen Kaiserreich*, Berlin/Bonn, Dietz, 1979.

Femenías, María L., *El género del multiculturalismo*, Bernal, Universidad Nacional de Quilmes, 2007.

Femenías, María L., *Sobre sujeto y género. Lecturas feministas desde Beauvoir a Butler*, Buenos Aires, Catálogos, 2000.

Femenías, María L., *Judith Butler: Introducción a su lectura*, Buenos Aires, Catálogos, 2003.

Feminismos Latinoamericanos: retos y perspectivas, Mexiko-Stadt, PUEG, 2002.

Firestone, Shulamith, *Frauenbefreiung und sexuelle Revolution*, Frankfurt/M., Fischer, 1987 [engl. Original: *The Dialectic of Sex: The Case for Feminist Revolution*. New York, William Morrow, 1970].

Fontenla, Marta, Magui Bellotti, »ONGs, financiamiento y feminismo«, in: *Hojas de Warmi*, Nr. 10, Barcelona, 1999.

Fraser, Nancy, »Feminismus, Kapitalismus und die List der Geschichte«, in: *Blätter für deutsche und internationale Politik*, 8/2009.

Fraser, Nancy, *Justice Interruptus: Critical Reflections on the »Postsocialist« Condition*, London/New York, Routledge, 1996.

Gargallo, Francesca, *Ideas feministas latinoamericanas*, Caracas, El Perro y la Rana, 2006.

Goldman, Wendy, *Women, the State and Revolution: Soviet family policy and social life, 1917–1936*, Cambridge, Cambridge University Press, 1993.

Heinen, Jacqueline, u. a., *De la Io a la IIo internacional: la cuestión de la mujer*, Barcelona, Fontamara, 1978.

Hervé, Florence (Hg.), *Flora Tristan, oder: Der Traum vom feministischen Sozialismus*, Berlin, Dietz, 2013.

Hollander, Nancy, *La Mujer ¿esclava de la historia o historia de esclava?*, Buenos Aires, La Pléyade, 1974.

Internationaler Sozialisten-Kongreß zu Amsterdam 1904, Berlin, Expedition der Buchhandlung Vorwärts, 1904.

Jelin, Elizabeth (Hg.), *Ciudadanía e identidad: las mujeres en los movimientos sociales latinoamericanos*, Ginebra, UNRISD, 1987.

Kirkwood, Julieta, *Ser política en Chile. Los nudos de la sabiduría feminista*, Santiago de Chile, Ed. Cuarto Propio, 1990.

Kollontai, Alexandra, *Die Situation der Frau in der gesellschaftlichen Entwicklung: vierzehn Vorlesungen vor Arbeiterinnen und Bäuerinnen an der Sverdlov-Universität 1921*, Frankfurt/M., Neue Kritik, 1975.

Kollontai, Alexandra, *Die neue Moral und die Arbeiterklasse*, Münster, Frauenpolitik, 1977.

Kollontai, Alexandra, *Selected Writings of Alexandra Kollontai*, Westport, Lawrence Hill, 1977.

Kollontai, Alexandra, *Autobiographie einer sexuell emanzipierten Kommunistin*, Berlin, Guhl, 1989.

Krupskaja, Nadeschda, *Erinnerungen an Lenin*, Berlin/DDR, Dietz, 1960.

Lenin, Wladimir Iljitsch, »Lieber weniger, aber besser«, in: *Werke*, Bd. 33, Berlin/DDR, Dietz, 1977.

Lenin, Wladimir Iljitsch, »Die Lehren der Kommune«, in: *Werke*, Bd. 13, Berlin/DDR, Dietz, 1982.

León, Magdalena (Hg.), *Sociedad, subordinación y feminismo. Debate sobre la mujer en América Latina y el Caribe*, Bogotá, ACEP, 1982.

León, Magdalena (Hg.), *Mujeres y participación política: avances y desafíos en América Latina*, Bogotá, Tercer Mundo, 1994.

Le Site de la Commune de Paris (1871), online abrufbar unter www.commune1871.org.

Lewin, Moshe, *El último combate de Lenin*, Barcelona, Lumen, 1970.

Lewis, Jane, *Women in England, 1870–1950: Sexual divisions and social change*, London, Wheatsheaf, 1984.

Liebman, Marcel, *Leninism under Lenin*, London, Merlin Press, 1989.

Liga für eine revolutionär-kommunistische Internationale, »Thesen zum Charakter der Frauenunterdrückung«, 1995.

Lissagaray, Prosper, *Geschichte der Commune von 1871*, Frankfurt/M., Suhrkamp, 1971.

Lonzi, Carla, *Die Lust Frau zu sein*, Berlin, Merve, 1975.

Lorde, Audre, *Zami. Eine Mythobiographie*, Berlin, Orlanda, 1988.

Luna, Lola (Hg.), *Mujeres y Sociedad*, Barcelona, Universitat de Barcelona, 1991.

Luna, Lola (Hg.), *Los movimientos de mujeres en América Latina y la renovación de la historia política*, Cali, La Manzana de la Discordia, 2003.

»Manifesto de Rivolta Femminile«, Rom, Juli 1970.

Marx, Karl, *Der Bürgerkrieg in Frankreich*, in: Karl Marx, Friedrich Engels, *Werke*, Bd. 17, Berlin/DDR, Dietz, 1962.

Marx, Karl, *Kritik des Gothaer Programms*, in: Karl Marx, Friedrich Engels, *Werke*, Bd. 19, Berlin/DDR, Dietz, 1962.

Marx, Karl, *Das Kapital*, Bd. 1, in: Karl Marx, Friedrich Engels, *Werke*, Bd. 23, Berlin/DDR, Dietz, 1968.

Marx, Karl, *Zur Judenfrage*, in: Karl Marx, Friedrich Engels, *Werke*, Bd. 1, Berlin/DDR, Dietz, 1976.

Marx, Karl, Friedrich Engels, *Die heilige Familie oder Kritik der kritischen Kritik. Gegen Bruno Bauer und Konsorten*, in: Karl Marx, Friedrich Engels, *Werke*, Bd. 2, Berlin/DDR, Dietz, 1972.

Marx, Karl, Friedrich Engels, *Manifest der Kommunistischen Partei*, in: Karl Marx, Friedrich Engels, *Werke*, Bd. 4, Berlin/DDR, Dietz, 1974.

Meiksins Wood, Ellen, *The Retreat from class: A New ›True‹ Socialism*, London/New York, Verso, 1999.

Michel, Andrée, *El feminismo*, Mexiko-Stadt, F. C. E., 1983 [frz. Original: *Le Féminisme*, »Que sais-je?«, Paris, PUF, 1979].

Millett, Kate, *Sexus und Herrschaft: Die Tyrannei des Mannes in unserer Gesellschaft*, München, Verlag Kurt Desch, 1971 [engl. Original: *Sexual Politics*, Garden City, NY, Doubleday, 1970].

Mouffe, Chantal, *El retorno de lo político*, Barcelona, Paidós, 1999 [engl. Original: *The Return of the Political*, London, Verso, 1993].

Nash, Mary, *Presencia y protagonismo: aspectos de la historia de la mujer*, Barcelona, Del Serbal, 1984.

Nicholson, Linda (Hg.), *Feminism/Postmodernism*, New York/London, Routledge, 1990.

Pérez, Inés, *El hogar tecnificado. Familias, género y vida cotidiana 1940–1970*, Buenos Aires, Biblos, 2012.

Petit, Cristina Molina, *Dialéctica feminista de la Ilustración*, Madrid, Anthropos, 1994.

Pla, Alberto (Hg.), *Historia del movimiento obrero*, Buenos Aires, CEAL, 1986.

Protokoll über die Verhandlungen des Parteitags der Sozialdemokratischen Partei Deutschlands. Abgehalten zu Stuttgart vom 3. bis 8. Oktober 1898, Berlin, Expedition der Buchhandlung Vorwärts, 1898.

Proudhon, Pierre-Joseph, *La pornocracia o la mujer en nuestros tiempos*, Madrid, Huerga y Fierro Editores, 1995 [frz. Original: *La Pornocratie, ou les Femmes dans les temps modernes*, 1875, dt.: *Von der Anarchie zur Pornokratie*, Zürich, Verlag der Arche, 1970].

Puleo, Alicia, »En torno a la polémica igualdad/diferencia«, Cátedra de Estudios de Género, Universidad de Valladolid, mimeo.

Reed, Evelyn, »Women: Caste, Class or Oppressed Sex«, in: *International Socialist Review*, September 1970, Bd. 31, Nr. 3, 1970.

Reed, John, *Zehn Tage, die die Welt erschütterten*, Essen, Mehring, 2001 [engl. Original: *Ten Days that Shook the World*, New York, Boni & Liveright, 1919].

Rivera Garretas, María Milagros, *El fraude de la igualdad*, Buenos Aires, Librería de Mujeres, 2002.

Sánchez, Luis Alberto, *Una mujer sola contra el mundo*, Lima, UNMSM, 2004.

Sazbón, José, *Cuatro mujeres en la Revolución Francesa*, Buenos Aires, Biblos, 2007.

Stites, Richard, *The Women's Liberation Movement in Russia: Feminism, Nihilism and Bolshevism 1860–1930*, New Jersey, Princeton University Press, 1978.

Stürtze, Alizia, »Feminismo de clase«, online abrufbar unter lahaine.org.

Thesen und Resolutionen des III. Weltkongresses der Kommunistischen Internationale, Hamburg, Kommunistische Internationale, 1921.

Thompson, Edward P., *Die Entstehung der englischen Arbeiterklasse*, 2 Bde., Frankfurt/M., Suhrkamp, 1987 [engl. Original: *The Making of the English Working Class*, London, Victor Gollancz, 1963].

Thönnessen, Werner, *Frauenemanzipation. Politik und Literatur der Deutschen Sozialdemokratie zur Frauenbewegung 1863–1933*, Frankfurt/M., Europäische Verlagsanstalt, 1969.

Todd, Allan, *Las revoluciones. 1789–1917*, Madrid, Alianza, 2000 [engl. Original: *Revolutions 1789–1917*, Cambridge, Cambridge University Press, 1998].

Tristán, Flora, *Lettres*, Paris, Seuil, 1980.

Tristán, Flora, *Meine Reise nach Peru*, Frankfurt/M., Societäts-Verlag, 1983 [frz. Originalausgabe: *Pérégrinations d'une paria* (1837), Neudruck, Paris, Maspéro, 1980].

Tristán, Flora, *Arbeiterunion*, Frankfurt/M., isp, 1988 [frz. Original: *L'Union Ouvrière*, 1843].

Tristán, Flora, *Feminismo y Utopía*, Mexiko-Stadt, Fontamara, 1993.

Tristán, Flora, *Im Dickicht von London oder Die Aristokratie und die Proletarier Englands*, Köln, Neuer ISP Verlag, 1993 [frz. Original: *Promenades dans Londres, ou l'aristocratie et les prolétaires anglais*, 1840].

Tristán, Flora, *El tour de Francia*, Lima, UNMSM, 2007 [frz. Original: *Le tour de France. État actuel de la classe ouvrière sous l'aspect moral, intellectuel, matériel*, Paris, Éd. Tête de Feuilles, 1973].

Tristán, Flora, *Peregrinaciones de una Paria*, Lima, UNMSM, 2003 [s. auch Tristán 1983].

Trotzki, Leo, *Wohin treibt England?*, Berlin, Deutsche Verlagsgesellschaft für Politik und Geschichte, 1925.

Trotzki, Leo, *Der Todeskampf des Kapitalismus und die Aufgaben der 4. Internationale (Das Übergangsprogramm)*, 1938.

Trotzki, Leo, »Twenty Years of Stalinist Degeneration«, in: *Fourth International*, Bd. 6, Nr 3, März 1945. Zuerst veröffentlicht in: *Bulletin der Russischen Opposition*, Nr. 66–67, Mai–Juni 1938.

Trotzki, Leo, *Verratene Revolution. Was ist die Sowjetunion und wohin treibt sie?*, Essen, Arbeiterpresse, 1990.

Trotzki, Leo, *Fragen des Alltagslebens*, Essen, Arbeiterpresse, 2001.

Trotzki, Leo, *Verteidigung des Marxismus*, Essen, Mehring, 2006.

Trotzki, Leo, *Geschichte der Russischen Revolution*, 2 Bde., Essen, Mehring, 2010.

Trotzki, Leo, *Ergebnisse und Perspektiven*, Essen, Mehring, 2016.

»Una declaración de los bolcheviques leninistas sobre el viaje del camarada Trotsky«, November 1932, in: *Escritos de León Trotsky (1929–1940)*, Buenos Aires, CEIP »León Trotsky«, 2000.

Valcárcel, Amalia, *Sexo y filosofía. Sobre »mujer« y »poder«*, Bogotá, Anthropos, 1994.

Vargas Valente, Virginia, *Feminismos en América Latina. Su aporte a la política y a la democracia*, Lima, UNMSM, 2008.

Waters, Mary-Alice, *Marxismo y Feminismo*, Mexiko-Stadt, Fontamara, 1989.

Weinbaum, Batya, *El curioso noviazgo entre feminismo y socialismo*, Madrid, Siglo XXI, 1984.

Wollstonecraft, Mary, *Eine Verteidigung der Rechte der Frau*, Leipzig, Verlag für die Frau, 1989 [engl. Original: *A Vindication of the Rights of Woman*, 1792].

Zeitschrift für Strafrecht, UdSSR, 1922.

Zepler, Wally (Hg.), *Sozialismus und Frauenfrage*, Berlin, Cassirer, 1919.

Zetkin, Clara, »Für den Kampf um den Frieden«, Resolution der II. Internationalen Sozialistischen Frauenkonferenz in Kopenhagen, 27. August 1910. [*Die Gleichheit, Zeitschrift für die Interessen der Arbeiterinnen*, Stuttgart, 10. Oktober 1910. Nach: *Ausgewählte Reden und Schriften*, Bd. I, S. 481].

Clara Zetkin, *Ausgewählte Reden und Schriften*, Bd. I, Berlin/DDR, Dietz, 1957.

Žižek, Slavoj, »Multiculturalism, or, the Cultural Logic of Multinational Capitalism«, in: *New Left Review* I/225, September–Oktober 1997.

Danksagung

Es gibt keine individuellen Ausarbeitungen, die nicht das Ergebnis des Austauschs und Dialogs mit vielen anderen und somit durch sie geprägt sind. Schon gar nicht in diesem Fall, denn *Brot und Rosen. Geschlecht und Klasse im Kapitalismus* ist nicht mehr und nicht weniger als die Zusammenfassung einer kollektiven Reflexion und Praxis, an der ich teilhabe. Deshalb hätte diese überarbeitete und erweiterte Neuausgabe nicht ohne die – teilweise sogar unabsichtliche – Mitarbeit vieler Genossinnen aus der Frauengruppierung *Pan y Rosas* (Brot und Rosen) und der *Partei Sozialistischer Arbeiter*innen* (PTS) erscheinen können. Vieles verdankt diese Ausgabe auch anderen Frauen aus unterschiedlichen Breitengraden, die in den vergangenen zehn Jahren an den zahlreichen Konferenzen, Workshops, Podiumsdiskussionen und Seminaren teilgenommen haben, die wir in den verschiedensten Städten Argentiniens veranstaltet und die uns auch nach Chile, Brasilien, Mexiko, Venezuela, Peru, Costa Rica, El Salvador, Honduras, in den Spanischen Staat und nach Thailand geführt haben. Hunderte Frauen in verschiedenen Teilen der Welt haben unsere eigene Lektüre und unsere Erarbeitungen mit ihren Vorschlägen, ihren Fragen und ihrer Kritik bereichert. An sie alle geht mein Dank.

Ich möchte auch Celeste Murillo für die unschätzbare Zusammenarbeit in der letzten Phase der Überarbeitung danken. Sie kennt diese Arbeit seit ihrem Entstehen vor zehn Jahren, war sie doch in der »Küche« dabei, in der sie sich entwickelte und veränderte, bis sie unsere Leser*innen in Form dieser Neuausgabe erreichte.

Meine besondere Anerkennung gilt Laura Lif, die die Erstausgabe von *Brot und Rosen. Geschlecht und Klasse im Kapitalismus* von 2004 einer strengen und kritischen Überprüfung unterzogen hat. Aus ihrer Lektüre erwuchs die Anregung, fast zehn Jahre nach der Erstveröffentlichung diese überarbeitete und erweiterte Ausgabe ins Auge zu fassen. Sie hat Lücken, Kontroversen und wichtige Verknüpfungen identifiziert, die es zu vertiefen galt und für deren Weiterentwicklung sie Ideen beigetragen und Wege vorgeschlagen hat.

Nachwort der Übersetzerin

Die Übersetzung von Andrea D'Atris Buch *Brot und Rosen. Geschlecht und Klasse im Kapitalismus* erscheint zu keinem beliebigen Zeitpunkt, sondern in einem historischen Moment, in dem die Frauenbewegung sich weltweit wieder im Aufschwung befindet. Dabei nehmen die Frauen in Argentinien eine Avantgarderolle ein. Dort wurde dieses Buch geschrieben und leistete einen Beitrag zur Vorbereitung und Schulung dieser Bewegung. Denn seit seinem ersten Erscheinen wurde es in Vorträgen und Lesekreisen ins ganze Land gebracht und von Arbeiterinnen, Schülerinnen und Studentinnen gelesen und diskutiert. Der Wert dieser Vorarbeit, wie auch der Vorarbeit vieler anderer, ist kaum zu überschätzen: Durch sie waren in dem Moment, als sich in tausenden Frauen ein Gefühl der Unzufriedenheit und der Wut breitmachte, feministische Antworten vorhanden, die der Bewegung eine Richtung geben konnten. Aus diesem Grund habe ich mich entschieden, das Buch zu übersetzen: um uns auch in Deutschland auf Zeiten vorzubereiten, in denen die Frauenbewegung wieder an Fahrt aufnimmt, und um mit Hilfe dieses Buchs eine Perspektive aufzuzeigen, die auf die Überwindung der Trennung zwischen Frauen- und Arbeiter*innenbewegung zielt.

»Aber Deutschland ist eben nicht Argentinien« – dieses Argument habe ich schon häufig gehört. Und ja, es stimmt, wir sprechen über ein anderes Niveau an Elend und Armut. Aber auch in Deutschland arbeitet mehr als die Hälfte der Frauen in sogenannten atypischen, also prekären Jobs: in Leiharbeit, Minijobs, mit befristeten Verträgen oder in Teilzeitarbeit. Auch hier verdienen sie im Schnitt 21 Prozent weniger als Männer, bekommen nur etwa halb so viel Rente und leisten knapp doppelt so viel unbezahlte Hausarbeit. Auch hier gibt es täglich einen Mordversuch an einer Frau durch ihren (Ex-)Partner und alle drei Tage einen Feminizid. Geflüchtete Frauen werden entrechtet, arbeiten teilweise für weniger als einen Euro pro Stunde und müssen in Lagern leben; die Verschärfung der Polizeigesetze in einigen Bundesländern trifft sie besonders hart. Auch die kurdische Frauenbewegung wird immer wieder kriminalisiert. In dem Jahr, in dem wir 100 Jahre Frauenwahlrecht in Deutschland feiern, sind immer noch fünf Millionen Frauen aufgrund ihrer Herkunft von diesem Recht ausgeschlossen. Und so wie das Frauenwahlrecht ist auch das Recht auf kostenlose und legale Abtreibung noch nicht bis zum Ende durchgesetzt – all dies trotz über einem Jahrzehnt unter weiblicher Kanzlerschaft. Es ist also auch in Deutschland notwendig, einen Feminismus zu entwickeln, der all dem etwas entgegensetzen kann – und dabei gerade hier das Banner der internationalen Solidarität aufnimmt. Denn der deutsche Imperialismus hat sich mit der Krise 2008 zum Hegemon innerhalb der EU aufgeschwungen – immer auf Kosten der Arbeiterinnen – und treibt mit Austeritätspolitik und Rüstungsexporten die Unterdrückung und Ausbeutung von Frauen in aller Welt voran.

Erfreulicherweise deuten alle Anzeichen darauf hin, dass die neue Dynamik der weltweiten Frauenbewegung allmählich auch in Deutschland ankommt. So sind beispielsweise Frauenstreiks in Vorbereitung, wie sie die internationale Frauenbewegung in den letzten Jahren wieder für sich entdeckt hat. Eine Grundlage hierfür legte sicherlich die #MeToo-Debatte, die in den sozialen Medien und der Öffentlichkeit geführt wurde. Aber auch die Empörung über den § 219a Strafgesetzbuch, der Ärzt*innen kriminalisiert, wenn sie über die Durchführung von Abtreibungen informieren, oder die öffentlichen Berichte, Kampagnen und Streiks gegen den Pflegenotstand, und nicht zuletzt der Widerstand gegen den Rechtsruck – der sich in der AfD, aber auch in der Rechtsbewegung der bürgerlichen Parteien ausdrückt und besonders die Rechte von Migrantinnen, aber letztlich die Rechte aller Frauen angreift – tragen entscheidend dazu bei.

Um Antworten für das Heute zu geben, lohnt es sich gerade in Zeiten, in denen wir uns auf einen neuen Aufschwung der

Frauenbewegung vorbereiten, die vorangegangenen Momente zu betrachten, in denen Frauen kollektiv gekämpft haben. Aus ihren Debatten, ihrer Praxis und ihren Widersprüchen können wir lernen. Bei diesem Blick zurück tritt in D'Atris Buch ein kollektiver Akteur ins Rampenlicht, in dessen Richtung sich auch heute die Frauenbewegung mit ihren international koordinierten Frauenstreiks bewegt: die Arbeiter*innenklasse als diejenige – gerade in Deutschland multiethnische – Klasse, die in der Lage ist, diese Gesellschaft zu revolutionieren – mit den Arbeiterinnen in der ersten Reihe.

Das Buch antwortet damit unter anderem auch auf die spätestens seit Didier Eribons *Rückkehr nach Reims* heiß geführte Debatte über Identitäts- und Klassenpolitik. Angesichts des Aufstiegs der Rechten und ihres scheinbaren Erfolgs bei Arbeiter*innen wird die Frage gestellt, ob sich die Linke zu sehr auf kulturelle Fragen und Fragen der Identität konzentriert und die soziale Frage vernachlässigt habe. Andrea D'Atri wirft einen Blick auf Frauen *als Arbeiterinnen*, mit eigenen Erfahrungen innerhalb der Arbeiter*innenbewegung und spezifischen Formen der Ausbeutung, die sie konkret als Frauen betreffen und die mit Formen der Unterdrückung verbunden sind, die nicht direkt ökonomisch sind. Sie hilft uns dabei, Frauenkämpfe als Klassenkämpfe zu verstehen, und argumentiert so gegen die Abtrennung des Kampfes gegen Unterdrückung vom Kampf gegen Ausbeutung. Die Unterdrückung von Frauen hat eine materielle Basis im Kapitalismus: Dies verpflichtet uns einerseits, den Kampf gegen den Kapitalismus aufzunehmen, um diese materielle Basis zu beseitigen – in Abgrenzung zu einem zahnlosen Feminismus, der die Unterdrückung auf kulturelle Fragen reduziert. Dies enthebt uns andererseits aber keineswegs der Notwendigkeit, gegen die spezifische Unterdrückung von Frauen auch auf ideologischem und rechtlichem Gebiet zu kämpfen – in Abgrenzung zu all jenen, die die Kämpfe von Frauen gegen Unterdrückung per se als zweitrangig und ablenkend abstempeln. Indem Andrea D'Atri historische Beispiele von

Frauenkämpfen, ihren Hürden und auch Widersprüchen zusammenträgt, rückt sie die Arbeiter*innenklasse wieder als dasjenige Subjekt in den Blick, das diese enorme Aufgabe erfüllen kann – wenn sie ein Programm gegen Ausbeutung und gegen Unterdrückung aufstellt und damit die Unterstützung aller Unterdrückten hinter sich versammelt. Gerade in Zeiten, in denen die weltweite Arbeiter*innenklasse so weiblich ist wie nie zuvor, kommt den Frauen in ihren Reihen eine besondere Bedeutung zu.

Ich hoffe, dass dieses Buch auch im Land von Rosa Luxemburg und Clara Zetkin einen kleinen Beitrag zum Aufbau einer sozialistischen, internationalistischen und klassenkämpferischen Strömung innerhalb der Frauenbewegung leisten wird, die sich genau diese Perspektive zur Aufgabe macht und sich von den vorgestellten historischen Beispielen inspirieren lässt.

Lilly Schön
Berlin, im Dezember 2018

Internationales Manifest von *Brot und Rosen*

Dieses Manifest wurde im März 2017 gleichzeitig in den fünf Sprachen der elf Länder veröffentlicht, in denen Arbeiterinnen, Studierende, Schülerinnen und Hausfrauen in der Frauengruppierung »Pan y Rosas« (Brot und Rosen) aktiv sind.

Die Geschichte der Klassenkämpfe ist auch die Geschichte der Frauenkämpfe

Die aktuellen Mobilisierungen von Frauen auf der ganzen Welt sind kein neues Phänomen. Seit Jahrhunderten wehren wir Frauen uns gegen die Diskriminierung, Unterordnung und Ungleichheit, die uns die patriarchale Herrschaft aufzwingt – ebenso wie gegen andere Formen der Unterdrückung und Ausbeutung durch die herrschenden Klassen. Die europäischen Bäuerinnen rebellierten jahrhundertelang immer wieder gegen Lebensmittelknappheit und hohe Brot- und Mehlpreise, die ihre Familien zu Hunger und Elend verdammten. Aus Lateinamerika gibt es zahlreiche Geschichten von mutigen Frauen der indigenen Völker, die der kolonialen Unterwerfung trotzten. Zur Zeit der Französischen Revolution von 1789 verurteilten bürgerliche Frauen die *Erklärung der Menschen- und Bürgerrechte*, die ihre eigenen Rechte als Frauen und Staatsbürgerinnen nicht anerkannte. Zugleich marschierte eine von Frauen angeführte Menschenmasse aus den Armenvierteln von Paris nach Versailles, um vor dem König gegen ihre schlechten Lebensbedingungen zu protestieren. Und knapp ein Jahrhundert später kämpften die Frauen der armen Pariser Bevölkerung heroisch auf den Barrikaden der Kommune von 1871. Dort verteidigten sie die erste Arbeiter*innenregierung der Geschichte – eine Regierung, die sie zu Staatsbürgerinnen mit gleichen Rechten machte. Deshalb kämpften sie in bewaffneten Bataillonen bis zur blutigen Niederschlagung durch die französische Bourgeoisie, die sich mit Deportationen und Erschießungen rächte.

Vor dem Ersten Weltkrieg mobilisierten sich tausende Frauen in England, Frankreich und anderen Ländern für das aktive und passive Wahlrecht. In den USA kämpften viele dieser »Suffragetten« gleichzeitig für die Abschaffung der Sklaverei. In den Ländern Lateinamerikas und der Karibik kämpften Frauen für den Zugang zu höherer Bildung und für alle Bürger*innenrechte, die ihnen noch verwehrt waren. Oft wurden ihre Forderungen nur von den sozialistischen Arbeiter*innenparteien der Zeit aufgenommen. In Europa versuchten die Arbeiterinnen während des Ersten Weltkriegs, den Transport von Truppen an die Front zu verhindern. Sie stoppten dafür Züge mit Meutereien und Aufständen und sabotierten die Produktion von Waffen und Munition. Sie standen auch in erster Reihe der Proteste gegen die Unterversorgung und Lebensmittelknappheit, die die Kriegsproduktion ihnen aufzwang.

So auch die Textilarbeiterinnen von St. Petersburg in Russland, die den Internationalen Frauentag im Jahr 1917 begingen, indem sie in den Streik traten. Sie forderten »Brot, Frieden und nieder mit der Autokratie!« Unvorhergesehen eröffneten die Unterdrücktesten unter den Frauen und die Ausgebeutetsten im Proletariat den größten revolutionären Prozess der Geschichte der Arbeiter*innenbewegung: die Russische Revolution. Diese Revolution sollte – angeführt von der Bolschewistischen Partei Lenins und Trotzkis – das Zarenregime stürzen und einige Monate später eine auf Räte gestützte Regierung der Arbeiter*innen durchsetzen. Vor 100 Jahren eroberten die russischen Frauen mit der proletarischen Revolution Rechte, für die wir heute in der Mehrzahl der kapitalistischen Demokratien immer noch kämpfen, darunter so grundlegende Rechte wie das Recht auf Abtreibung.

Die Geschichte steckt voller Heldinnentum, Aufopferung und Mut von Millionen von anonymen Frauen – und einiger, deren Namen überliefert sind. So erinnern wir an die mutige Aymara-Kämpferin Bartolina Sisa aus Bolivien, an sozialistische Arbeiterinnen wie Teresa Flores aus Chile oder Carolina Muzzilli aus Argentinien, an die Generalin Amelia Robles aus der Mexikanischen Revolution, an die US-amerikanische Arbeiterinnen-Organisatorin Mother Jones, an die französisch-peruanische Feministin und Sozialistin Flora Tristán, an die Kommunardinnen Elisabeth Dmitrieff und Louise Michel, an internationalistische Revolutionärinnen aus Europa wie Clara Zetkin oder Nadeschda Krupskaja, an Oppositionelle, die sich dem Stalinismus entgegenstellten, wie Nadeschda Joffe aus Russland, Marvel Scholl und Clara Dunne aus den USA, Patrícia Galvão aus Brasilien oder Pen Pi Lan aus China. Nicht alle von ihnen waren Feministinnen – im heutigen Sinne –, aber sie alle boten der Unterdrückung die Stirn und kämpften gemeinsam mit den Ausgebeuteten für ihre Organisierung, ihre Rechte und ihre Emanzipation. Auch nicht alle von ihnen hatten eine revolutionäre sozialistische Perspektive, wie wir sie vertreten. Aber sie alle gehören zu den vielen Frauen, von deren Kämpfen wir als *Brot und Rosen* heute lernen.

Wir sehen uns als Erbinnen der Tradition von Frauen wie Rosa Luxemburg. Sie überwand enorme Widrigkeiten und ihr Leben zeigt uns, dass die Unterdrückung als Frau und Migrantin kein absolutes Hindernis für den Kampf sein muss. Denn als Frau mit starken Überzeugungen, Opferbereitschaft und Mut hat sie sich in eine der größten revolutionären Anführer*innen des weltweiten Proletariats verwandelt.

Mehr Rechte und mehr Ungerechtigkeit – ein widersprüchliches Erbe

In den letzten 50 Jahren hat sich das Leben der Mehrheit der Frauen in den westlichen Ländern – besonders in den zentralen Ländern und den großen Metropolen – auf eine Weise verändert, wie es noch vor 100 Jahren undenkbar gewesen wäre.[1] Innerhalb relativ weniger Jahrzehnte haben Frauenkämpfe die Normen und Gesetze überwunden, die uns den Zugang zu Bildung und öffentlichen Posten verwehrten, und wir haben grundlegende demokratische Rechte errungen. Wir haben uns von der patriarchalen Vormundschaft des Vaters und Ehemanns rechtlich unabhängig gemacht. Massen von Frauen in vielen Ländern haben Zugang zu größeren legalen Möglichkeiten bekommen, über ihr Leben, ihre Sexualität und ihren Körper selbst zu entscheiden.

Obwohl der historische Kampf um Frauenbefreiung kein linearer Prozess ist, also nicht einfach Stück für Stück zu immer mehr Fortschritten führt, und obwohl er keineswegs immer alle Frauen mit einschließt, muss selbst die Kapitalist*innenklasse die genannten Fortschritte akzeptieren. Um ihre ultrareaktionäre Politik durchzusetzen, setzt sie sogar Frauen wie Angela Merkel in Deutschland und Theresa May in Großbritannien an die Spitze von Regierungen. Wir könnten sagen, dass – verglichen mit vorherigen Jahrzehnten – die rechtlichen Schranken für den Zugang von Frauen zu Machtpositionen abgebaut wurden (mit Ausnahme des Heiligen Stuhls im Vatikan). Dies ist ganz anders als noch in der Epoche von revolutionären Sozialistinnen wie Rosa Luxemburg, die gegen den deutschen Imperialismus kämpfte. Damals durften Frauen, Schüler*innen und Lehrlinge kei-

1 Wir beziehen uns hier grundsätzlich auf die Geschichte in westlichen Ländern. Der Prozess im Nahen Osten oder in Nordafrika verlief anders.

nen politischen Organisationen angehören oder auch nur an Treffen teilnehmen, bei denen über Politik diskutiert wurde.

Viele der heutigen Frauenrechte sind Ergebnisse der Kämpfe von Frauen in den 1960er und 1970er Jahren. Sie prägten den Satz »das Private ist politisch« und verwandelten ihn in ein Kampfprogramm. In dieser Zeit schrien verschiedene Strömungen des radikalen Feminismus in die Welt hinaus, dass die politische, wirtschaftliche, soziale, kulturelle und sexuelle Ungleichheit der Frauen gegenüber den Männern nicht einfach ein individuelles Problem jeder einzelnen Frau und jedes einzelnen Mannes ist, beschränkt auf private Beziehungen. Es gibt stattdessen ein Muster, das sich in unzähligen Einzelschicksalen wiederholt. Die Singularität dieser Erfahrung schließt dialektisch ihren wahren strukturellen Charakter mit ein. Das, was als »natürlich« vorgegeben wurde, war nichts als die Kristallisierung komplexer sozio-historischer Prozesse.[2]

In den 60ern und 70ern wurden nicht nur das Patriarchat, sondern auch der Kolonialismus, der Rassismus und der Heterosexismus als Herrschaftssysteme infrage gestellt – im Rahmen eines Prozesses großer sozialer und politischer Radikalisierung der Massen, die sich gegen kapitalistische Ausbeutung im Westen und gegen die Unterdrückung durch die stalinistische Bürokratie in den Arbeiter*innenstaaten Osteuropas auflehnten.

Der Wandel der Lebensbedingungen von Millionen von Frauen mag im Vergleich zu den Lebensbedingungen früherer Generationen »revolutionär« wirken. Trotzdem ist offensichtlich, dass diese im Rahmen des Kapitalismus eroberten Rechte weder patriarchale Unterdrückung noch kapitalistische Ausbeutung abgeschafft haben.

2 Auch wenn wir diese radikalfeministischen Strömungen, die in ihrer Mehrheit die Gruppe der Frauen derjenigen der Männern gegenüberstellten, kritisch sehen, war es eine Periode, in der feministische Ideen nur so sprudelten. Feministinnen reflektierten darüber, ob die Grundlage der Frauenunterdrückung in der Aneignung und der Kontrolle weiblicher reproduktiver Fähigkeiten durch die Männer zu suchen sei; ob die Männer die unbezahlte Arbeit – inklusive der Zuneigung – von Frauen aller sozialen Schichten ausbeuteten und sich ihr Produkt aneigneten. Sozialistische Feministinnen, die auf die Methode des historischen Materialismus und die Ausarbeitungen von Marx und Engels zurückgriffen, hoben in diesen Debatten die heute untrennbare Beziehung der patriarchalen Unterdrückung mit der kapitalistischen Produktionsweise hervor, in der die Hausarbeit eine fundamentale Rolle für die unbezahlte Reproduktion der Arbeitskraft einnimmt.

Millionen von Menschen sind nach wie vor der Lohnsklaverei unterworfen und der Barbarei des Hungers, des Kriegs, der Umweltverschmutzung, der Überschwemmungen und Dürren, der Arbeitslosigkeit und des Elends ausgeliefert. Von den mehr als eine Milliarde Menschen, die heute in extremer Armut leben, sind 70 Prozent Frauen und Mädchen.

Eine Geschichte großer Fortschritte im Kampf um Frauenrechte steht neben Statistiken der brutalsten Unterdrückung: Beispielsweise werden zwischen 1,5 und 3 Millionen Frauen und Mädchen jedes Jahr Opfer sexistischer Gewalt. Trotz enormer wissenschaftlicher und technologischer Fortschritte sterben weltweit pro Jahr 500 000 Frauen aufgrund von Komplikationen bei Schwangerschaft und Geburt, während täglich 500 Frauen aufgrund von unsicheren und illegalisierten Abtreibungen sterben. Die Prostitution hat sich in eine riesige und enorm profitable Industrie verwandelt, was gleichzeitig zur weiteren Ausdehnung von Menschenhandelsnetzwerken führte. Von 960 Millionen Analphabet*innen sind 70 Prozent Frauen und Mädchen. Zudem »feminisierte« die Arbeit sich exponentiell: Wir Frauen machen mehr als 40 Prozent der weltweiten Arbeitskraft aus, wobei über die Hälfte von uns unter prekären Bedingungen arbeitet. Dazu lastet auf unseren Schultern die doppelte Bürde der Hausarbeit.

Vor kurzem konnten wir einen politischen Rechtsruck in verschiedenen westlichen Ländern beobachten. Im Zuge dessen werden bereits erkämpfte Rechte wieder angegriffen. Zum Beispiel geht Donald Trump in den USA entschlossen gegen das Recht auf Abtreibung vor. Er vertieft damit die Angriffe, die schon die Regierungen einiger Bundesstaaten vorangetrieben haben, als die Demokratische Partei unter Barack Obama im Weißen Haus saß. In Europa gab es in den letzten Jahren große Mobilisierungen von Rechten und christlichen Fundamentalist*innen nicht nur gegen das Recht auf Abtreibung, sondern auch gegen die gleichgeschlechtliche Ehe und andere demokratische Rechte.

Dies war möglich, weil die Radikalisierung und die Klassenkämpfe der 1960er und 1970er Jahre in Niederlagen und Umlenkungen sozialer Bewegungen wie dem Feminismus endete. Was heute »Neoliberalismus« genannt wird, war die fanatische Antwort des Kapitalismus auf die Wellen von Mobilisierungen, Streiks und revolutionären Prozessen, die zu dieser Zeit die Herrschaft des Kapitals bedrohten.

Durch den Verrat der reformistischen Führungen der Massen – sowohl der politischen als auch der gewerkschaftlichen – im Osten und im Westen hat der Kapitalismus es geschafft, seine Krisen zu überleben und eine Wirtschaftspolitik durchzusetzen, die Millionen von Menschen in Arbeitslosigkeit stieß. Die Arbeiter*innenklasse wurde fragmentiert und entwurzelt. An ihre Stelle traten die Werte des Individualismus und des »Rette sich wer kann«. Um diese Niederlage durchzusetzen, konnten die herrschenden Klassen jedoch nicht allein auf die Kollaboration der verräterischen Führungen der ausgebeuteten Klassen zählen. Sie mussten auch die schärfsten Kritiker*innen innerhalb der sozialen Bewegungen, die den patriarchalen, heterosexistischen, rassistischen und kolonialistischen Kapitalismus infrage stellten, vereinnahmen und ihnen Grenzen setzen. Die in den 70ern eroberten Rechte stellten gewissermaßen die »Anerkennung« der neuen Kräfteverhältnisse durch die herrschenden Klassen dar. Sie waren sowohl ein Versuch der Antwort auf die Unzufriedenheit als auch auf die wachsende Feminisierung der Arbeitskraft. Der Kapitalismus versuchte mit der Integration von immer mehr Frauen in den Produktionsprozess, die für ihn notwendige Menge an Arbeitskraft zu vergrößern. Er vergrößerte dabei die Konkurrenz innerhalb der lohnabhängigen Massen und führte immer weitere Angriffe auf die historischen Errungenschaften der Arbeiter*innenklasse aus. (Diese Strategie ist schon seit dem Frühkapitalismus bekannt, als das Kapital eine »industrielle Reservearmee« schuf, um die Löhne zu senken, und die Reihen der Arbeiter*innenklasse in Männer und Frauen, Einheimische und Ausländer*innen spaltete.)

Einer langen Geschichte gemeinsamer Kämpfe folgte schließlich die Spaltung zwischen der Arbeiter*innenklasse und den sozialen Bewegungen. Der Feminismus gab auf, gegen die soziale Ordnung des Kapitals zu kämpfen, die Elend und Ungerechtigkeit für Frauen bedeutet. Spiegelbildlich dazu schoben die Abwesenheit einer revolutionären Perspektive und der Verrat ihrer Führungen die Arbeiter*innenklasse in die Logik des Korporatismus.[3]

Noch in den ersten Jahrzehnten des 20. Jahrhunderts fanden Frauen, die nach ihrer Befreiung strebten, ein Vorbild im Arbeiter*innenstaat der Sowjetunion. In den Jahrzehnten der bürgerlichen Restauration der 1980er, als der »real existierende Sozialismus« längst nur noch eine degenerierte Version seiner Vergangenheit war, war

3 A. d. Ü.: Gemeint sind Modelle der organisierten Klassenzusammenarbeit durch institutionelle Abkommen innerhalb des Regimes, wie zum Beispiel die deutsche Sozialpartnerschaft.

auch der sozialistische Vorbildcharakter für die Frauenbewegung dahin. Sie fand dort tatsächlich nur die Bestätigung des Vorurteils, dass jeder Versuch des Widerstands gegen die bestehende Herrschaft nur neue, wiederum monströse Formen der Herrschaft und des Ausschlusses von Frauen hervorbringe. Denn der Stalinismus hatte es sich zur Aufgabe gemacht, die familiäre Ordnung wiederherzustellen und die Rolle der Frauen als Ehefrauen, Mütter und Hausfrauen zu fördern. Das Abtreibungsrecht wurde abgeschafft; die Prostitution wie im Zarismus kriminalisiert; die Politik der Kollektivierung von Reproduktionsarbeit wurde zurückgefahren oder vollkommen beseitigt, zum Beispiel was öffentliche Wäschereien, Kantinen und gemeinschaftliche Wohnhäuser anging; die Frauenorgane der Partei wurden aufgelöst. Um nur ein paar der Maßnahmen zu nennen, mit denen die stalinistische Bürokratie die mutigen Schritte der Russischen Revolution von 1917 zerstörte und zurückdrehte.

Durch die Niederlage der Massenradikalisierung der 1970er setzte sich die Vorstellung durch, dass der Kapitalismus unbesiegbar sei. Damit ging einher, dass jede Perspektive einer radikalen Veränderung der Lebensbedingungen der Ausgebeuteten und Unterdrückten utopisch erschien. Die in dieser Periode eroberten Rechte bedeuteten natürlich einen gewissen »Triumph« – allerdings beschränkt auf einige gesellschaftliche Sektoren in bestimmten Ländern. Außerdem schweben sie in ständiger Gefahr, von der politischen Konjunktur wieder hinweggefegt zu werden. Aber wir wollen betonen: Die Kehrseite dieser Erfolge war, dass damit die Grundlage für unsere tiefgehende und anhaltende Niederlage gelegt wurde. Sie nennt sich »Neoliberalismus« und war für das Kapital notwendig. In diesem Moment fand in der gesamten Gesellschaft und auch im Feminismus ein Wandel statt: Die Idee der radikalen Umwälzung der Gesellschaft verschwand aus der Vorstellungskraft der Massen; der Kampf um Emanzipation wurde aufgegeben. An ihre Stelle trat im Feminismus größtenteils eine Strategie der graduellen Ausdehnung von Rechten durch Reformen in den kapitalistischen Demokratien. Utopischerweise sollte nun die Veränderung des Systems »von innen« erreicht werden. Die radikale Kapitalismuskritik verwandelte sich in den bloßen Versuch, Bürger*innenrechte auszuweiten, während die verfaulenden bürgerlichen Demokratien keine Verbesserungen mehr anzubieten hatten, um das Unrecht gegen die Massen zu lindern. Die sozialen Bewegungen kritisierten zwar weiterhin hin und wieder die kulturelle, soziale und moralische Ordnung, die auf den kapitalistischen Produktionsverhältnissen beruht. Diese Kritik erscheint aber stets getrennt von einer Kritik der ökonomischen Ordnung selbst, welche auf der Ausbeutung menschlicher Arbeitskraft beruht. Die ökonomische Ordnung, die die kulturelle, soziale und moralische Ordnung aufrechterhält, bleibt somit unhinterfragbar.

Das erlaubte es den hegemonialen Strömungen im Feminismus, sich in den Jahrzehnten des Neoliberalismus auf den Kampf um die Anerkennung von Rechten im Rahmen des »demokratischen Staats« zurückzuziehen. Dieser Staat ist nicht neutral, sondern kapitalistisch. Er ist der Garant der gewaltsamen Ausbeutung der Lohnarbeit von Millionen von Menschen durch die parasitäre Minderheit der herrschenden Klasse. Der bürgerliche Staat basiert auf dem Schutz des Privateigentums durch Ausübung des Gewaltmonopols gegen die Ausgebeuteten. Von ebendiesem Staat wird also verlangt, Ungerechtigkeit gegen Frauen anzuerkennen und die Täter zu bestrafen.

In der aktuellen Epoche ist zwar anerkannt, dass Vergewaltigung in der Ehe Gewalt ist und kein Recht des Ehemanns; dass sexueller Missbrauch Gewalt ist und keine kulturelle Gewohnheit; dass sexuelle Belästigung auf der Straße Gewalt ist und keine harmlose Bagatelle. Aber paradoxerweise haben wir gerade durch die Forderung nach Anerkennung dieser Formen von Gewalt gegen Frauen durch den Staat und sein Justizsystem genau das Gegenteil dessen erreicht, was wir wollten. Zwar gab es Fortschritte in der Sichtbarmachung des Leids, das uns von der patriarchalen Ordnung auferlegt wird. Auch wurden einklagbare Rechte erkämpft, die es vorher einfach nicht gab. Dabei wurde aber die patriarchale Gewalt auf ein individuelles Problem reduziert, das strafrechtlich formalisiert wird.

Jahrzehntelang haben wir dafür gekämpft, dass die Unterdrückung der Frauen entnaturalisiert wird. Wir wollten damit zeigen, dass der Sexismus strukturell in den Klassengesellschaften verankert ist und dass das Patriarchat ein System ist, das unsere Leben und unsere zwischenmenschlichen Beziehungen durchzieht. Und nun ist das Ergebnis, dass die extremsten, abstoßendsten, tödlichen Gewalttaten einiger Individuen im Vordergrund stehen, während die patriarchale kapitalistische Gesellschaft mitsamt ihres Staates und ihrer Institutionen makellos wirkt, scheinbar frei von jeder Verantwortung. Seine Fähigkeit zu strafen wurde sogar gestärkt. Der patriarchale Kapitalismus steht vor uns und sagt: »Die kapitalistischen Demokratien haben dir schon gleiches Recht vor dem Gesetz gegeben. Jetzt ist die Emanzipation eine individuelle Frage, für die du allein verantwortlich bist.« Die konservative Rechte entwickelte unterdessen ihren eigenen »Feminismus« als Variation des liberalen Individualismus: Wenn es sich nur um individuelle Rechte handelt, dann kann man auch das »Recht« einfordern, Hausfrau zu sein und sich »um den Ehemann und die Familie zu kümmern«, oder das »Recht, die berufliche Karriere aufzugeben, um sich vollständig der Kindererziehung zu widmen«, und so weiter.

Der liberale Feminismus kann diese Angriffe von Rechts nicht stoppen, denn er sitzt in seiner eigenen Individualismusfalle. Die erneuten Massenmobilisierungen von Frauen überall auf der Welt, nicht zuletzt als Antwort auf den Sieg Trumps und die damit verbundenen Diskussionen, verdeutlichen die Krise des liberalen Feminismus. Einige US-Feministinnen brandmarken ihn bereits als »unternehmerischen Feminismus«, für den Politiker*innen wie Hillary Clinton von der Demokratischen Partei stehen. Nur ein Feminismus, der sich vornimmt, eine politische Massenbewegung zu werden, die den Kampf für mehr Rechte und demokratische Freiheiten mit der Anklage dieses Regimes von Ausbeutung und Elend verbindet, um den Kapitalismus zu stürzen, kann wirklich emanzipatorisch sein.

Die reaktionäre Utopie von Reform und Strafe

Endlich haben wir in der Mehrheit der kapitalistischen Demokratien erreicht, dass wir von den Institutionen, inklusive des Strafrechts, als Opfer von Sexismus anerkannt werden. Und tatsächlich werden wir Frauen weiterhin Opfer von sexualisierter Gewalt, von sexueller Belästigung und sexuellem Missbrauch, von Vergewaltigungen auf der Straße, in der Schule, im Büro, in der Kirche und zu Hause. Wir werden Opfer der Ausbeutung, die teils unerträgliche Ausmaße erreicht und uns die Gesundheit und das Leben kostet. Wir werden »Kollateralopfer« von Kriegen. Und wir werden Opfer von Frauenmorden.

Aber das Patriarchat besteht damit auch darauf, dass wir uns selbst als ohnmächtig wahrnehmen und als ohnmächtig wahrgenommen werden. Wir werden zu Opfern gemacht, die ohnmächtig sind.[4] Als solche sind wir unfähig, unserer Unterdrückung die Grundlage zu entziehen. Wir sollen nur noch individuell vom Staat verlangen, dass er (ebenso individuell) die Täter bestraft. Dadurch sind wir gezwun-

4 A. d. Ü.: Uns wird der Subjektstatus genommen, den wir wiedererlangen wollen.

gen, uns dieselbe bestrafende Logik anzueignen, die durch die politische Rechte weltweit im Aufschwung ist. Wir sollen auf dieselben Institutionen dieses sozialen Regimes vertrauen, die unsere Unterordnung legitimieren und garantieren. Um unser blindes Vertrauen in den Staat zu erreichen, müssen die Kämpfe vieler Generationen kämpfender Frauen aus unserem Gedächtnis gelöscht werden. Uns müssen Ressentiments gegen Männer eingepflanzt werden, die doch mit uns die Ketten der kapitalistischen Ausbeutung teilen. Die Bande der Solidarität mit anderen vom Kapital weltweit ausgebeuteten und unterdrückten Frauen müssen gekappt werden. Und schließlich muss der Hass gegen die unsäglichen und entwürdigenden Bedingungen, unter denen die große Mehrheit der Menschheit immer gelebt hat und weiterhin lebt, aus unserem Gedächtnis gelöscht werden. Denn dieser Hass auf das Bestehende hat im Laufe der Geschichte immer Kampfeswillen und Kämpfe hervorgebracht.

Wir Frauen von *Brot und Rosen* wollen nicht die ohnmächtigen Opfer sein, die dieses System gerne hätte. Wir entscheiden uns für einen produktiven Hass auf die verfaulte soziale Ordnung, die uns zu Opfern macht – uns, wie Millionen weiterer Menschen auf dem gesamten Planeten. Es ist kein privater, subjektiver Hass, der uns antreibt. Es ist der soziale Hass, der im Laufe der Geschichte schon immer den Aufstand der Sklav*innen entzündet hat, wie ein »Funke«. Ende des 19. Jahrhunderts sagte die Pariser Kommunardin Louise Michel: *»Vorsicht vor den Frauen, wenn sie sich von all dem angeekelt fühlen, was sie umgibt, und sich gegen die alte Welt auflehnen. An diesem Tag wird die neue Welt geboren.«* Wir Frauen von *Brot und Rosen* kämpfen für diese neue Welt: befreit von den Ketten, die heute die Hände der gesamten Menschheit fesseln und doppelt die Hände der Frauen.

Unser Recht auf Brot und Rosen: Wir bitten nicht, wir fordern!

Brot und Rosen ist eine internationalistische Gruppierung von Frauen in Argentinien, Bolivien, Brasilien, Chile, Deutschland, Frankreich, Mexiko, Uruguay, Venezuela, den USA und dem Spanischen Staat. Wir sind Mitglieder der *Trotzkistischen Fraktion für die Vierte Internationale.*[5] Gemeinsam mit unabhängigen Arbeiterinnen, Schülerinnen

5 Die Organisationen, die die Trotzkistische Fraktion für die Vierte Internationale ausmachen, sind die Revolutionäre Internationalistische Organisation (RIO) in Deutschland; die PTS – Partei Sozialistischer Arbeiter*innen (Partido de

und Studentinnen teilen wir die Vorstellung der US-amerikanischen Sozialistin Louise Kneeland, die 1914 meinte: »*Wer Sozialistin ist und keine Feministin, der fehlt die Weitsicht. Aber wer Feministin ist und keine Sozialistin, der fehlt die Strategie.*« Das heißt, wir sind der Meinung, dass nur die soziale Revolution, die dieses System der Ausbeutung beendet, die Grundlagen für die Emanzipation der Frauen bereiten kann. Hier stellen wir zentrale Punkte unseres politischen Programms vor.

¡Ni una menos![6]

Wir Frauen von *Brot und Rosen* stehen in der ersten Reihe der Kämpfe für demokratische Freiheiten und Rechte von Frauen. Genauso bekämpfen wir die sexistischen Vorurteile innerhalb der Arbeiter*innenklasse, die uns von den herrschenden Klassen – sowohl durch bürgerliche Institutionen als auch durch Agent*innen in den Reihen der Arbeiter*innen wie der Gewerkschaftsbürokratie – eingepflanzt werden. Wir sind nicht der Meinung, dass der Kampf für unsere Rechte auf die Zeit »nach der Revolution« oder »nach der Machtübernahme« verschoben werden darf, wie es der Stalinismus und alle populistischen Strömungen meinen. Wir glauben, dass es unsere unausweichliche Pflicht ist, in unserem Kampf für ein System ohne Ausbeutung und Unterdrückung die Kämpfe der Frauen für die bestmöglichen Lebensbedingungen und grundlegenden demokratischen Rechte auch schon in diesem System voranzutreiben. Das ist Teil unserer täglichen politischen Praxis. In Ländern wie Argentinien, wo wir gemeinsam mit anderen trotzkistischen Parteien Teil der *Front*

los Trabajadores Socialistas) in Argentinien; die Revolutionäre Arbeiter*innenliga für die Vierte Internationale (LOR-CI – Liga Obrera Revolucionaria por la Cuarta Internacional) in Bolivien; die Revolutionäre Arbeiter*innenbewegung (MTR – Movimento Revolucionário de Trabalhadores) in Brasilien; die Partei Revolutionärer Arbeiter*innen (PTR – Partido de Trabajadores Revolucionarios) in Chile; die Strömung Revolutionärer Arbeiter*innen (CRT – Corriente Revolucionaria de Trabajadores y Trabajadoras) im Spanischen Staat; Left Voice in den USA; die Revolutionär-Kommunistische Strömung (CCR – Courant Communiste Révolutionnaire) in Frankreich; die Bewegung Sozialistischer Arbeiter*innen (MTS – Movimiento de los Trabajadores Socialistas) in Mexiko; die Arbeiter*innenliga für den Sozialismus (LTS – Liga de Trabajadores por el Socialismo) in Venezuela und die FT-CI (Trotzkistische Fraktion für die Vierte Internationale) in Uruguay.

6 Dt. »Nicht eine weniger!«

*der Linken und der Arbeiter*innen (FIT – Frente de Izquierda y de los Trabajadores)* sind, haben wir sogar Sitze im Nationalkongress und in den Provinzparlamenten. Unsere Genoss*innen dort sind dafür bekannt, aus ihren Sitzen eine Tribüne und einen Bezugspunkt für die Kämpfe der Frauen für ihre Rechte zu machen.

Wir teilen auch nicht die Position der populistischen Strömungen, die sagen, dass die unabhängige Organisierung von Frauen im Kampf für ihre Rechte die Einheit der Arbeiter*innenklasse »bedroht«. Im Gegenteil denken wir, dass die Arbeiter*innenklasse geschwächt wird, wenn eine Frau von ihren Klassenbrüdern gedemütigt, diskriminiert oder vergewaltigt wird. Aber wenn die Arbeiterinnen den Kampf für ihre Rechte in ihre eigenen Hände nehmen, wird die Arbeiter*innenklasse insgesamt gestärkt in ihrem Widerstand gegen die Ausbeuter*innen. Nicht unser Kampf gegen den Sexismus spaltet uns, sondern die herrschende Klasse spaltet die Ausgebeuteten, indem sie frauenfeindliche, sexistische, heterosexistische, rassistische und nationalistische Vorurteile schürt.

Gewalt gegen Frauen ist sehr verbreitet, besonders gegen Mädchen und junge Frauen. Zu der psychologischen, physischen, sexualisierten Gewalt und der Gewalt am Arbeitsplatz kommen Frauenmorde, die in vielen Ländern der Erde eine der Haupttodesursachen bei jungen Frauen sind. Für die Mehrheit dieser Verbrechen sind Männer verantwortlich, die dem Opfer nahestanden. Sie sind das letzte – tödliche – Glied in einer langen Kette der Gewalt, die ihre Wurzeln in der patriarchalen Gesellschaft hat und die sich durch den kapitalistischen Staat und die Institutionen seines Herrschaftssystems reproduziert und legitimiert.

Deshalb rufen wir: Schluss mit Gewalt gegen Frauen! »Ni una menos!« Wir wollen leben! Wir fordern von den Regierungen die Durchsetzung aller nötigen Maßnahmen zur Linderung der Konsequenzen sexistischer Gewalt und zur Verhinderung von Morden an Frauen, wie Zufluchtsorte für die Opfer, das Recht auf bezahlte Abwesenheit vom Arbeitsplatz in Höhe des vorherigen Lohnes, Arbeitslosengeld in der Höhe eines Familieneinkommens, Zugang zu zinslosen Krediten für Wohnungen.

Wir sagen: Wenn sie eine von uns angreifen, organisieren wir uns zu Tausenden. Deshalb organisieren wir Frauenkommissionen an jedem Arbeitsplatz, jeder Uni und Schule, in den Wohnvierteln. Lasst uns die Organisierung von kämpferischen Frauenbewegungen vorantreiben, die unabhängig vom Staat und den politischen Parteien des kapitalistischen Regimes sind. Das ist die einzige Option, die uns Frauen bleibt, um die sexistische Gewalt zu konfrontieren und zu stoppen.

Recht auf freie, sichere und kostenlose Abtreibung

In vielen Ländern dürfen wir Frauen nicht frei über unsere Mutterschaft entscheiden. Abtreibungsverbote führen zu Abtreibungen im Geheimen, illegalisiert und unter unsicheren Bedingungen. Gerade die ärmsten Frauen sterben dabei oft. Diejenigen, die das Glück haben, diese dramatische Situation zu überleben, erleiden meist irreparable Gesundheitsschäden. Und obwohl wir noch kein Recht auf freie und kostenlose Abtreibung haben, die unter hygienischen Bedingungen und durch geeignetes medizinisches Personal durchgeführt wird, bleibt der Zugang zu Verhütungsmitteln weiterhin beschränkt.

Aber während unsere Kinder eine »Störung« für die Bosse sind, die keine Kindergärten in den Betrieben und Fabriken bereitstellen, keine Sozialbeiträge zahlen oder schwangeren Frauen kündigen, ist uns zugleich eines klar: Uns wird durch die Familie, den Staat, die Kirche und das Bildungssystem gesagt, dass wir keine wirklichen Frauen sind, wenn wir nicht zu Müttern werden.

Deshalb fordern wir kostenfreie Kindergärten in den Betrieben und Fabriken, bezahlt von den Bossen und vom Staat, 24 Stunden am Tag. Wir verlangen volle Rechte für schwangere Arbeiterinnen und Mütter. Wir kämpfen für Aufklärungsunterricht, um zu entscheiden, kostenfreie Verhütungsmittel, um nicht abzutreiben, und legale, sichere und kostenfreie Abtreibung, um nicht zu sterben. Wir fordern die vollständige Trennung von Staat und Kirche.

Black Women's Lives Matter!

In der kapitalistischen Produktionsweise ist neben der Ausbeutung und der geschlechtlichen Unterdrückung auch die rassistische Unterdrückung ein strukturelles Problem. Das gilt besonders für Länder wie Brasilien, die USA, Haiti und den gesamten afrikanischen Kontinent, deren Geschichte von der Versklavung Schwarzer Menschen und dem Slav*innenhandel geprägt ist. Der Rassismus ist ein Produkt des Kapitalismus selbst. Die Geschichte dieser Länder ist aber auch geprägt von den Befreiungskämpfen der Schwarzen. Diese reichen von der Entstehung der Quilombos [7] auf dem amerikanischen

7 A. d. Ü.: (Oft geheime) Ansiedlungen geflohener Sklav*innen, vor allem in Brasilien.

Kontinent bis zu den Unabhängigkeitskämpfen in Afrika, welche vom Stalinismus verraten wurden.

Rassismus drückt sich täglich im Leben Schwarzer Frauen aus. Unter all den Zumutungen, gegen die wir kämpfen und angesichts deren wir mehr Rechte für Frauen fordern, leiden Schwarze Frauen und Migrantinnen am allermeisten. Die Zahl derer unter ihnen, die ermordet werden, ist anteilig am höchsten, ebenso wie die Rate derer, die an illegalisierten Abtreibungen sterben. Sie arbeiten in den schlechtesten Jobs, sind besonders betroffen von Prekarisierung, Outsourcing und Niedriglöhnen.

Ein sozialistischer und revolutionärer Feminismus muss besonders aufmerksam für die am meisten ausgebeuteten und unterdrückten Sektoren unserer Klasse sein. Dabei muss er aufzeigen, dass der Kampf der Schwarzen Frauen nur dann eine umfassende Lösung finden kann, wenn er mit dem revolutionären Kampf für die Zerstörung des kapitalistischen Systems verbunden ist. Denn dieses kapitalistische System ist es, welches bis zum heutigen Tag von den Resten der Versklavung von Schwarzen profitiert. Deshalb macht es uns Mut, dass auf der ganzen Welt Bewegungen entstehen, die die Leben Schwarzer Menschen verteidigen, an denen wir von *Brot und Rosen* (vor allem in Brasilien) mit einer sozialistischen und revolutionären Perspektive teilnehmen. Für uns ist dieser Kampf von höchster Wichtigkeit; er muss von der gesamten Arbeiter*innenklasse aufgenommen werden.

Deshalb fordern wir den sofortigen Rückzug der sogenannten »Friedenstruppen« aus Haiti. Außerdem lehnen wir jede imperialistische Intervention in diesem und anderen Ländern ab. Wir fordern die Lohngleichheit zwischen Männern und Frauen, Schwarzen und Weißen, das Ende der Ermordung Schwarzer Frauen, das Ende von prekärer Arbeit und die sofortige Wiedereingliederung aller ausgegliederten Arbeiterinnen ohne Selektion.

Wir knüpfen dabei an den Kampf Schwarzer Frauen wie Harriet Tubman, Rosa Parks, Luíza Mahin, Dandara und anderer Kämpferinnen an. Sie hinterließen ein Vermächtnis, welches wir fortführen können, indem wir es in den Dienst der sozialistischen Revolution stellen. Der große russische Revolutionär Leo Trotzki sagte einst, dass diejenigen, die am meisten unter dem Alten leiden, mit der größten Kraft für das Neue kämpfen werden. Dies fasst in wenigen Worten die revolutionäre Kraft der Schwarzen Frauen zusammen, die sie in der Vergangenheit bereits gezeigt haben und auch in den kommenden Prozessen des Klassenkampfes zeigen werden.

»Weg frei für die werktätigen Frauen!«[8]

Die wachsende Feminisierung der Arbeitskraft – vor allem in den prekärsten, am wenigsten qualifizierten und am schlechtesten entlohnten Sektoren – und die Aufrechterhaltung scharfer Ungleichheit vertiefen die Unterdrückung der Frauen. Weil sie weniger Lohn bekommen als Männer, schlechtere Arbeitsbedingungen haben und mehrheitlich von gewerkschaftlicher Organisierung ausgeschlossen sind, bilden arbeitende Frauen einen der am meisten ausgebeuteten Sektoren der weltweiten Arbeiter*innenklasse. Verwoben mit diesen Ausbeutungsbedingungen sind wir Frauen auch Opfer sexueller Belästigung am Arbeitsplatz. Wir haben nicht dasselbe Recht auf eine Beförderung oder überhaupt auf einen Arbeitsplatz, einfach weil wir Frauen sind. Die Diskriminierung beginnt in dem Moment, wo Männer für einen Arbeitsplatz nur ihre Fähigkeiten und ihre Erfahrung vorweisen müssen, während wir unseren Körper zeigen oder beweisen müssen, dass wir keine Kinder haben wollen. Oder wir unsere Kinder verleugnen müssen.

Diese Unterdrückung vervielfacht sich für migrantische und geflüchtete Frauen. In den USA wie auch in Europa leiden lateinamerikanische, afrikanische, asiatische oder osteuropäische Frauen unter diskriminierenden Ausländergesetzen, Abschiebungen, polizeilicher Verfolgung und verstärkter Ausbeutung in den schlechtesten Jobs – während gleichzeitig die rassistische und nationalistische extreme Rechte voranschreitet.

Nichtweiße Frauen gehören selbst in ihren eigenen Ländern zu den am meisten Ausgebeuteten und Unterdrückten. Lesbische Frauen und Trans-Frauen werden immer noch am Arbeitsplatz diskriminiert, polizeilich und institutionell verfolgt sowie sozial ausgeschlossen, selbst wenn in einigen Ländern Gesetze gegen Diskriminierung, für gleichgeschlechtliche Ehe oder für die Wahl der geschlechtlichen Identität verabschiedet wurden. Denn die Gleichheit vor dem Gesetz bedeutet noch nicht die Gleichheit im Leben.

*Deshalb kämpfen wir für ein Ende prekärer Arbeit! Unbefristete Festanstellungen aller Arbeiter*innen. Gleicher Lohn für gleiche Arbeit, bei gleichen Bedingungen und gleichen Rechten! Gleiche Ausbildungs- und Arbeitsmöglichkeiten! Aufteilung der Arbeitsstunden zwischen Beschäf-*

8 Leo Trotzki, *Der Todeskampf des Kapitalismus und die Aufgaben der 4. Internationale (Das Übergangsprogramm)*, 1938.

tigten und Erwerbslosen bei vollem Lohnausgleich! Wir fordern die Schaffung von Frauenkommissionen an allen Arbeitsplätzen und in allen Gewerkschaften. Schluss mit der Diskriminierung!

Zudem nimmt der Kapitalismus, der die Frauen in die Sphäre der Produktion stößt, ihnen gleichzeitig nicht die Verantwortung für reproduktive Arbeit ab. Sie spielt sich unentgeltlich im Haushalt ab und verdoppelt den Arbeitstag der Frauen. Es gibt zwar in einigen fortgeschrittenen Ländern und in den urbanen Zentren auch in Arbeiter*innenfamilien eine Tendenz zur Verlagerung dieser Aufgaben auf die Schultern von Haushaltsangestellten, die in ihrer Mehrheit Migrantinnen sind. Dadurch verschwindet weltweit aber keineswegs die unbezahlte Hausarbeit. In den ärmsten Sektoren sowie in den rückständigsten Ländern und auf dem Land fällt die Hausarbeit fast vollständig auf Frauen und Mädchen zurück. Denn in der unbezahlten Hausarbeit ruht ein Teil der Profite der Kapitalist*innen, die so den Arbeiter*innen nicht die Tätigkeiten entlohnen müssen, die für ihre eigene tägliche Reproduktion als Arbeitskräfte (Nahrung, Kleidung und so weiter) nötig sind. Ebenso müssen sie so nichts für die Erhaltung des Teils der Arbeitskräfte zahlen, die vom Kapital für unproduktiv gehalten werden (Hausfrauen, Erwerbslose, die Kinder als zukünftige Generation von Arbeiter*innen oder im Haushalt ebenfalls meist von Frauen betreute Rentner*innen). Die Förderung und Aufrechterhaltung der patriarchalen Kultur, der zufolge die Haushaltsaufgaben »natürliche« Aufgaben der Frauen seien, erlaubt es, dass dieser »Diebstahl« der Kapitalist*innen unsichtbar bleibt.

Wir wissen, dass die patriarchale Unterdrückung seit Jahrtausenden existiert, viel länger als das kapitalistische System selbst. Aber das System des Kapitalismus bot dem Patriarchat nicht nur hervorragende Existenzbedingungen, sondern stärkte es noch durch die Unterdrückung von Millionen Frauen auf dem gesamten Planeten. Damit stärkt der Kapitalismus widersprüchlicherweise auch seine eigene »Totengräberin«. Denn er erweitert die Reihen der Arbeiter*innenklasse durch Millionen von Frauen, die aus dem Haushalt in die Lohnarbeit gestoßen wurden. Deshalb können wir nicht über geschlechtliche Unterdrückung sprechen, ohne zu berücksichtigen, dass die Mehrheit der Menschheit den ausgebeuteten Klassen angehört und dass die geschlechtliche Unterdrückung die kapitalistische Ausbeutung der Frauen vertieft.

* * *

Als *Brot und Rosen* meinen wir, dass nur die Arbeiter*innen, die den gesamten gesellschaftlichen Reichtum produzieren, den die Kapitalist*innen sich aneignen, auch dem System der Ausbeutung und Unterdrückung ein Ende bereiten können. Und dass die Arbeiter*innenklasse in ihrem Kampf gegen die Ausbeutung Verbündete bei denen findet, die sich vom Joch der Unterdrückung emanzipieren wollen, das ihnen aufgrund von Hautfarbe, Sexualität, Geschlecht, Herkunft oder anderen Gründen auferlegt wird. Diese Allianz, angeführt von den Arbeiter*innen, kann den Kapitalismus wirklich besiegen. Nicht jedoch das Vertrauen in verschiedene bürgerliche »Oppositionen« zu den jeweiligen Regierungen, die von »progressiven Sektoren« angeführt werden. Denn sie vertreten nur die Interessen anderer Sektoren der Bosse, welche genauso von der Ausbeutung unserer Arbeitskraft leben.

Deshalb sind wir der Meinung, dass alle Beziehungen zu den Kapitalist*innen abgebrochen werden müssen; genauso die Beziehungen zu ihrem Staat, zu den politischen Parteien, die ihre Interessen vertreten, und zu den angeblichen Vertreter*innen der Arbeiter*innenklasse, die von Staat und Bossen leben und die Arbeiter*innen nur verraten können. Das heißt, wir sprechen uns für die politische Unabhängigkeit der Arbeiter*innenklasse aus und befürworten alle Schritte, die in diese Richtung weisen.

Unser Kampf um Frauenbefreiung ist auch Teil unseres Kampfes für den Aufbau einer revolutionären Partei der Arbeiter*innenklasse – in jedem Land und international. Dafür ist ein antikapitalistisches, revolutionäres Programm der Arbeiter*innen mit einer Perspektive der sozialistischen Revolution notwendig. Das revolutionäre Programm beinhaltet die Errichtung einer Arbeiter*innenregierung als Schützengraben im Kampf für ein Ende des Kapitalismus und aller Formen der Ausbeutung und Unterdrückung.

Es lebe der Kampf für unsere Befreiung, um gemeinsam mit allen anderen Unterdrückten und Ausgebeuteten unter gleichen Bedingungen für die soziale Revolution zu kämpfen!

Es lebe die soziale Revolution als Grundlage für die endgültige Befreiung der Frauen und der gesamten Menschheit von den Ketten, die uns heute unterdrücken!

Lasst uns die internationale Frauengruppierung *Brot und Rosen* aufbauen!

Marxismus-Feminismus im Argument

Historisch-kritisches Wörterbuch des Feminismus

Band 1: Abtreibung bis Hexe
Argument Sonderband 295 · 978-3-88619-295-3

Band 2: Hierarchie/Antihierarchie bis Köchin
Argument Sonderband 311 · 978-3-86754-311-8

Band 3: Kollektiv bis Liebe
Argument Sonderband 315 · 978-3-88619-315-6

Frigga Haug
Die Vier-in-einem-Perspektive
Politik von Frauen für eine neue Linke
978-3-88619-336-3

Frigga Haug (Hg.)
Briefe aus der Ferne
Anforderungen an ein feministisches Projekt heute
Argument Sonderband 304 · 978-3-88619-304-0

Marxismus-Feminismus in der Zeitschrift *Das Argument*:

Wege des Marxismus-Feminismus
Das Argument 314 · 978-3-86754-050-6

Das Patriarchat vermessen
Das Argument 330

Widersprüchliche Ressource Familie
Das Argument 324

Frauenbewegung erinnern
Das Argument 308

Aneignungskämpfe in Geschlechterverhältnissen
Das Argument 303

Care – eine feministische Ethik
der politischen Ökonomie?
Das Argument 292

Marxismus-Feminismus im Argument

Frigga Haug
Der im Gehen erkundete Weg
Marxismus-Feminismus
978-3-86754-502-0

Frigga Haug
Selbstveränderung und Veränderung der Umstände
978-3-86754-508-2

»Um dieses Buch als bemerkenswert zu empfinden, muss man nicht einmal an Feminismus- und/oder Marxismusforschung interessiert sein. Die Autorin durchläuft von der ersten bis zur letzten Zeile einen Weg der Selbsthinterfragung und -kritik und nimmt ihre Leserschaft mit auf eine spannende – persönliche wie politische – historische Zeitreise. Wie die Kombination der Perspektiven gelingen kann, demonstriert Haug in beeindruckender Weise.«
Portal für Politikwissenschaft

»Radikales Fragen war Frigga Haug stets wichtiger als das geschwinde Herausstellen scheinbar fertiger Erkenntnisse. Die bekannte marxistische Feministin hat nicht nur Texte aus mehr als vier Jahrzehnten zusammengestellt, sie legt auch den Lebensweg dar, dem die Texte abgerungen sind. Am Ende steht eine große Einsicht.« *Freitag*

»Ihre eigene Rolle als ›organische Intellektuelle‹ wird von Haug ebenso selbstkritisch reflektiert wie frühere Standpunkte und Verhaltensweisen. Häufig gerät sie ›zwischen alle Stühle‹, erhält sich dadurch aber eine besondere Beweglichkeit. Als sozialistische Feministin fühlte sie sich wie eine ›Seiltänzerin zwischen der Verteidigung der herkömmlichen Klassenorganisation und dem Beharren auf der Autonomie der Frauenbewegung‹. Inhaltlich rührt sie an schmerzliche Fragen: Wir als Frauen oder anderweitig Beherrschte, was tragen wir selbst dazu bei, unterdrückbar zu sein?« *junge Welt*